GEORGES THIÉBAUD

SOUVENIRS D'UN PUBLICISTE

(1908-1910)

Les Secrets du Règne

3ᵉ Édition

PARIS
LA RENAISSANCE FRANÇAISE
33, RUE VIVIENNE, 33
1911

OUVRAGES ÉDITÉS

PAR LA

RENAISSANCE FRANÇAISE

Paris, 33, Rue Vivienne (1er)

COPIN-ALBANCELLI. — *Le Pouvoir occulte contre la France* un volume 3 50

COPIN-ALBANCELLI. — *La Conjuration juive contre le monde chrétien*, un volume 3 50

TYM FLOC. — *L'Abbé Loisy, M. Le Dantec, M. Clemenceau font leur prière* un volume 1 50

TYM FLOC. — *Le Professeur Loisy contre l'Abbé Loisy*, un volume . . . . » 75

NIC. — *Le Lycée corrupteur*, un volume 2 50

HENRI HELLO. — *La Franc-Maçonnerie et l'Ouvrier*, un volume 1 50

RAOUL SINGLIN. — *Le Français est-il son maître*, une brochure . . . . » 50

EMILE PIERRET. — *Vers la Lumière et la Beauté.* — *Essai d'esthétique sociale*, un volume 3 50

XXX. — *L'Assassinat maçonnique, le Crime rituel la Trahison juive*, un volume . . . . 1 »

Abbé CHARLES. — *Solution de la Question juive*, un volume 3 50

BIDEGAIN. — *Une Conspiration sous la Troisième République*. 3 50

CATHELINEAU. — *La F∴ M∴ et l'Enseignement* . . 3 50

LOUIS DASTÉ — *Marie-Antoinette et le Complot Maç∴*. 3 50

GRANCÉ. — *La F∴ M∴ le Bloc et l'Ecole*, un brochure . . . . » 80

RAOUL SINGLIN. — *Où l'on nous mène*, brochure . . » 50

MONNIOT ALBERT. — *Le Sillon devant l'Episcopat* . 1 50

NICLAUD. — *La Laïque* 3 50

SANTO. — *Le Protestantisme : ses Chefs, ses Erreurs, ses Méfaits*. 3 50

PARIS. — IMP. DUBREUIL, FRÉREBEAU ET Cⁱᵉ, 18, RUE CLAUZEL.

GEORGES THIÉBAUD

SOUVENIRS D'UN PUBLICISTE

(1908-1909)

Les Secrets du Règne

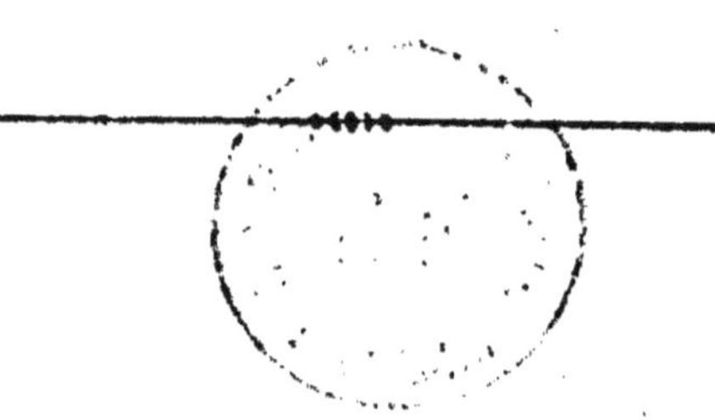

PARIS

LA RENAISSANCE FRANÇAISE

33, RUE VIVIENNE, 33

1911

INTRODUCTION

Le lecteur se méprendrait au titre de ce volume, s'il croyait y trouver tout ou partie des scandales de toute nature qui sont apparus, par moments, à la surface du présent régime.

Si leurs véritables origines ou les incidents qui les déterminèrent sont restés ignorés, ce ne sont point ces secrets-là que l'auteur s'est proposé de découvrir.

La raison en est que ces scandales sont des effets et non pas des causes. Ils décèlent le mal, ils n'en divulguent pas le siège.

L'auteur a donc préféré étudier dans le régime lui-même, au fond de ses structures intimes et de ses éléments constitutifs, les secrets de ses infirmités, qui donnent aussi la clé de son anormale prolongation.

Autant que le lui permettait la véhémente ardeur de sa conviction, l'auteur a étalé ses recherches avec une modération relative et une certaine préoccupation d'équité, sans lesquelles une étude de ce genre tourne aisément au pamphlet.

J'ajoute qu'il l'a fait dans un esprit critique qui ne saurait se réclamer d'aucun des partis existants, ni d'aucune des solutions classiques qu'ils ont coutume d'offrir, mais d'une manière de voir toute personnelle, assez réfractaire aux embrigadements accoutumés et en quête de solutions nouvelles, s'il en est.

L'auteur est, en effet, d'avis que la politique doit évoluer et devenir une science précise, au lieu d'un empirisme hasardeux, fondé sur les vieux errements de la force ou de la ruse.

Il dénonce donc et pourchasse, dans le régime actuel de son pays, tout ce qui lui paraît suspect de stratagème et d'expédient, pour invariablement conclure à une politique rationnelle, selon lui, inséparable d'une politique nationale.

La disposition qu'il a adoptée est d'ailleurs assez claire : il a brossé un tableau d'ensemble et l'a fait suivre de démonstrations parcellaires, à l'appui des traits indiqués.

Ces démonstrations pourraient, certes, être encore plus nombreuses, plus documentées, plus escortées de notes et de références, selon la mode d'à présent, qui fait que le véritable ouvrage est en renvois au bas des pages.

L'auteur n'a pas cru que cette galerie de tableautins méritât un tel luxe de recommandations et de patronages. Il y a mis simplement sa propre pensée, au jour le jour, au gré des circonstances, au fil des événements, suivant leur propre chronologie occasionnelle. Au surplus, ce sont des Souvenirs, et cela seul explique qu'ils demeurent ce qu'ils sont, sans autre prétention.

G. T.

I

Essai sur le régime actuel des Français

25 Avril 1908.

Non, quoi qu'on en puisse penser et quoi qu'on en puisse dire, à l'heure attendrie des banquets officiels, où l'on se congratule volontiers sur « les insti» tutions tutélaires que la France s'est librement » données », ce ne sont pas des institutions parlementaires qui nous régissent, et la pauvre France n'y eut, à parler net, qu'une part fort résignée de collaboration.

La Constitution de 1875 avait bien le dessein d'établir le régime parlementaire. L'intention y était et l'application devait sans doute s'ensuivre : elle ne s'est point réalisée.

Pourquoi ?

Parce qu'elle était comme subordonnée, dans l'arrière-pensée des constituants, à une circonstance sous-entendue qui ne s'est pas produite. De ce que cette circonstance sous-entendue a manqué, il est résulté quelque chose d'incomplet et d'inachevé, qui, par la suite, interprété, dénaturé avec une opiniâtreté diabolique par des roués et des sectaires, est devenu, au regard des bons esprits de ce pays, un détestable instrument d'oppression collective.

Qu'a-t-il donc manqué à la constitution de 1875, pour remplir le vœu de ses auteurs ? Quelle est cette circonstance sous-entendue, qui devait y apporter le complément prévu et nécessaire ?

La réponse est dans toutes les mémoires. Il faut cependant la préciser.

La Constitution de 1875 a été conçue, rédigée et votée par des royalistes notoirement attachés aux destinées de la branche cadette des Bourbons de France. Après la fusion des deux branches et l'échec de restauration légitimiste de 1873, ils se flattaient d'assurer tout au moins le rétablissement de la monarchie de Juillet. A cette fin, ils avaient pris certaines dispositions constitutionnelles propres à faciliter l'opération. Notamment, ils avaient disposé que le chef de l'État, qu'on dénommait sans objection le Président de la République, serait exclusivement élu par les deux Chambres réunies en Congrès. La pensée de ces législateurs était vraisemblablement de voir succéder à M. le maréchal de Mac-Mahon, qui occupait la place, un prince de la Maison d'Orléans. On ferait élire par ce Congrès un chef de l'État, comme M. le Comte de Paris ou M. le Duc d'Aumale, qui, par sa personnalité, son nom et son prestige, déterminerait sans coup férir, graduellement ou de vive allure, la définition et la transformation du régime.

N'était-ce point, au surplus, à peu près le même expédient qui avait été employé en 1830, celui de la majorité des 221 intronisant Louis-Philippe, après que, sur le balcon de l'Hôtel de Ville, Lafayette l'eût pareillement baptisé « la meilleure des républiques » ?

Il ne s'agissait donc que de s'assurer au Congrès une majorité, soit par la composition patiemment travaillée des deux Chambres, soit par tout autre procédé. L'élection ainsi préparée, il n'y avait qu'à se servir, au Congrès même, de l'article 8 de la Constitution, lequel en prévoit la revision, pour mettre tout au point, boucher les fissures et boucler les raccords.

Ce projet, secrètement caressé, n'a pas réussi. La majorité espérée et attendue, pour en permettre la réalisation, ne s'est plus jamais rencontrée. Dix années durant, on a vainement essayé de la former et de la réunir. Jusqu'en 1885 et malgré la loi du 14 Août 1884 qui prononce l'inéligibité des princes, les agents de M. le comte de Paris ont apporté la plus soigneuse vigilance au recrutement du Congrès, par le choix des candidats députés et des candidats sénatoriaux. On sait de reste que cela n'a donné aucun résultat, si ce n'est celui de consolider la République.....

Mais nous n'en sommes pas moins demeurés grevés d'une constitution royaliste avortée, laquelle ayant failli à son objet, nous léguait, comme définitives, des institutions en quelque sorte inadéquates à leur objet.

Le parlementarisme, en effet, étant de sa nature une transaction d'essence aristocratique, imaginée pour tempérer l'absolutisme des monarchies héréditaires, et sans laquelle celles-ci ne peuvent plus vivre, même en Russie, c'était une espèce d'innovation que de vouloir l'appliquer tel quel à une république élective et démocratique.

Conçue et ordonnée pour les premiers besoins

d'une monarchie parlementaire, cette Constitution s'est donc trouvée superposée à une démocratie, dont les besoins permanents, les allures, les sélections et les tendances sont forcément très dissemblables.

De là, on le sent bien, un premier et grave défaut. De là aussi un malaise originel, le malaise d'un système politique prévu et institué pour emboîter à terme une certaine catégorie de personnes et d'influences, et que d'autres catégories de personnes et d'influences s'approprient pour leur usage, taillant et rognant à leur gré dans les parties régulatrices, pour se pousser, se garder et se maintenir.

La période de transfert d'un régime à l'autre, de celui qu'on espérait établir à celui qu'on a établi, reste clairement marquée, à ce moment de notre histoire contemporaine, par la prédominance persistante des noms orléanistes dans les conseils et dans les magistratures de la République. Ce n'est pas seulement le nom de M. Thiers qui, notoirement y rappelle la monarchie de Juillet, c'est aussi le nom de M. Casimir-Perier. Combien d'autres on pourrait citer, si cette étude ne se proposait pas d'écarter de son objet la critique des personnes.

Il faut bien cependant jeter un rapide coup d'œil sur les catégories d'hommes et d'influences qui se sont substituées à celles qu'on avait en vue, quand on élaborait la Constitution, et conséquemment sur celle qui s'est appelée « le parti républicain ».

Celui-ci, à vrai dire, est assez malaisé à définir, parce qu'il semble n'avoir, pour toute doctrine, que des préjugés négatifs. La République n'est pour lui qu'une commode et retentissante formule, non de ce qu'il veut, mais de ce qu'il ne veut pas, non de ce qu'il aime, mais de ce qu'il déteste ; elle résume, en un mot, moins ses prédilections que ses rancunes. Il hait l'Église et ses prêtres, il est donc républicain ; il hait la Royauté et ses nobles, il est donc républicain ; il hait l'Empire et ses soldats, il est donc républicain. Que la République enfin lui soit donnée et qu'il en soit l'organisateur, il ne sait qu'en faire, en dehors des revanches qu'il y cherchait. Elle se trouve avoir rempli tout son objet, du moment qu'elle a remplacé, disqualifié ou proscrit le régime qu'il voulait voir disparaître. Aussi, sans qu'il y aperçoive aucune inconséquence, se met-il incontinent à appliquer ou à restaurer, pour son propre compte, avec de moins bonnes façons et de plus fâcheuses brutalités, les mêmes systèmes de gouvernement qu'il vitupérait la veille, estimant que dès l'instant où c'est lui qui les applique, le monde serait bien difficile de ne pas s'en montrer satisfait.

En France et de nos jours, être républicain ne signifie donc pas nécessairement qu'on est partisan de la République; cela signifie surtout qu'on épouse, avec plus ou moins de véhémence, les négations et les préventions qui servent de lien au parti républicain.

Or, dès avant 1870, le parti républicain avait avec le parti orléaniste d'étroites relations ; plus particulièrement deux points spéciaux de suture et de liaison les avaient de suite rapprochés et réunis. Ils avaient de commun leur haine de l'Empire et leurs affinités protestantes. Tous deux sont, à doses inégales, des succédanés du parti huguenot. Celui-ci a eu sa large part d'influence sous la monarchie de Juillet. Il en a une bien plus grande encore sous la troisième république, qui compte environ soixante-quatorze protestants à la Chambre, cinquante-six au Sénat et qui, dans chacun des quarante et un ministères consommés depuis 1871, en a toujours introduit deux ou trois, ce qui donne la clé de bien des choses.

Ces deux partis pouvaient donc conjuguer ensemble leurs visées constitutionnelles, s'accorder sur les mêmes préventions et les mêmes rancunes, profiter de compte à demi des mêmes avantages, jusqu'au jour prochain où, par le penchant des choses, l'antagonisme des intérêts survenant entre ces copartageants, l'un ou l'autre absorberait ou dévorerait son voisin, pour ne pas dire son complice.

Ce jour ne tarda point à paraître. Dès 1877, les péripéties du Seize-Mai consommèrent la rupture ; puis, ce furent les mesures agressives d'exclusion et de bannissement, qui atteignirent même M. le duc d'Aumale.

Ce n'est pas toutefois sans un sourire qu'on put voir, quelques années plus tard, ces anciens alliés se rechercher de nouveau, oublier leurs querelles et échanger de significatives politesses, lorsqu'il fallut faire face aux succès menaçants de M. le général Boulanger. Celui-ci incarnait, à ce moment du moins, les déceptions essuyées et les aspirations non satisfaites de la démocratie républicaine, et M. le comte de Paris, non encore engagé avec lui, le faisait combattre à outrance.

On vit alors le cabinet très républicain de M. Rouvier renouer le pacte originel avec la droite monarchique, traiter avec celle-ci, gouverner avec son concours. On vit plus encore. A peine M. le général Boulanger venait-il, malgré cette étrange coalition, d'être élu député de Paris, le 27 Janvier 1889, que M. Floquet, qui avait succédé à M. Rouvier, comme président du Conseil d'un Ministère très avancé, disait-on, rappelait d'urgence M. le prince Henri d'Orléans duc d'Aumale, qui rentra à Paris, en effet, le 10 Février suivant.

De tels traits, à la fois si lumineux et si spontanés, parce qu'ils éclatent en dépit qu'on en ait sous la pression des circonstances, éclairent une époque et projettent sur le véritable esprit d'un parti des clartés décisives.

En réalité, le parti républicain, du moins celui qui s'est installé aux affaires, en s'adjugeant la propriété et la jouissance de la Constitution de 1875, apparaît comme une manière de « queue » du parti orléaniste. Le dîner constitutionnel, préparé en 1875 pour M. le comte de Paris, semble bien, révérence parler, avoir été consommé par des gens de sa suite, qui, sous le couvert des enseignes républicaines, se seraient enfermés entre eux, pour tirer tous profits de cette royale régalade

Le parti républicain de maintenant a-t-il beaucoup changé ? Si sa composition, pour ainsi dire externe et surajoutée, s'est un peu modifiée, du fait de la poussée socialiste, l'esprit orléaniste persiste dans sa structure intime, et nombre de socialistes eux-mêmes donnent assez volontiers l'impression de n'être encore que des orléanistes mal habillés.

La conception qu'ils se font tous, qu'une république démocratique peut et doit exister sans un maximum de Suffrage universel, décèle cette empreinte et dénonce aux yeux avertis leur vraie complexion politique. Aussi bien, depuis vingt-huit ans que cette Constitution orléaniste nous régit, nul d'entre eux n'a sérieusement désiré y apporter des élargissements. Aucun système rationnel et positif de gouvernement, applicable à une démocratie républicaine, n'a été ni produit ni recherché. Le parti dit républicain et par surcroît démocrate n'a pas ressenti ni connu ce besoin ! Il a trouvé toute faite une charte royaliste, conçue et combinée dans le salon des princes, rapportée et votée par leurs représentants à l'Assemblée nationale, elle lui a suffi ! Elle lui a paru excellente, du moment que les princes c'était Lui et qu'il en pouvait demeurer le seul bénéficiaire. Il s'est donc contenté de s'asseoir dedans, de s'y verrouiller, sous la protection du Suffrage restreint, contre les surprises de la démocratie et du Suffrage universel. Et, comme cette Constitution contient, malgré tout, des dispositions prévoyantes, dont il aurait pu éprouver quelques troubles, il s'est finalement arrangé pour que celles-ci fussent de nul effet, tenues pour inexistantes et non avenues.

Précisons-le autrement que par de simples affirmations, et procédons à une confrontation détaillée des lois constitutionnelles et organiques avec les altérations de fait que la pratique de nos maîtres leur a substituées.

La Constitution de 1875, c'est-à-dire l'ensemble

des lois constitutionnelles et organiques qu'on a coutume d'ainsi dénommer, comporte, outre la loi fondamentale du 25 Février 1875, relative à l'organisation des Pouvoirs publics :

1º La loi du 24 Février 1875, relative à l'organisation du Sénat ;

2º La loi constitutionnelle du 16 Juillet 1875, sur les rapports des Pouvoirs publics ;

3º La loi organique du 2 Août 1875, sur les élections des sénateurs ;

4º La loi organique du 30 Novembre 1875, sur l'élection des députés ;

5º La loi du 22 Juillet 1879, relative au siège du Pouvoir exécutif et des Chambres à Paris ;

6º La loi du 9 Décembre 1884, portant modification aux lois organiques sur l'organisation du Sénat et les élections des sénateurs ;

7º Loi du 16 Juin 1885, ayant pour objet de modifier la loi électorale (c'est-à-dire de revenir au scrutin de liste pour l'élection des députés qui, de par la loi du 30 Novembre 1875, étaient élus au scrutin d'arrondissement) ;

8º Loi du 22 Février 1889, ayant pour objet de revenir au scrutin d'arrondissement pour l'élection des députés, lesquels, de par la loi du 16 Juin 1885, étaient élus au scrutin de liste.

Cette simple nomenclature est déjà fort suggestive, si l'on veut bien remarquer ce détail important, qu'on y modifie incessamment, au gré des circonstances et selon les besoins du parti au pouvoir, ce qui est l'armature même de tout régime politique fondé sur l'élection, c'est-à-dire *la loi électorale*.

Mais cela n'est encore qu'un détail. Derrière ce

rideau de textes, peu fréquentés par le public, se sont glissés et massés presque autant d'abus que de textes. Le dénombrement en serait considérable. Bornons-nous à faire défiler leurs têtes de colonnes.

La charte de 1875, nous venons de le voir, avait sous-entendu qu'un roi constitutionnel surviendrait, comme dans tous les pays parlementaires, pour y représenter la tradition, l'esprit de suite et la stabilité, et, consignataire reconnu d'un pouvoir auguste et respecté, pour y servir d'arbitre aux compétitions des partis : voici que cet essentiel rouage y fait complètement défaut et qu'il est remplacé par un homme de parti, choisi par son parti, élu par son parti, soumis conséquemment à son parti, pour subir et consacrer les compétitions intestines de cet unique parti.

La charte de 1875, nous l'avons également indiqué, avait sous-entendu que l'introduction initiale de ce roi constitutionnel se ferait par une procédure élective imitée du Conclave, à laquelle le pays n'avait qu'une part très réduite et très indirecte : voici que cet expédient, sans doute exceptionnel et temporaire, imaginé pour une fois et pour un objet limité, mais inacceptable pour une démocratie jalouse de ses droits, est devenu la règle d'investiture de tous les présidents de la République, obligés de faire après coup connaissance avec le pays qui ne les connaît pas davantage.

La charte de 1875 avait établi, en vue de la monarchie, deux Chambres, dont l'une, le Sénat, en partie inamovible, prenant son origine et son mandat dans une élection spéciale et restreinte, recevait quelques-unes des prérogatives d'une

Chambre des pairs : voici que la République s'approprie pour elle-même cette Chambre des pairs issue de suffrages privilégiés, et lui supprime, en lui enlevant l'inamovibilité, la seule garantie d'indépendance et de fixité qu'elle pût offrir au reste du pays.

La charte de 1875, toujours en vue d'une monarchie bourgeoise, n'avait octroyé au Suffrage universel qu'une part circonspecte de souveraineté, en ne lui concédant que l'élection directe des députés : voici que la République, trouvant cette part encore trop étendue, l'a réduite et rapetissée, par des lois restrictives et pénales, dirigées contre la liberté des candidatures et même contre la liberté des électeurs.

La charte de 1875 avait, en son article 3, donné au président de la République la nomination à tous les emplois civils et militaires : voici qu'il les nomme, en effet, c'est-à-dire qu'il signe les nominations que le ministre lui présente, mais, en fait et dans la pratique, se nomme-t-il en France un seul fonctionnaire, sans que le député ou le sénateur l'ait préalablement choisi ou agréé ?

La charte de 1875 avait, en son article 5, donné au président de la République le droit, on peut dire nécessaire, d'appel au pays, par voie de dissolution de la Chambre, sur l'avis conforme du Sénat : voici que, par une abdication discrète, les présidents de la République ont renoncé à ce pacifique et suprême recours contre les erreurs ou les entraînements de la Chambre.

La charte de 1875, en son article 7 de la loi du 16 Juillet 1875, réserve au président de la République la faculté également précieuse de réclamer des Chambres une nouvelle délibération des lois qu'il a la charge de promulguer : voici que, sans les compter, les lois les plus importantes et de nature à remuer le plus profondément les intérêts moraux et matériels du pays seront, par une autre tacite abdication de tous les présidents de la République, promulguées et exécutées, non seulement sans cette nouvelle délibération si propice à des amendements réfléchis, mais même sans le secours réglementaire des triples lectures et, pour tout dire, d'urgence.

La charte de 1875 avait, comme il est de règle dans les monarchies parlementaires, où le roi règne mais ne gouverne pas, mis le chef de l'État hors de discussion ; elle avait disposé, en son article 6, corroboré par l'article 12 de la loi du 16 Juillet 1875, qu'il ne serait pas responsable, sauf le cas de haute trahison, — et c'est, en effet, la prérogative en quelque sorte obligée d'un roi constitutionnel héréditaire, qu'on ne saurait exposer dans sa personne aux atteintes passionnées des partis : voici que la République, où la responsabilité de tout mandataire est de rigueur, du haut en bas, à raison même de ce qu'il est électif et non héréditaire, s'est adjugé, pour son président élu, cette irresponsabilité royale d'une reine d'Angleterre, d'Espagne ou de Hollande, et que nous en avons de ce chef une reine en culottes.

La charte de 1875 avait, dans son esprit sinon dans sa lettre, prévu que deux partis, les deux partis pour ainsi dire indispensables au fonctionnement du régime parlementaire, se formeraient et prendraient position, l'un comme parti conservateur, l'autre comme parti libéral, et que, se contrôlant l'un par l'autre dans l'exercice alternatif du pouvoir, on obtiendrait ainsi dans le gouvernement le rythme des oscillations de l'opinion publique elle-même : voici qu'il n'y a jamais eu qu'un seul parti dans ce prétendu régime parlementaire, et un parti, s'il vous plait, hors duquel nul autre n'a le droit d'exister, ni même d'y prétendre.

La charte de 1875 avait, en son article 10 de la loi constitutionnelle du 16 Juillet 1875, admis que chacune des Chambres serait juge de l'éligibilité de ses membres et de la régularité de leur élection : voici que, par l'indigne pratique des invalidations arbitraires, toute élection se trouve soumise au bon plaisir du parti même qu'elle désoblige, et que, par ce moyen, l'opposition se trouve finalement réduite à la stricte proportion que l'autre parti consent à lui accorder.

La charte de 1875 avait enfin, en son article 6, établi que les ministres seraient solidairement responsables devant les Chambres de la politique générale du gouvernement, et c'est le seul vestige qui nous reste du régime parlementaire : voici que dans la pratique cette dernière fiction s'est elle-même écroulée ; car tout le monde sait que les ministres se retirent le plus souvent quand et comment il leur plaît, sur la question de détail qui les arrange et non sur la question de fond qui les engage; que la même majorité qui les fit est exactement la même majorité qui les remplace, changeant ainsi simplement les personnes et non pas la politique générale du gouvernement.

Au demeurant, hormis le droit de pétition qui est moins que rien, les citoyens et le pays lui-même sont destitués de tout moyen de recours, contre les attentats de ce parti politique et de ses agents : car ce parti, en fait, concentre dans ses seules mains tous les pouvoirs de l'État, et il échappe lui-même aux responsabilités et aux vindictes, par cet incessant changement de personnes, ainsi que par l'anonymat collectif qui les recouvre aussitôt de son ombre.

Enfin, se dresse cette anomalie quelque peu révoltante, qui incarcère le pays dans un cercle vicieux affectant la forme d'un carcan : c'est que, pour se délivrer d'un parti qui l'opprime, c'est à ce parti même que le pays est tenu d'en demander les moyens !......

Si quelqu'un de sensé peut retrouver et apercevoir, dans ce tableau raccourci mais fidèle, autre chose que les éléments figuratifs du régime parlementaire, notre gratitude sera sans bornes, s'il veut bien consentir à nous dire où ils subsistent.

C'est qu'en réalité le régime politique d'un pays n'est pas seulement la résultante de textes écrits, combinés pour produire de certains effets : il dépend non seulement de ces textes écrits, c'est-à-dire des lois constitutionnelles et organiques, mais aussi et bien plus encore de l'usage qu'on en fait, du caractère et de la qualité des hommes qui en ont à la fois le maniement et l'interprétation, enfin, disons-le, des aptitudes de l'esprit public à s'intéresser aux affaires, à comprendre et à exiger l'exécution des garanties.

Si bien qu'une constitution, même excellente en soi et d'apparence fort prévoyante, peut ne pas donner son rendement utile et être très aisément annihilée dans ses meilleures dispositions, lorsque ceux qui ont charge de l'appliquer demeurent, par surcroît, l'indifférence publique se faisant leur complice, les juges sans appel de l'usage qu'ils en font.

Dans ces conditions, on peut être sûr que les garanties inscrites contre les empiètements et les fautes de certains pouvoirs deviennent bientôt lettre morte ou inopérante ; que les soupapes et échappements aménagés pour tempérer les excès de pression se trouvent obturés à point nommé ; que les appareils régulateurs eux-mêmes, faussés ou neutralisés par d'occultes compromis, cessent de fonctionner et ne régularisent plus rien.

Au vice initial d'adaptation déjà indiqué se sont donc ajoutées, en cours de route, des pratiques encore plus vicieuses. Elles ont achevé de ruiner ce que la Constitution de 1875 pouvait conserver de bienfaisant. Toutes les précautions éventuelles y ont disparu, les abris et les retranchements y ont été rasés, l'équilibre des forces y a été détruit. Tout l'édifice, dès lors, a penché d'un seul côté, au profit du seul Parlement, et même d'une seule portion du Parlement, qui s'y est assigné d'elle-même et pour elle-même un rôle plus que prépondérant. Elle gouverne donc sans autre contrôle que le sien, sans contre-poids, sans recours, sans frein, sans autre frein précaire et hasardeux que des mouvements d'opinion suscités à grand'peine, auxquels il est aussitôt coupé court, par de brusques changements du statut électoral, ou par la qualification factieuse et criminelle qui leur est aussitôt imprimée, *ultima ratio* du parti régnant, contre toute portion du pays qui n'est plus de son avis.

Un tel régime, on en conviendra, n'a plus rien de commun avec le régime parlementaire. Faute d'un mot qu'il faudrait créer, on l'appelle le « parlementarisme », comme pour désigner une hypertrophie du Parlement. La vérité est qu'on ne peut définir cette tumeur qu'en la disséquant, et qu'une fois disséquée, elle est bien près d'être cette chose dont parle Bossuet qui n'a plus de nom dans aucune langue.

Essayons cependant d'y voir clair. Au milieu de ce chaos d'anomalies, sachons distinguer les principales, celles qu'on pourrait appeler les gigognes-anomalies, du fait que toutes les autres en sont sorties.

La première de toutes, quoique la moins aperçue, réside en cette observation que le parti républicain n'est pas seulement un parti négatif, il est une minorité qui gouverne.

Il est, il faut le constater, une minorité hardie, entreprenante, suppléant au nombre par la qualité, la valeur et la discipline et vraiment une unité de combat tout à fait incomparable. Mais, avec toutes les supériorités qu'on lui peut reconnaître, il n'en est pas moins une minorité, qui s'est superposée par la ruse, l'audace et la solidarité à un vieux pays dont il n'est ni l'émanation ni l'image — et il le sait bien.

Cela seul suffirait à fausser tout le régime, car cette minorité est obligée de le fausser pour se défendre. Mais qu'est-ce que cela, auprès de l'anomalie qui va suivre ?

Une fois dépouillé des fictions qui le recouvrent et isolé des clientèles foisonnantes autour de sa fortune, qui donnent l'illusion de sa puissance et de sa profondeur, il est tout uniment dans son noyau, dans sa substance, dans ses idées et jusque dans ses programmes, le parti huguenot, le vieux parti huguenot, protégé de tout temps par l'Angleterre et la Prusse. Amalgamé de compte à demi avec la colonie juive dans les mixtures assez complexes de la Maçonnerie, il est le maître de la République.

Regardez bien ce qu'est, en réalité, dans son tréfonds, le parti républicain.

Il a pour racines et pour pédoncule, on a dit pour « noblesse », cinquante familles huguenotes. Ceux qui n'ont pas eu le bonheur de naître huguenots, ou d'avoir de ce côté une partie de leur famille directe ou collatérale, y ont tout au moins épousé des huguenotes. Ceux dont le mariage était trop ancien ont, tout au moins, le devoir civique de faire de leurs enfants des huguenots. Ceux dont les enfants étaient déjà trop âgés pour pouvoir donner ce gage ont pour mission étroite et *sine qua non* de précipiter sans rien dire toute l'enfance française dans les voies de la Réforme — à quoi s'emploient, bon gré mal gré et par ordre, tous les ministres de l'Instruction publique.

Pour un tel parti ayant un tel objet, la République n'est plus qu'une formule derrière laquelle il opère. Il lui importe médiocrement que la République soit plus ou moins républicaine, du moment que la formule seule en demeure efficace et garde ses levains et ses prises sur l'opinion.

Il ne tient donc nullement que la République réalise un idéal politique quelconque, ni qu'on s'y rallie, ni surtout que tout le monde y vienne, car il y serait submergé, et il importe que le parti impose ses vues au pays et non pas que le pays lui impose les siennes.

De là le premier article du programme secret de ce régime, paradoxe un peu surprenant, mais d'une vérité saisissante, à savoir que du moment où la République est ouverte à tout le monde, elle n'a plus de raison d'être.

Comment le public français pourrait-il s'assimiler aisément un tel paradoxe ? Comment même pourrait-il le pénétrer ? Cependant, il domine tout le régime, il en engendre les multiples anomalies qui sont des anomalies de surface, au fond d'une implacable logique, dès qu'on en a la clé.

La vérité est que, pour l'œuvre de déformation entreprise contre ce pays latin et catholique, on ne veut pas de la collaboration du pays, on n'en a pas besoin ; au contraire, on la redoute, on l'écarte, on s'en gare.

Toute la conduite du parti républicain en va découler, et déjà, dans l'application de la Constitution de 1875, puisque c'est ce qui nous occupe, si les principaux rouages en sont délibérément détraqués, c'est vraisemblablement pour cette raison.

Observez, en effet, que tout le système parlementaire français a été manifestement faussé, parce qu'il est resté dépourvu de deux organes essentiels :

1º Un arbitre supérieur des partis, de quelque dignité qu'on le décore, représentant élu ou accepté du pays tout entier ;

2º Une opposition constitutionnelle, susceptible d'exercer un contrôle efficace sur le parti au pouvoir, et surtout de prendre le pouvoir à son tour, comme sanction effective de son contrôle.

Il semble donc que combler ces deux lacunes eût contribué puissamment à établir chez nous, dans une mesure très satisfaisante, un parlementarisme plus régulier ou plus acceptable.

On l'a demandé, essayé. Tous les efforts ont été vains. Pourquoi ?

Parce que c'est précisément sur ces deux points que s'est portée, jusqu'à présent, presque toute la résistance du parti gouvernant et autour desquels il a, pour ainsi dire, ramassé toute sa vigilance.

Son astucieuse tactique s'est ainsi résumée :

Pas de président, si ce n'est, disons le mot, un président subordonné ; et pas d'opposition, si ce n'est, remarquez-le bien, une opposition inconstitutionnelle.

A ce prix, sa dictature a été assurée, continue, indéfinie, puisqu'en effet les deux pouvoirs légitimes et permanents, qui seuls pouvaient y mettre des tempéraments ou un frein, ne subsistent qu'en inerte figuration.

D'une part, à l'Élysée, un président ayant d'avance résigné la plupart de ses droits, entre les mains de ses camarades du Parlement, et qui, n'ayant avec le pays que de lointains et fugitifs rapports, ne saurait y trouver un point d'appui.

D'autre part, au Parlement, une opposition qui, n'étant pas réputée républicaine, ne saurait prendre ni exercer aucun pouvoir dans la République, y devient conséquemment inexistante ou s'y trouve réduite à des critiques verbales sans efficacité.

On choisira donc, d'une part, comme président, de préférence à tout autre, l'homme du parti le plus décemment subalterne, le plus assoupli aux convenances et aux disciplines du milieu, le moins susceptible d'une conception et d'une volonté personnelles, le moins prédestiné et le moins enclin aux liaisons directes et ostensibles avec le pays.

On favorisera donc, d'autre part, de préférence à une opposition républicaine caractérisée, qui seule serait redoutable, une opposition nettement inconstitutionnelle ; on la favorisera autant que possible royaliste, à cause des préjugés utilisables qu'elle évoque et qu'elle entretient ; on la supportera à la rigueur impérialiste, encore que celle-ci garde certaines prises sur la démocratie. A cette opposition on assignera, dès le début des législatures, par le système régulateur des invalidations, une importance numérique suffisante pour figurer, insuffisante pour agir ; suffisante pour servir de repoussoir et de stimulant à des majorités indécises, insuffisante pour jamais devenir elle-même une majorité de gouvernement, capable de constituer un ministère ni même d'entrer dans aucun.

L'expédient qui consiste à se faire ainsi caler au pouvoir, par une droite inconstitutionnelle inhabile à vous l'enlever, et, de plus, à obtenir la cohésion d'une majorité républicaine disparate, par le spectre d'une minorité antirépublicaine, qu'on a d'ailleurs pour soi toutes les fois qu'on en a besoin, fut vraiment une trouvaille.

On l'attribue à M. Jules Ferry ; il est probable qu'il n'en fut pas le seul inventeur, et, quoi qu'il en soit, le traitement politique dont nous mourons n'en était pas moins institué. Le voici dans ses traits principaux :

Ne laisser naître ni s'affirmer, encore moins à la présidence de la République que partout ailleurs, aucun Chef, dont l'opinion puisse s'éprendre, aucun héros civil ni surtout militaire, aucun entraîneur d'hommes, aucune individualité politique, susceptible d'exercer un ascendant et de fournir à ce pays désossé une tête et des vertèbres. Ne laisser pareillement subsister ni se former nulle part aucune organisation concurrente, capable de fournir des cadres à une opposition, sans la diviser contre elle-même par la diversité des doctrines et la rivalité des directions. En tout cas, ne tolérer d'aucune qu'elle puisse se réclamer du qualificatif « républicain », de manière à garder pour soi le monopole de la formule et des fermentations qu'elle détermine. Absorber ou séduire tous les leaders possibles d'une dissidence de gauche et disqualifier aussitôt quiconque de ce côté tentera de s'évader du rang. Tout au contraire, se susciter à soi-même des oppositions de droite, mais de la nature et de l'importance qu'on désire ; se les aménager au besoin par quelques complaisances électorales, les inciter à paraître et à se démontrer par des lois provocatrices, voire même des mesures savamment exaspérantes. Abuser ainsi les fractions les plus impatientes de la démocratie, par cette sensation permanente d'une république incessamment obligée de se défendre, contre des ennemis postiches, aussi implacables qu'imaginaires. En même temps, désarmer les Intérêts, en leur laissant carte blanche, pour la rafle *ad libitum* des dix-huit cents millions d'épargne disponible, que cette démocratie laborieuse étale, chaque année, aux cupidités de l'univers financier, et dont l'univers financier fait ristourne, sous toutes les formes, à un monde politique si accommodant. En règle générale et absolue, éviter tout événement, qui pourrait faire éclore des situations nouvelles et des hommes nouveaux et qui, en remuant l'âme nationale, risquerait de déclasser les esprits des compartiments où on les tient. Gouverner de la sorte, sans bruit, sans éclat, comme en chaussons, entre affiliés, que solidarisent pour la plupart les liens d'une société secrète et la terreur des excommunications disciplinaires. Après quoi, jouir à pleins bords, s'étant ainsi préservés, du côté de la présidence, par un prisonnier décoratif sans initiative et sans résistance ; du côté du Parlement, par une opposition artificielle ; du côté des Intérêts, par un pacte de pillage; du côté du pays, par l'absence d'émotions et d'une contre-partie pour les recueillir ; du côté de l'opinion, par une presse vouée au fait divers, aux frivolités, aux sports, à la licence et aux affaires, à qui l'on ne demande qu'un peu de silence rémunéré sur les choses essentielles ; du côté d'eux-mêmes enfin, qui ne serait pas le moins dangereux, par le roulement illimité des bénéfices et l'appât quotidien, offert à qui sait se taire, d'une fortune politique inespérée et sans exemple.

Une observation est ici à sa place, qui sollicite peut-être l'attention des chimériques entrepreneurs de restaurations monarchiques.

Quel autre régime serait donc en état d'offrir de tels avantages aux participants qui composent et détiennent celui-ci ?

Sans doute, un autre régime leur garantirait, comme il est d'usage, le maintien de leurs situations. Même, il y ferait valoir quelque chose de plus, c'est-à-dire l'éclat et la considération s'ajoutant à la sécurité. Ils y ont pensé. Tous comptes faits, on peut affirmer qu'ils préfèrent encore à ces parures superflues la profitable mésestime dont ils s'accommodent et qui, dans leur monde, le seul avec lequel ils aient à compter, ne leur interdit nullement l'espoir d'occuper eux-mêmes les suprêmes emplois.

Il faut donc se persuader qu'un pareil syndicat d'intérêts personnels, si dommageable qu'il soit au pays et le fût-il plus encore, ne sera point délogé par les moyens ordinaires.

Non seulement il a la possession d'état et la force propre de l'occupant, mais, en outre, il rencontre de vigoureux contreforts dans la haute finance qui le mène et, faut-il de dire ? dans l'Europe elle-même, qui ne pouvait mieux tomber pour tout se permettre. Vu l'inexpérience diplomatique de ce parti et la crainte qu'il a des moindres complications extérieures, qui risqueraient de renverser sa marmite, l'Europe a les mains libres.

Du moment que ce régime demeure confiné en France, qu'il n'est ni propagandiste hors de ses frontières, ni d'un exemple subversif pour les monarchies environnantes, celles-ci, on en conviendra, ont tout profit à le maintenir. Par lui-même, par le seul fait de sa durée, il nous mine et nous détruit plus sûrement que ne le ferait une guerre, qui n'irait pas sans aléas, ni sans susciter peut-être à cette nation assujettie une occasion de se reconquérir.

Au surplus, l'Europe s'est assuré d'autres répondants de sa sécurité militaire et même économique.

Le dernier recensement n'accusait-il pas la présence en France de 1.400.000 étrangers ? Cette immense immigration cosmopolite est-elle donc sans exercer, elle aussi, une influence, une surveillance, parfois même une action redoutables ?

Mêlés à notre vie, infiltrés dans tous les mondes, maîtres dans une certaine mesure de nos marchés, ces contingents d'étrangers ne sauraient être neutres, inertes ni réservés, dans le domaine de notre politique intérieure. Logiquement, la part de direction qu'ils s'y arrogent ne peut pas être défavorable ni contraire aux intérêts de leurs pays d'origine.

Non seulement ils prennent à nos ouvriers une partie du travail national ; non seulement le commerce français est sur certains points débordé, par leur concurrence installée sur la place — il n'y a qu'à lire les enseignes étrangères — mais nos gouvernements, nos ministres, nos Chambres elles-mêmes se sentent trop débiles contre cette invasion sans uniforme, pour oser la contraindre et pour ne pas la ménager.

Enfin, sur ces 1.400.000 immigrants, on estime à environ 30.000 le nombre des agents stipendiés par les polices étrangères, pour approvisionner de renseignements militaires les gouvernements qui les emploient, et aussi pour fomenter à point nommé les perturbations économiques, grèves, désordres de tous genres, dont la cause échappe souvent au public, mais dont le profit n'échappe point à l'Étranger.

Faut-il, en dernière analyse, ajouter à cela que la Franc-Maçonnerie, sous son masque d'une Société philosophique, n'est pas autre chose que la succursale d'une influence étrangère et que, par son organisation d'ubiquité et de pénétration, ainsi que par le magistère qu'elle s'attribue sur le personnel politique, elle accroît singulièrement la puissance des prises et la sûreté du contrôle de l'Etranger sur le régime politique lui-même ?

Tel est le règne sous lequel ce pays, qui fut si longtemps le premier et le guide des autres, sinon leur maitre, lentement débilité, s'étiole et se consume.

Mais, dira-t-on, le pays supporte tout cela, et, s'il s'en trouvait si maltraité, un autre pouvoir, encore plus légitime et souverain que tous les autres, pourrait modifier d'un geste tout cet ingénieux agencement.

C'est le pouvoir du corps électoral, du pays lui-même.

Sans doute, et cela est indiscutable en théorie. Dans la pratique, c'est une autre affaire.

D'abord, le pays ne sait pas tout cela, parce qu'on néglige volontiers de le lui enseigner.

Ni le pays, ni son corps électoral ne sont instruits, comme ils devraient l'être, des conditions dans lesquelles se débat leur vie politique.

Ce sont des sujets dont il est convenu qu'on évitera d'entretenir le public ; et les publicistes qui enfreignent cette consigne, donnée de haut, avec promesses ou menaces, selon les cas, sont assurément malvenus, sinon maltraités.

Autrement, la presse, qui s'étend jusqu'au dernier

hameau, et les cadres sociaux, qui sont les officiers et sous-officiers de l'opinion, pourraient certainement modifier la disposition naturelle et d'ailleurs on ne peut plus funeste de ce pays à se désintéresser des graves spéculations qui le concernent.

Ni la presse, ni les mille ou deux mille individus qui évoluent, avec leurs besoins et leurs aptitudes à les satisfaire, sur la lisière des monopoles gouvernants et des pouvoirs effectifs, n'oseraient prononcer cette rébellion. Ils en sont efficacement dissuadés par leur propre intérêt et par le système de privilèges avantageux ou seulement agréables qu'on leur accorde, en échange de leur sagesse et de leur discrétion.

Mettons qu'il y a ainsi, tous comptes faits, trois ou quatre mille turbulents à tenir en laisse : on a trouvé plus expédient et plus économique de se les attacher que de les laisser divaguer au gré de leurs initiatives ou de leurs ambitions.

Le pays ne sait donc rien, ou fort peu de chose, de ce qu'il devrait savoir pour se gouverner lui-même.

Il ne voit de son régime politique que les façades et n'en peut apprécier, pour son propre jugement, que les manifestations pour ainsi dire matérialisées. Les routes sont sûres, les trains circulent sur les voies ferrées, la gendarmerie fait son office, les tribunaux aussi, les militaires sont appelés et libérés à l'heure, les impôts sont lourds mais réguliers, les rentes sont payées, les fonctionnaires touchent leurs traitements, les chambres délibèrent ; au demeurant, les théâtres font de l'argent, les cafés ne désemplissent pas, les courses ne furent jamais si nombreuses ni si fréquentes : n'est-ce point une figuration, sinon une certitude complète d'ordre et de prospérité ?

Derrière ce décor, auquel on se garderait de porter la moindre altération inquiétante, qui soupçonnerait le ravage déjà accompli et celui qui poursuit son œuvre ? Personne.

De ce que quelques esprits chagrins ou pessimistes en éprouvent du malaise, ce malaise n'est que didactique et de pure idéologie.

Pour s'intéresser à ces indéfinissables souffrances morales du penseur ou du sociologue, il faut être soi-même sociologue ou méditatif; il faut savoir, il faut regarder. Est-ce qu'on en a le temps ? D'ailleurs, à part quelques journaux mal notés, tous les autres sont optimistes: pourquoi ceux qui les lisent ne le seraient-ils pas ? Le corps électoral en est là.

Ensuite, il n'y a pas qu'un corps électoral ; il y en a trois : celui qui nomme le président de la République et dont on a pu apprécier l'esprit, celui qui nomme la Chambre et celui qui nomme le Sénat.

Peut-on faire sérieusement état de ce dernier ? Peut-on faire état d'un corps électoral qui se trouve désormais, par le fait de sa composition et de son recrutement, organisé par ceux-là mêmes qui ont à s'en servir ?

Il est de règle courante à présent que le député complète lui-même, pendant le temps qu'il est député, la majorité dont il aura besoin pour aller prendre sa retraite au Sénat, à l'abri des fluctuations décevantes du Suffrage universel.

C'est devenu une carrière presque de tout repos, pour celui qui veut quelque peu s'en occuper. Quiconque du parti régnant se trouve menacé dans sa circonscription, ou redoute la fatigue d'y faire campagne tous les quatre ans, cède sa charge à un successeur et prend au Luxembourg une situation de vétéran, tout aussi lucrative, tout aussi ministrable et certainement plus tranquille, en raison d'un bail plus prolongé.

Pour cela, il suffit que les électeurs sénatoriaux, qui sont en grande partie des maires et des conseillers généraux, soient personnellement travaillés à cet effet. Le député s'y emploie, pendant les législatures au cours desquelles les ministres, les préfets, les administrations n'ont rien à lui refuser. Il s'y emploie de tout son cœur, en vue du profit prochain que pour lui seul il en espère. N'est-il pas vrai que c'est bien là ce qu'est devenu le corps électoral du Sénat ? On ne peut donc pas attendre de sa part une intervention ni bien spontanée ni bien énergique. Il faut des mécontentements locaux d'ordre tout personnel, pour influencer cette mécanique à suffrages qui, réunie au chef-lieu sous la main du préfet, semble inaccessible aux douleurs comprimées de l'intérêt public.

Reste le Suffrage universel, ou soi-disant tel, car il s'en faut encore de beaucoup qu'il soit universel.

Contre celui-ci, le parti républicain s'est formidablement retranché. Il ne s'est pas cru suffisamment défendu par ce qu'on appelle la possession d'état, ni par les avantages incontestables qu'elle procure à tout gouvernement qui tient les intérêts et, par-dessus le marché, tient les urnes.

Comme le parti régnant est inspiré de haut et de

loin par des cerveaux autrement informés qu'on ne suppose, il n'a pas manqué d'être averti que le Suffrage universel, du moins en France, est la plus grande force conservatrice qui existe ; que si l'on voulait amener la France au rôle que certaines directions protestantes et juives lui ont assigné, il fallait avant tout se garder du côté des réactions et des soubresauts du Suffrage universel.

De là, toute une politique de précautions, de défiances et de contraintes.

Remarquez que, sous ce régime soi-disant républicain et soi-disant démocratique, aucun progrès pratique dans les modes de votation n'a été réalisé, ni essayé, ni recherché, ni par conséquent voulu ; aucun progrès non plus dans l'extension du droit de suffrage aux catégories qui en demeurent exclues, et qu'une plus large interprétation du contrat social y devrait faire accéder.

On peut donc dire du parti républicain de maintenant que jamais régime n'a moins accordé que le sien au Suffrage universel ; qu'aucun ne lui a plus contesté et plus disputé, avec plus de restrictions et de parcimonie et même de mépris, ses droits et ses commodités.

La part que la République actuelle a laissée au Suffrage universel est bien plus circonscrite et plus marchandée que ne l'avait prévu la charte orléaniste de 1875.

Non seulement on ne lui a donné aucune part, si ce n'est fort lointaine, à l'élection du président de la République, mais aucune part non plus, si ce n'est fort tamisée et fort indirecte, à l'élection des sénateurs.

En outre, malgré le prodigieux progrès des voies

de communication, qui ont en quelque sorte supprimé les distances et réduit les étendues, on s'est appliqué à rétrécir et à resserrer les collèges électoraux, pour les mieux tenir ; au point que la Chambre et aussi le Sénat font aujourd'hui l'effet de conseils généraux un peu plus importants que les autres, mais tout aussi absorbés par les intérêts locaux les plus infimes et les moins dévolus à la compétence de grandes assemblées politiques.

On a donc mis au Suffrage universel la camisole du cloisonnement, par lequel on le tient enrêné de court et assujetti par des martingales.

En outre, par l'interdiction des candidatures multiples, qui sont cependant un si précieux moyen légal d'interroger l'opinion, on a destitué le Suffrage universel du droit d'élire spontanément qui il lui plaît, dans le collège qui lui plaît et dans le moment qui lui plaît, puisque tout candidat est tenu de faire, dans un délai de rigueur, une déclaration à la préfecture, sous peine d'une amende de 10.000 francs, également applicable aux imprimeurs, agents, etc., qui se feraient ses auxiliaires.

Encore cette législation restrictive est peu de chose, comparée à l'ensemble des moyens de contrainte et de subornation qui sont du domaine de la police et de l'action directe du gouvernement.

On ne saurait nier que la candidature officielle est ouvertement, cyniquement, pratiquée. Le sectionnement des circonscriptions, qui s'ajoute à leur exiguïté, est calculé de manière à y supprimer des contingents hostiles, ou à y ajouter des contingents favorables aux créatures du parti régnant. Un réseau de huit cent mille fonctionnaires étroitement surveillés, de comités, de sociétés et de fédérations subventionnés et entretenus aux mêmes fins, enserre de toutes parts les électeurs par groupes et même par unités. L'électeur est pris, saisi et travaillé depuis l'école, où l'instituteur est requis de faire un métier d'agent électoral, jusqu'à l'asile de vieillards où l'Assistance publique remplit diligemment le sien. La faveur et la disgrâce sous toutes les formes, même en l'endroit de communes entières, sont débitées à guichets ouverts pour le trafic des appoints, pour les récompenser ou les punir de leurs votes. Toutes les variétés de fraudes sont encouragées ou multipliées par l'impunité. Après quoi il y a encore la partialité des commissions de recensement, les invalidations arbitraires et les enquêtes d'intimidation, le systématique mauvais vouloir des ministères et des préfectures à solutionner les démarches des élus de l'opposition, la distribution discrétionnaire, sous les prétextes les plus divers, d'innombrables crédits et d'invraisemblables subventions..... Et faut-il compter pour rien le pillage annuel des budgets, du fait de l'initiative laissée à chacun des membres du Parlement de proposer des dépenses, c'est-à-dire de cultiver leur corps électoral aux frais des contribuables, et d'acheter ainsi leur réélection personnelle, au prix d'un coulage sans limites et d'une surcharge imposée à tous ?

Enfin, si malgré toutes ces coercitions brutales ou subtiles, toutes ces corruptions à peine déguisées, le parti régnant se suppose compromis ; si notamment quelque compétiteur de marque, grandissant dans la faveur publique, menace de lui briser dans les mains

ce réseau d'artifices, de lui bousculer ces cadres sou-
doyés, de lui ravir ces appoints de masse flottante
si chèrement achetés, d'entraîner en un mot par une
majorité nouvelle une politique nouvelle, un dernier
expédient lui reste encore et il en use : c'est le coup
d'État, l'arrestation en masse des chefs de l'opposition et, sous le nom de Haute Cour, une juridiction de parti, un tribunal de parti, pour décapiter
par la calomnie, l'exil ou le bannissement, cette
opposition cependant si nécessaire !

Voilà une pâle esquisse de la situation faite sous
ce régime au Suffrage universel, c'est-à-dire au
suprême pouvoir avertisseur, redresseur, créateur,
qui devrait communiquer aux autres la vie, la force
et l'autorité.

Celui-là aussi est captif, neutralisé ou détourné
de son utile objet, comme tous les autres !

D'ailleurs, le Suffrage universel se peut-il séparer
du pays dont il est le verbe ? Est-il possible de l'envisager isolément, comme pouvoir politique, sans
l'envisager comme état social et sans embrasser
du même regard la démocratie française elle-
même ?

Cette démocratie, qui comprend en ses dénom-
brements 19 millions de paysans, 11 millions d'ouvriers, 4 millions de commerçants, substance fondamentale de la nation, en qui survivent et se per-
pétuent plus sûrement que dans les aristocraties
les manières d'être et de penser des générations
disparues, comment est-elle préparée à l'exercice
de ses droits politiques ?

Quelle instruction lui est donnée, quelles connaissances, quelle moralisation, quels exemples en un mot, quel enseignement ?

Si le parti régnant se flatte volontiers d'avoir construit beaucoup d'écoles, il ne saurait se prévaloir aussi ouvertement de ce qu'on y enseigne.

Sans doute, on y apprend à lire, à écrire et à compter. On y apprend même ces arides éléments plus vite qu'autrefois, grâce aux ingénieux expédients de la pédagogie d'à présent. Mais, dès qu'il s'agit de former et de meubler le cerveau de l'enfant qui sait lire, tracer une page d'écriture et chiffrer à peu près les quatre règles d'arithmétique, quel est, en réalité, l'enseignement qui lui est inculqué, par le factotum communal qu'est devenu l'instituteur, dont la si belle et si haute fonction sociale se trouve maintenant trop souvent ravalée aux offices de basse politique ?

Le moins qu'on puisse dire de cet enseignement, ainsi dispensé par un agent politique, est qu'il reflète et reproduit les idées essentiellement négatives du parti au pouvoir, avec les surenchères de négations que chacun y ajoute au prorata de ses propres tendances.

Aussi bien en matière morale, religieuse ou politique, qu'en matière historique, le commentaire de l'instituteur peut-il s'inspirer d'autre chose que des aversions et des défiances dont le parti lui-même a composé sa doctrine la plus certaine ?

Ce n'est donc même pas la République qu'il enseigne, articulée en principes positifs et déterminés, susceptibles de fructifier dans l'imagination de l'écolier, mais spécialement les préventions et les haines dans lesquelles se complaît cette république dont il est l'agent.

Par la logique de cet enseignement, tout le passé de la France, qui ne fut pas républicain, sera donc systématiquement dénigré ou frappé d'interdit.

Par la logique de cet enseignement, toutes les croyances ou traditions morales des Français, sur lesquelles leur démocratie a vécu, et vécu avec quel éclat et quel rayonnement ! seront de même systématiquement écartées, sinon combattues, en ce qu'elles ne seront pas conformes à l'esprit huguenot du parti au pouvoir.

Un tel enseignement n'est plus la formation rationnelle ni conséquente d'un peuple qui se continue, pareil à lui-même. C'est la déformation, pour le moins insolite et inquiétante, d'un peuple qu'on déracine, en vue d'aventures inconnues ou suspectes, qu'un vague désir d'évolution ne suffit pas à justifier.

Au surplus, ce genre de déformation par l'école ne s'emploie et ne se rencontre que chez les peuples qu'un conquérant veut s'assimiler et à qui leur vainqueur désapprend jusqu'à leur langue. Il ne saurait être en usage chez les peuples qui ne sont pas conquis, qui s'appartiennent encore et qui, par leur propre loi de conservation, tendent à se maintenir dans leur vie morale et historique, comme dans leur existence matérielle.

D'obligation cependant, car la contrainte légale y intervient, tous les enfants de la démocratie paysanne et de la démocratie ouvrière recevront cette empreinte.

A un moment quelconque de leurs études, ils

subiront ce coup de balancier, destiné à briser en eux l'effigie héréditaire, l'image atavique, par laquelle devait se survivre l'une des plus belles et du plus glorieuses collectivités humaines.

Comment le Suffrage universel ne serait-il pas influencé, dans les solutions des affaires françaises auxquelles on le convie, par ces classes d'électeurs que chaque année lui amène et dont le premier façonnage a consisté à tout ignorer des conditions d'existence de leur pays, sinon qu'il s'est traîné pendant quatorze siècles dans de lamentables erreurs !

Le second façonnage est pire. On a dépouillé le petit Français de sa tradition historique, qu'on a remplacée par un sédiment d'idées négatives ou fausses : l'alcoolisme et le jeu attendent l'adulte — et l'attendent d'autant plus tôt que la disparition de l'apprentissage jette sur le pavé des villes, sinon des campagnes, tout un contingent d'adolescents plus ou moins débridés de toute surveillance et en état de mutuelle perdition.

Quatre cent cinquante mille débitants, ou peu s'en faut, sont autorisés à vendre les plus affreux breuvages que la fraude et la chimie coalisées contre la santé publique puissent inventer. Ils versent en permanence à ce peuple qui fut si sain, si poli, si sensible et si impressionnable, l'hébêtement et la stérilité, que par ailleurs le malthusianisme ardemment lui conseille, sous les yeux d'une Europe attentive à ce déclin, qui voit s'accroître d'année en année ses effectifs de natalité et conséquemment de soldats.

Mais quatre cent cinquante mille débitants, obligatoirement assujettis aux rigueurs et aux injonctions de la police urbaine ou de la police municipale, sont, pour la plupart, autant d'agents électoraux : fût-ce au prix de la santé publique, le parti au pouvoir ne saurait donc se priver d'un si précieux concours.

D'autre part, s'ouvrent un peu partout des milliers d'hippodromes, pour y recueillir les millions du pari mutuel. Il y faut ajouter toutes sortes de jeux clandestins, qui ne sont pas tous des tripots de *high life* ni de bourgeoisie désœuvrée, et les loteries, devenues si nombreuses, qu'elles en arrivent à ne plus faire leurs frais. Qu'est-ce que tout cela ? Le mirage invariablement décevant d'une richesse incessamment possible, au moyen duquel des milliers d'aigrefins soutirent à ce peuple, autrefois si économe, une partie de l'argent qu'il entassait naguère, pour réparer avec moins d'efforts les disgrâces momentanées de sa fortune.

Le parti au pouvoir, ne fût-ce que par souci de moralisation, pourrait réagir contre cette vicieuse disposition, qu'on avait jusqu'ici assez sévèrement contenue. Loin d'y porter remède, il préfère y prélever son bénéfice officiel, et l'on ne nous apprendrait rien de bien surprenant, le jour où il serait dévoilé que de grandes entreprises de jeu installées sur nos frontières, sans parler de celles concédées à tous les casinos de l'Intérieur, ont largement commissionné le monde politique.

Que notre démocratie perde sa santé et son argent, c'est déjà infiniment regrettable. La voici visée par un autre genre de démoralisation. C'est la pâture quotidienne de crimes et d'exploits de police que les journaux les plus répandus lui servent chaque matin.

On cherche où est l'école de criminalité, qui a multiplié d'une façon si redoutable les attentats contre les propriétés et les personnes. La voilà !

Il ne saurait faire doute que la diffusion des moyens de crime et des moyens de police par lesquels on cherche à les prévenir, est l'œuvre des journaux, depuis tout à l'heure quarante ans qu'ils s'y appliquent.

Sous prétexte que ce genre d'information et de littérature est plus demandé que les récits de morale en action ou qu'une instructive initiation du peuple à ses grands intérêts, le bel assassinat fait prime. Il occupe la première place, il l'emporte sur tout le reste. Il est même encore insuffisant, puisqu'on le double du roman-feuilleton, qui n'est lui-même, le plus souvent, qu'une série de crimes délayés en vingt mille lignes, cotées au plus haut prix que ne le furent jamais les plus purs chefs-d'œuvre de l'esprit! De ce chef, la vogue, sinon la renommée, du pire criminel est autrement assurée que celle des héros cependant plus méritoires des actes de dévouement, de courage ou de probité.

Comment la moralité d'une démocratie ne fléchirait-elle pas, sous une sollicitation si persévérante et si funeste, alors que les exemples qui lui viennent d'en haut, par tant de scandales vainement comprimés dans leur essor, lui apportent cette conviction déconcertante que ceux qui la gouvernent valent encore moins que tous les autres ?

Ne songe-t-elle pas à ce qu'ils furent et à ce qu'ils sont ? Ne voit-elle pas d'où ils sont sortis et jusqu'où ils sont montés, par des moyens si allégés de scrupules qu'on se demande par quelle incroyable force de l'habitude une telle société tient encore debout ?

Franchement, à quelques exceptions près, que l'on peut concéder encore assez nombreuses, de quel exemple est donc le personnel gouvernant et même légiférant, aux yeux désormais dessillés de la démocratie française ?

Il ne sort même pas de ses rangs laborieux, encore qu'il ne laisse pas de s'en prévaloir. Il appartient à ce qu'on appelle les professions libérales, et il n'en est pas le meilleur. Ce sont précisément les échoués et les ratés de ces professions-là qui, pour la plupart, cherchent dans la politique républicaine et sur le dos de la démocratie une carrière, que l'absence de talent ou l'absence de clientèle leur refusait ailleurs.

Le mauvais avocat, le mauvais médecin, le mauvais professeur, le mauvais magistrat, le mauvais prêtre, le médiocre écrivain, l'officier mis à l'écart, n'ont point à désespérer : un débouché leur reste encore, celui-là ! Sous l'égide maternelle de la Maçonnerie, autrefois plus regardante, ils sont, à peu de frais et moyennant des excentricités d'opinion à se faire suffisamment connaître, la pépinière des assemblées et l'espoir des cabinets ministériels.

Qui n'a pas réussi dans la magistrature a ainsi toutes les chances de devenir Garde des sceaux, et c'est le fruit sec de l'armée qui l'emportera, comme Ministre de la Guerre, sur les généraux les plus qualifiés. Un médecin s'est trouvé n'avoir pas assez de malades ni assez de réputation pour subvenir à son propre entretien ; qu'il prenne patience, les Facultés lui seront soumises, quand il sera Ministre de l'Instruction publique.

Est-il quelque part un prêtre apostat ou défroqué qui n'a pu se tenir aux vertus du sacerdoce ? C'est à lui que reviendra la haute administration des Cultes, à moins qu'on ne le supplie d'en établir tout d'abord la législation.

Quelle moralité attendre d'une caste ainsi recrutée, qui s'aperçoit qu'elle peut tout oser, qui dispose, sans autre contrôle que le sien, d'un budget de plusieurs milliards, et à qui sont remis, par comble de déraison, tous les leviers d'un pouvoir sans limite, sans autre limite que le grognement des compétitions.

Tout ce recrutement, arrivé sans ressources, du moins pour le plus grand nombre, a des besoins qui ont longtemps attendu et sont aussi impérieux que pressants. Comment résister aux occasions de les satisfaire ? Les intelligences ont beau s'adapter assez vite aux choses du milieu, ce qui se voit fréquemment dans les assemblées françaises, les caractères ne s'y forment pas avec les mêmes aptitudes que les intelligences et la médiocrité des caractères est la porte ouverte aux faillites de la conscience.

Ce personnel d'aventure, sélecté à rebours et à la diable, par les commodités des cuisines électorales, ne saurait se trouver qualifié pour élever et transformer l'esprit du peuple qu'il gouverne, ni pour le conduire à l'idéale métamorphose que concevait le parti républicain d'autrefois, avec son cénacle auréolé d'orateurs célèbres, d'historiens, de poètes et de proscrits intransigeants. A d'autres l'idéal ! Pour l'instant, il faut vivre, et pour vivre durer, et pour durer, tout est bon, tout est licite, tout est permis. Il est dès lors le chien de la fable, qui avait à défendre le dîner de son maître contre les autres chiens. Après quelques hésitations, très vite dissipées, par les sophismes du tentateur qui rôde à l'état de légion dans un pareil régime, il donne, comme les autres, son coup de mâchoire dans le précieux dépôt confié à sa vigilance.

A quoi bon apprendre à ce peuple à se gouverner lui-même ? Vous voyez bien qu'il n'y tient pas ! A quoi bon exalter ses véritables qualités, mettre en valeur ses véritables ressources, rectifier ses écarts, corriger ses erreurs, l'assouplir et le ranger aux transactions nécessaires des lois sociales et des lois économiques ?

N'est-il pas plus pratique et plus expédient de tabler sur ses faiblesses, de vivre sur ses défauts, de surenchérir sur ses exigences et de lui promettre, sans compter, tout ce que ses entraîneurs de qui nous dépendons peuvent réclamer ?

C'est plus sûr, c'est plus facile, cela prévient les complications qui pourraient devenir épineuses. On a beau les résoudre au jour le jour, par de la police et de l'argent, on ne sait jamais. En conséquence, lâchons tout, pour avoir nous-mêmes la vie assurée, quoi qu'il doive en coûter et quelque perturbation que cela porte à l'équilibre général.

On ne dira pas que nous ne sommes pas des démocrates ; nous concédons, et au-delà, tout ce que la démocratie nous demande.

Et ce régime de bourgeoisie précaire, ultime râclure du tonneau du Tiers-État, s'imaginant qu'il est la pure démocratie, parce qu'il lui obéit au lieu de la commander, en arrive à toutes les extravagances insolubles et démoralisatrices.

Ce peuple veut travailler moins et gagner davantage ? C'est entendu. Il lui plaît de réduire à coups de grèves ses heures de travail, tout en exigeant, par les mêmes contraintes, des salaires plus élevés ? Libre à lui. Il veut que l'État se substitue à sa propre prévoyance et à sa propre économie, pour lui donner de quoi vivre ? L'État n'a rien à lui refuser. Il ne veut plus payer aucun impôt ? Les autres les paieront pour lui. Il ne veut plus faire de service militaire ? Réduisons le temps de service et les périodes d'appel, en attendant de les supprimer. On nous assure qu'il boirait volontiers des vins à bon marché ? Dégrèvons les boissons. Il préfère les alcools ? Qu'il en boive tout son saoûl, les fraudeurs, à défaut des hygiénistes, nous en tiendront compte. Il veut perdre son argent dans les tripots ? C'est son droit, les tripots nous en paieront la rançon. Il aime à se repaître de crimes le matin, et, le soir, de stupidités licencieuses, sinon obscènes ? La préfecture de police alimentera les journaux de tous les crimes de la nuit et elle fermera les yeux sur les milliers de beuglants et de cafés-concerts, où ce peuple spirituel achève de gâter jusqu'à son esprit. Il aime le ruban et n'a pas, à ce qu'il semble, le dédain de ces hochets multicolores ?

On lui en donnera donc au kilomètre et le *Journal Officiel* de notre république peu austère publiera ces promotions invraisemblables, où s'étale le scandaleux trafic des distinctions électorales.

Mais quoi ? l'Agriculture ? Eh bien, le vert pomme lui siéra à merveille ; collez-lui sur sa blouse un ruban vert pomme ! Que dites-vous ? Le Commerce ? Un moment, le Commerce peut nous donner de l'argent et nous allons y pourvoir..... Et le commerce français lui-même, naguère si estimable, par les scrupules surannés qui raidissaient sa vieille probité, a succombé, à son tour, aux appâts des distinctions mercenaires que le gouvernement lui a tendus. Des comités interlopes, opprobre du commerce qu'ils déshonorent, ont délivré à comptoir découvert, les récompenses d'Exposition et les croix tarifées, sous couleur de concourir aux frais électoraux d'un régime si parfaitement disposé à honorer le vrai mérite et les efforts dignes d'encouragement !

Industrie, commerce, banques et le reste ont été entraînés à leur tour, dans ce courant de dépravation électorale qui a submergé la démocratie. Les artistes eux-mêmes n'y ont pas résisté. L'art désintéressé, des maîtres français, qui mouraient pauvres, léguant à la postérité des œuvres que les millionnaires se disputent, n'est plus qu'un souvenir en voie de s'effacer. Le *piston* a remplacé le talent et les génies alignés à la prussienne, sur le passage des philistins du scrutin d'arrondissement, pour attraper au budget quelques commandes rémunératrices, se sont dirigés, à tout prendre, vers les Loges, qui n'ont rien de commun avec celles de Raphaël.

Ainsi, exploitation méthodique des vanités,

des servilités, des cupidités, des défaillances, dont la nature humaine, en France comme ailleurs, est tristement pétrie ; sarcasmes de pitié, sinon de mépris, infligés d'autre part à tout ce qui entend rester soi et rester debout ; l'indépendance du caractère et des talents rayée des vertus républicaines et n'ayant désormais d'autres suites que le silence, l'isolement et l'indigence : c'est, il faut bien le reconnaître, dans la mesure où chacun en voudra convenir, la philosophie courante et généralisée du régime actuel.

A cette exaltation des vices, des faiblesses et des travers du Français de maintenant, qui ne serait peut-être que divertissante ou hautement comique, s'ajoute par surcroît un véritable drame : c'est le spectacle affligeant de ce peuple qu'on laisse s'étioler, de peur de le voir rebondir, et dont on détend à dessein les ressorts essentiels.

Non seulement il décroît, par toutes les raisons pathologiques, économiques et sociales qui stérilisent sa reproduction ; non seulement ses énergies intimes et profondes sont atteintes ou menacées de se dissoudre dans les flots d'alcools qu'on lui fait absorber; mais il apparaît trop clairement qu'on s'est proposé de détruire, avec l'idéal qui le fit si grand, les qualités guerrières par lesquelles il s'était toujours ressaisi.

C'est une histoire qu'on ne lui apprend plus, de crainte qu'il n'en ait la nostalgie. Il semble que cet étrange oubli de lui-même soit au nombre des prescriptions auxquelles une occulte thérapeutique l'aurait condamné. Dans le domaine des vraisemblances, on se surprend à se demander si nos maîtres sont indépendants, s'ils sont leurs propres maîtres ou les délégués d'une métropole inconnue, qui nous impose, par leur intermédiaire, une domination débilitante et suspecte. On est tenté de se demander si, par commission secrète d'une Europe complice, le parti qui nous gouverne ne nous serait pas imposé par elle, et si, en retour de l'appui qu'il en reçoit, il n'aurait pas garanti de guérir ce pays de ses penchants ataviques aux résurrections militaires, d'oblitérer chez lui les facultés d'entraînement et d'enthousiasme, qui avaient, à d'autres époques, influé sur le dispositif européen.

La peur de la victoire est un secret du règne.

La paix armée commence à apparaître à quelques esprits réfléchis comme une sorte de trompe-l'œil qui, en même temps qu'elle alimente de milliards annuels l'industrie des fournisseurs, n'a d'autre objet positif que de consolider la France au rang subordonné de puissance de second ordre.

« Puissance de second ordre, soit, pourvu que nous demeurions les maîtres et qu'on nous y maintienne! » Tel est le pacte vraisemblable, sinon vrai, qui stipule tout ensemble la déchéance de la France et la durée du parti qui la tient.

Avec un tel système européen, complété par toutes les précautions prises contre les réveils du pays et les soubresauts de l'opinion, que le Suffrage universel pourrait traduire, il ne reste donc plus debout, dans ce prétendu régime parlementaire adapté à une prétendue république démocratique, qu'une féodalité de pachas omnipotents — omnipotents par ici, mais esclaves par ailleurs.

Elle s'étale, cette féodalité, sur des élites sociales dégoutées de la vie publique par toutes sortes de mauvais traitements, et sur une démocratie enivrée d'impostures par ses imprudents corrupteurs. Désenchantée, elle aussi, de toute solution politique, par les déceptions qu'elle a essuyées, elle ne songe désormais qu'aux moyens de s'organiser en nombre, en force et en discipline, pour achever, par une commotion économique, la ruine de cette société démoralisée.

Nous en sommes, chacun le sait, à cette veillée menaçante d'une révolution ouvrière, d'une guerre de classes, entreprise et conduite avec une ampleur et des moyens qu'on n'aura jamais vus.

Et la dernière observation qui se puisse dresser à la charge de ce régime est qu'une si grave éventualité n'inspire pas l'effroi qu'on pourrait supposer.

C'est toucher le fond des sentiments de dégoût que ce régime soulève, que de surprendre, chez des hommes qui ne sont pas des hommes d'aventures, chez des citoyens qui ne sont pas de mauvais citoyens, une sorte d'indulgence tacite, à l'endroit des premières séditions ouvrières.

Qu'on mesure, par là, le désespoir auquel ce régime a acculé les classes dites conservatrices !

Entre la faction qui les opprime et des commotions sociales qui laissent entrevoir une possibilité de la renverser, de braves gens en sont arrivés à ce paroxysme, de tenir le désordre social en perspective pour moins funeste et moins meurtrier peut-être que l'ordre singulier dans lequel nous étouffons !

Il n'est pas possible, tant d'illusions que sa constante fortune ait pu lui suggérer, que le parti régnant ne perçoive pas quelque chose de ces rumeurs accusatrices, ni que l'atmosphère de décri et de sourde impopularité dans laquelle il gouverne lui demeure inconnue.

Et c'est le moment de l'interroger sur ce qu'il pense de lui-même.

Une question en effet se pose maintenant, qui vient à son heure.

Fictions, expédients, promesses, corruptions et le reste, à quel objet tout cela est-il employé ? Toute cette tension d'esprit et toute cette dépense de force, à quoi servent-elles ? Quel résultat supérieur a été obtenu dont le pays puisse se flatter d'avoir apprécié, sinon même la grandeur, du moins l'avantage ?

On est disposé à tout pardonner aux gouvernements qui se proposent d'atteindre un grand but politique ou un progrès social qui en vaille la peine. L'immoralité des moyens est souvent excusée par l'importance des résultats. On excuse la Révolution du sang qu'elle a versé, parce qu'en le versant elle paraissait obéir à une sorte de frénésie patriotique contre l'étranger. Où sont ici, pour la France et pour la société française, les sujets de se féliciter en fin de compte d'avoir subi un tel régime et de s'enorgueillir de ce qu'il a produit ?

Cette oligarchie si puissante, constituée chez nous sous les raisons sociales de « parti républicain » et de « majorité républicaine » clichés rituels, vocables liturgiques, après lesquels il semble qu'on a tout dit et qu'il n'y a plus qu'à fléchir le genou, nous a rapporté quoi ?

Elle a vécu, c'est entendu ; elle a fait ses affaires, elle a poussé et casé ses créatures, elle s'est gavée elle-même de tout ce que ce pays compte de places, de fonctions, de dignités et de prébendes: elle a fait de la République la propriété, pour ainsi dire exclusive, d'un certain nombre de députés et de sénateurs, solidairement associés pour s'assurer mutuellement entre eux, ainsi qu'à leurs familles et à leurs clientèles, le roulement et la répartition des bénéfices du pouvoir. Mais c'est là un profit qui lui demeure personnel. La France, qui paye tout cela, n'a rien reçu en retour, et elle est en droit de penser qu'elle n'en a pas eu pour sa peine ni pour son argent.

Gouverner, c'est bien, mais ne gouverner que pour soi, pour se maintenir, pour faire ses affaires et les affaires des sportulaires faméliques qu'on traîne après soi, sans rien donner en échange au pays qui vous supporte et qui vous entretient, c'est insuffisant, et le salaire ici excède le service.

Sans doute, tous les gouvernements veillent à leur conservation et prennent souci de leur sécurité : mais leur intérêt se confond avec l'intérêt général, car ils font ainsi participer leurs peuples au bienfait de leur propre durée et leur sécurité même se traduit en confiance et en bien-être pour tous les intérêts.

De celui-ci, c'est différent : plus il dure, plus il est inquiétant ; ce qu'il appelle sa force devient un signe de notre faiblesse et ce qu'il appelle sa sécurité est au prix de notre déchéance.

C'est qu'il est d'un égoïsme farouche, rapportant

tout à lui et à lui seul, sacrifiant tout à lui et à lui seul, à ses craintes et à ses soupçons.

Un exemple, entre cent, le fera mieux comprendre.

Si nous n'avons pas le haut commandement que réclamerait une armée comme la nôtre, pour être au degré de préparation des armées qui peuvent lui être opposées, c'est parce que « le parti républicain » en a peur, et parce qu'il a peur, il faut que l'intérêt vital du pays passe après le sien. La France peut en mourir, mais lui en aura vécu.

Veut-on un autre exemple ?

Il est dans le péril des Caisses d'épargne qui, pour représenter quatre milliards versés, n'ont plus que du papier — et quel papier ? Le parti républicain, imitant en cela les sociétés les plus suspectes, a racheté incessamment ses propres titres, pour donner l'illusion d'une rente d'État au-dessus du pair, puis au pair, puis voisine du pair. Il s'est donc mis mathématiquement en posture de faillite aux risques de l'Épargne, mais l'illusion de prospérité qu'il en a tirée l'a fait vivre.

Même observation pour le service de deux ans et la réduction des périodes de rappel, jetés en pâture démagogique aux ressentiments du pays, malgré l'opinion du Conseil supérieur de la guerre. « Le parti républicain » s'était compromis dans l'affaire Dreyfus. Il a fallu jeter du lest, il a jeté cela ! La défense nationale en est mise en question, il n'importe, du moment que lui se tire d'affaire.

Même observation en ce qui concerne le déchaînement de la fiscalité contre les fortunes moyennes, les fortunes scandaleuses demeurant comme d'usage au-dessus des lois. La France se vide de son argent et chacun lui cherche des refuges dans des pays où la propriété soit plus respectée, mais cette démagogie financière aura donné au « parti républicain » quelques jours de répit.

Si nous avons désormais la perspective d'un soulèvement ouvrier, de ce qu'on appelle couramment la grève générale, c'est-à-dire d'une émeute simultanée et généralisée, suspendant de toutes parts la vie économique, exposant tous les intérêts aux plus graves préjudices et la société elle-même aux plus sérieux dangers, à qui faut-il l'imputer ? sinon aux excitations et aux surenchères que « le parti républicain » a prodiguées aux organisations ouvrières, pour retenir leurs suffrages. La société française peut en demeurer saccagée, mais lui en aura vécu.

Qu'il veuille bien nous dire à quoi nous sert qu'il vive et finalement de quelle utilité il nous est.

Quelles sont ses œuvres dignes de figurer dans nos annales, quels sont ses trophées et ses conquêtes ? Par quelles éphémérides son règne sera-t-il illustré, dans les calendriers de l'avenir ?

La génération qui avait vu les mutilations de la patrie avait, pour les réparer, tout donné au « parti républicain » et lui avait ouvert un crédit illimité. Voici que cette génération va tout à l'heure descendre au tombeau, laissant derrière elle une patrie toujours incomplète, n'ayant pour la préserver de nouveaux déchirements qu'une armée journellement outragée.

Même dans le champ des acquisitions coloniales, dont l'oligarchie républicaine pourrait être tentée de s'attribuer le mérite, est-il une seule de ces entreprises dont on ne puisse penser qu'elle eût été réalisée aussi bien, sinon beaucoup mieux, par tout autre gouvernement que le sien ? Et faut-il ajouter que, par sa faute, sa grande faute, les grandes routes maritimes du monde dont nous étions les maîtres, par l'héroïque initiative de nos ingénieurs et les prodiges aussi de notre épargne, nous ont été enlevées, quand nous avons perdu Suez et Panama, sans parler de l'Egypte, définitivement abandonnée et de la rétrocession de Terre-Neuve.

Mais quoi ? Dans le domaine des nobles émulations que la paix encourage, est-il quoi que ce soit de mémorable dont la priorité revienne à notre oligarchie républicaine ? Pas même. Tous les progrès sociaux accomplis pour améliorer les rapports des hommes entre eux, toutes les œuvres de solidarité, de protection, d'assistance, de mutualité nous sont, pour la plupart, venues de l'étranger, de pays où il n'y a pas, ou du moins pas encore, de « parti républicain », ni de « majorité républicaine ». La Belgique en avait donné depuis longtemps des modèles qu'on n'a fait qu'imiter. Les ouvriers anglais s'étaient syndiqués en *trades unions* pour la défense de leurs intérêts, bien avant que les ouvriers français aient reçu l'autorisation de le faire : et cependant il n'y a pas à la Chambre des communes, encore moins à la Chambre des lords, ce qu'on appelle ici avec des tremblements dans la voix une « majorité républicaine ». Le prolétaire allemand a, depuis vingt-cinq ans, son droit à la retraite, sans que l'armée allemande en ait été le moins du monde ni menacée dans ses budgets ni amoindrie dans son prestige : et cependant ni M. de Bismarck, ni le général de Caprivi, ni le prince de Hohenlohe, ni M. de Bülow n'ont eu, pour cela, à faire ronfler au Reischtag aucune exhortation à aucune « majorité républicaine ». Le crédit de l'Italie, qui était si bas quand le nôtre était encore si haut, s'est relevé à tel point que le billet de banque français perd maintenant au change italien : et cependant il n'y a pas à Rome, à qui la République imprima jadis un lustre ineffaçable, ce qu'on appelle pompeusement une « majorité républicaine ».

Par ces exemples, auxquels tant d'autres pourraient être ajoutés, il est aisé de voir que rien de ce qui intéresse la démocratie européenne n'a eu spécialement besoin, pour se manifester et se satisfaire, de l'existence d'une « majorité républicaine».

Si notre oligarchie régnante n'a rien fait de plus ni de mieux pour notre démocratie nationale, a-t-elle du moins fait quelque chose pour l'Humanité en général qui, à l'entendre, lui tiendrait encore plus au cœur ? A-t-elle humanisé la Justice, qui est l'un des *leit motive* de son jargon accoutumé ? Hélas ! jamais les faibles et les pauvres ne furent plus abandonnés aux brutalités brèves et péremptoires de la force et de l'argent, et jamais on ne compta dans le monde plus d'opprimés et de vaincus, ayant vainement tendu leurs mains suppliantes vers cette France qu'ils avaient vue naguère si généreuse et si secourable !

Comment l'oligarchie républicaine a-t-elle compris et pratiqué la liberté, qui est cependant sa raison d'être ? Est-elle bien sûre d'avoir accordé à tous les Français la liberté de conscience ? Est-il bien vrai que le billet de confession ne leur soit plus nécessaire ? Est-il bien certain qu'on ne s'enquiert plus de la foi religieuse des citoyens, pour leur ouvrir le libre accès des carrières et des fonctions ? Peut-on nous répondre avec assurance que le fanatisme religieux est banni de nos lois et que l'intolérance catholique n'y est pas surabondamment remplacée par l'intolérance protestante ? De quelles émancipations sommes-nous donc redevables à cette « oligarchie républicaine », qui, huguenote d'esprit et de direction, apporte d'ailleurs, dans ses pratiques de gouvernement, l'allure d'une conjuration du seizième siècle, avec toute l'acrimonie et toutes les récriminations des réfugiés du dix-septième ?

De ce chef, la grande pensée au règne s'est du moins dessinée. Si Pitt, Cobourg et Brunswick furent dénoncés jadis comme l'ennemi aux exaltations passionnées des patriotes, on peut dire qu'il n'en est plus de même à présent. Pitt, Cobourg et Brunswick sont nos maîtres. On les voit se profiler derrière notre oligarchie besoigneuse, sous les traits obliques et suspects d'un tas d'entremetteurs juifs échappés des ghettos de Francfort-sur-le-Mein, et de protestants imprégnés jusqu'aux moelles de toutes les mentalités anglaises et germaniques, qui ont leur bouillon de culture dans la Maçonnerie.

De quoi donc s'agit-il ? Reprendre la France en sous-œuvre, depuis la crèche des nouveau-nés et l'école primaire, jusqu'aux plus éminents sommets de l'enseignement, pour l'amener, de gré ou de force, à embrasser le protestantisme rejeté par les siècles derniers ?

Que de temps perdu à cette conception, à la fois surannée, assommante et chimérique, qui ne tiendra pas une demi-journée dès que la France en sera suffisamment avertie !

L'oligarchie républicaine y a cependant tout mis en œuvre. Son insipide guerre à l'Église n'a pas vraisemblablement d'autre motif ni d'autre objet. Pour cela, que n'a-t-il pas fallu subir ? Quel ennui mortel nous fut infligé, de voir et d'entendre dans les assemblées le fastidieux radotage des ganaches de l'anticléricalisme, maniaques ayant pour tout bréviaire « à bas la calotte ! », voués par état au pourchas persévérant des garde-malades, et pour qui la République est sauvée chaque soir, ou suffisamment victorieuse, quand elle a mis en déroute quelques frères ignorantins parfaitement inoffensifs, ou quelques filles de charité ayant la folie du dévouement !

Eh bien disons-le, c'est une maigre victoire, quand on la met en regard de tout ce que pouvait faire le parti républicain, s'il avait eu le sens français et le sens démocratique, avec le crédit qu'il avait dès 1870 et l'omnipotence dont il a joui depuis un quart de siècle.

De sorte qu'on peut se demander si c'est lui qui n'a rien dans le cerveau, hormis cette idée fixe, ou bien si c'est le mauvais outillage de la constitution politique qui l'empêche de travailler et d'aboutir à autre chose qu'à des histoires de curés.

A qui la faute ? A lui ou à la Constitution ? A tous les deux, et comment y remédier ?

C'est une question qu'on ne résoudra pas facilement, quelque bonne volonté qu'on y apporte, aussi longtemps qu'on ne voudra pas distinguer entre la République et le parti républicain.

La France veut bien de la République et elle en peut tirer certainement autant de bien, sinon plus, que d'un autre régime ; mais elle ne peut pas s'accommoder de cet agrégat spécial, insolite et désagréable qu'on appelle le parti républicain, lequel ne s'harmonise point avec la République, telle que l'imagination française la conçoit.

Il y aurait demain un plébiscite, que l'immense majorité des Français voterait pour le maintien de la République, à la condition d'être débarrassée du parti républicain et au surplus du régime des partis qui lui fait horreur.

Il arrivera quelque jour que, faute de pouvoir se débarrasser du parti républicain et des autres partis, un accès de mauvaise humeur nationale fera bon marché de la République elle-même, si, pour en finir avec le contenu, il faut renverser le contenant.

Au fond, le parti républicain défend beaucoup moins la République qu'il n'est défendu par elle, et c'est sous le couvert fallacieux de cette protection paradoxale qu'il assoit son pouvoir et qu'il prolonge ses ravages.

Comment concilier avec un régime parlementaire possible cette désaffection de la France pour le régime des partis, au milieu desquels un seul compte, un seul règne et gouverne, à l'exclusion de tous les autres ? C'est fort difficile.

Comment, d'autre part, amener le parti républicain à être autre chose que ce qu'il est et à se réformer lui-même, en se délivrant des influences absolument religieuses et étrangères, qui prédominent dans son sein et qui font de lui un véritable parti clérical, infiniment plus insupportable que celui dont il prétend nous affranchir ?

Ne sait-il pas qu'il n'y a de vrais libres penseurs, au sens réel de ces mots, que parmi les catholiques et que la libre pensée est une des formes les plus fréquentes du catholicisme français ?

Qu'il soit donc républicain tant qu'il voudra, mais qu'il pense en français, ce n'est pas bien difficile !

Mais quoi ! Nous voyons son salut là où il verrait son suicide. Il ne sera pas le suicidé par persuasion. Nous en arrivons donc au même problème qui s'est offert, par analogie de situations, aux méditations des politiciens de Brumaire, c'est-à-dire maintenir et consolider la République, en désagrégeant, par une rupture de ses propres éléments, le consortium qui la stérilise.

Autrement dit, nous sommes replacés, par le retour invariable et périodique des mêmes lassitudes et des mêmes dégoûts, dans le cas d'employer ou de souhaiter l'emploi des mêmes expédients de force, d'adresse ou d'entreprise qui, mettant en jeu les trois mêmes facteurs, c'est-à-dire la Rue, l'Armée et le Parlement, sont incessamment ramenés à l'hypothèse d'une sédition et à l'hypothèse d'un coup d'État ou à leurs diverses combinaisons.

Combien, cependant, il serait désirable de clore une fois pour toutes l'ère périmée de ces pitoyables moyens !

On a le droit de s'étonner, au milieu du progrès universel de toutes les manifestations de l'esprit humain, que la politique seule y soit retardataire et comme ankylosée dans l'empirisme de gouvernement, sans autre méthode que le savoir-faire.

La politique doit cesser d'être un art, pour ne pas dire un artifice, et devenir à son tour une science documentaire, si ce n'est une science exacte, par la rigueur de ses conclusions et la précision de ses appareils.

Une telle évolution ne demande qu'un acte de foi, non pas aveugle, mais rationnelle, dans ce fait non miraculeux que le pays est une personne, qu'une nation est un individu collectif et conscient, soumis aux mêmes lois de la nature que les individus, mais également doué, comme eux aussi, d'une vie qui lui est propre, d'une pensée, d'une raison, d'un instinct et d'un libre arbitre et, qu'en conséquence, il ne faut plus que le principe moderne de la souveraineté du pays soit une manière de parler et une façon comme une autre de se moquer de lui. Comme dans les Sociétés financières, il est de bon ton de se moquer de l'Assemblée des actionnaires.

Il appartenait à la République de faire prévaloir dans le monde ces données d'une philosophie nouvelle et de s'attacher à les transformer en méthodes de gouvernement. Non seulement elle ne l'a pas fait, mais elle a fait tout le contraire, et l'on peut dire d'elle qu'aucun gouvernement n'aura été jusqu'ici plus fidèle aux vieux expédients du passé, à la fois plus corrupteur de la moralité du pays et plus oublieux de ses prérogatives.

Ne serait-il pas grand temps de reconnaître de si méprisables erreurs et de réagir contre le système qui les perpétue ? Ne serait-il pas à propos de considérer la République, non plus comme un sous-entendu religieux, non plus comme la formule convenue d'on ne sait quelle entreprise étrangère, non plus comme le galetas de tous les préjugés négatifs, mais comme un système de gouvernement ayant ses principes à lui, ses méthodes à lui, ses avantages propres, en regard de certains inconvénients, en un mot, comme un système scientifique positif, rationnellement appliqué au gouvernement des sociétés ?

Pour cela, il faudrait tout d'abord essayer de restituer au Suffrage universel toute sa puissance d'arbitrage, de lui rendre la main et de le laisser nous donner son avis, avec plus d'ampleur et de liberté que ne le permettent et le scrutin d'arrondissement et toutes les sophistications dont il est entouré. Quand on a cette admirable ressource sous la main, on est impardonnable de ne pas en tirer tout ce qu'elle comporte d'apaisement pour tout le monde.

La démocratie française n'est plus du tout ce qu'elle était. Si son tempérament est demeuré le même, ses organisations et ses groupements sont différents. Ne vaut-il pas mieux les façonner dès à présent aux commodes pratiques de la liberté, que de leur opposer constamment, après d'abominables tromperies et des documentations falsifiées ou enfantines, le *quos ego* des sergents de ville et des charges de cavalerie, en attendant qu'on soit obligé de leur opposer le fusil à répétition et le canon de 75 ?

Si le parti républicain n'était pas ce qu'il est, c'est-à-dire une espèce de caste hindoue, quasi sacerdotale, confinée dans ses préjugés d'un autre âge, très peu ouverte aux grands souffles du large et pour tout dire dépourvue, comme toutes les castes, du sens démocratique, il comprendrait toute l'immense force qu'un gouvernement républicain peut tirer du Suffrage universel décloisonné et débridé, dans un pays qui compte près de sept millions de propriétaires, ayant leur maison, c'est-à-dire l'autonomie et l'indépendance individuelles.

Au lieu de fonder sa conservation sur l'effacement systématique du dalaï-lama, élu en conclave par les deux Chambres, il rendrait au Suffrage universel le droit de désigner à sa convenance le gérant de ses affaires et d'élire directement le Président de la République.

En un mot, il faut déplacer l'axe central de la République. C'est une aberration, au moins en France, sinon partout, de le placer dans une Chambre collectivement anonyme et irresponsable, qui est forcément une foire ouverte à toutes sortes d'influences suspectes et de marchandages malfaisants. C'est au contraire un retour nécessaire à la politique rationnelle que de replacer cet axe sur le bon sens, la fermeté, l'esprit de suite, la probité et la responsabilité d'un gérant national, pouvant mettre en valeur toutes les forces inemployées de la République.

Ne serait-il pas, en ce cas, plus conforme à cet ordre d'idées d'essayer d'arriver légalement à une sorte de république consulaire, dans le genre de celles du Mexique et des États-Unis, qui nous fournissent, à cet égard, de précieuses pièces de comparaison ?

En dehors de cette réforme essentielle et radicale, qui fait déclancher toutes les autres et qui, de plus, est simple comme bonjour, car il n'y a qu'à la vouloir pour qu'elle soit, que peuvent être les remèdes à l'état actuel des choses, sinon des emplâtres bons à dissimuler les plaies et non à les guérir ?

Du moment qu'on ne modifiera pas les influences qui dominent la République, celle-ci restera ce qu'elle est. Elle ne bénéficiera ni des bienfaits relatifs du régime parlementaire, ni des bienfaits également relatifs du régime consulaire. Elle continuera à pourrir sur place, dans le système spécial de parlementarisme pathologique qu'on lui a fabriqué, pour l'entretien de quelques centaines de participants et de leurs clientèles. La crise, que beaucoup d'entre eux commencent à prévoir, ne peut être conjurée que par une évolution rationnelle, soit vers une monarchie parlementaire dont la République actuelle est une contrefaçon, soit vers un régime représentatif, actionné comme aux États-Unis, comme au Mexique, par un chef temporaire, élu et surtout rééligible, pour éviter l'accident de 51.

Parmi les républiques des deux mondes, il n'en est qu'une, une seule, qui soit constituée sur le patron de celle-ci, c'est celle de l'Uruguay.

En Uruguay, le président est élu comme ici par les deux Chambres. Il n'y a pas d'autre exemple.

Sans vouloir médire de l'Uruguay, qu'il soit permis à un républicain français de souhaiter pour son pays une constitution moins exceptionnelle.

— Mais, dira-t-on, un président de la République élu par le pays, en voyez-vous un ? Qui ?

— Qui ? Toujours qui ? c'est-à-dire l'individu avant la loi, l'organe avant le besoin. Commencez par voir le besoin et par voter la loi. Après cela,

Qui ? sera l'affaire de la France et non la nôtre. La France saura bien trouver sans nous ce qui lui conviendra. Et, si elle se trompe, elle n'aura de comptes à rendre qu'à elle-même.

II

Français et Anglais

1ᵉʳ *Mai 1908.*

Un fait d'importance, qui est aujourd'hui fort commenté, vient de se produire en Angleterre.

M. Winston Churchill, député *wigh* à la Chambre des communes, constamment élu jusqu'ici par la circonscription de Manchester, vient d'y être battu à une assez grosse majorité, par un concurrent *tory*.

Comme M. Winston Churchill est membre du cabinet *wigh* actuellement aux affaires, son échec fait présumer que le cabinet lui-même est atteint et qu'on peut pronostiquer sa retraite.

Telles sont, en effet, les mœurs politiques de l'Angleterre. Sur ce simple indice d'un déplacement de la majorité, le ministère aussitôt s'en estime ébranlé et ne se sent plus investi de la confiance du pays.

Naturellement, les anglophiles et les anglomanes de chez nous, qui sont pour la plupart des parlementaires invétérés, sont pénétrés d'admiration pour un système de gouvernement, qui marque une sensibilité si immédiate et une si honnête déférence aux moindres fluctuations de l'opinion publique. Et ils ont bien raison.

Mais on les entend volontiers s'écrier : « Comment
» se trouve-t-il en France des mécréants assez
» dépourvus de sens politique, pour méconnaître
» la beauté de ces institutions anglaises et les
» bienfaits du régime parlementaire lui-même ? »
En quoi ils ont tort.

Que faut-il leur répondre ?

Une chose bien simple : c'est que nous sommes
en France et non pas en Angleterre ; que nous
sommes des Français et non pas des Anglais ; que
les mœurs politiques des Français ne sont pas les
mêmes que les mœurs politiques des Anglais ; que
l'on perd son temps à vouloir artificiellement exiger
des uns le même tempérament, les mêmes mentalités
et les mêmes gestes qui sont naturellement chez
les autres ; qu'une nation est ce qu'elle est, et que
la nation voisine a, de son côté, sa propre manière
d'être ; que les millions d'individus composant la
première sont d'un autre sang, d'un autre atavisme
héréditaire que les millions d'individus vivant de
l'autre côté du détroit ; que tel régime politique,
comme tel régime d'alimentation, peut convenir
à ceux-ci qui ne conviendrait point à ceux-là ; que
la science expérimentale est ici d'accord avec le
sens commun, pour décider que l'individu et les
groupes d'individus, s'ils veulent donner leur plénitude de vie, de valeur et d'activité, doivent se
développer, selon leurs propres lois d'existence
et dans leur propre milieu, et non pas selon les lois
ni dans le milieu d'une autre espèce.

Ce n'est pas tout.

Si vous voulez que les mœurs politiques françaises

puissent donner le même rendement que les mœurs politiques anglaises, il faudrait que la société française fût constituée sur des bases identiques ou ressemblantes à celles de la société anglaise; que l'outillage politique de l'État français fût calqué sur l'outillage politique du Royaume-Uni; que, notamment, il y eût, dans la société française, une aristocratie exerçant une action et une influence sociales, comme l'aristocratie britannique ; que, notamment, il y eût, à la tête de l'État français, une dynastie royale, si unanimement respectée, dans son principe et dans son ordre d'hérédité, que les femmes elles-mêmes y puissent régir les affaires publiques, comme les hommes, dire à la Chambre et au Sénat : « Mes armées, mes flottes, mes relations avec les autres puissances, mon gouvernement », etc.

Avez-vous cela ? Pourriez-vous seulement le supporter ? Évidemment non.

Alors, quelle est cette aberration de vouloir qu'une mécanique sociale et politique conçue, et construite pour une société déterminée, se trouve également propre pour une société toute dissemblable ?

La première des conditions, pour tâcher d'obtenir chez nous les mêmes mœurs parlementaires qu'on admire chez nos voisins, serait donc premièrement de restaurer en France, par voie de synthèse pratique et effective, ce que l'analyse démontre exister chez nos voisins, c'est-à-dire une aristocratie fournissant à jet continu des sujets élevés pour la vie publique ainsi que pour les choses du gouvernement, et un pouvoir royal héréditaire, reconnu ou accepté par la nation tout entière.

Le parlementarisme français réunit-il ces conditions ? Non. Veut-il s'y conformer ? Non. Est-il disposé à en faire tout au moins un essai ? Non.

Ce ne serait pas tout encore.

Il faudrait aussi que la nation elle-même fût assouplie et entraînée à pratiquer ce sport spécial qu'on appelle le régime des partis. C'est-à-dire que la nation fût, non seulement dans ses classes dirigeantes, mais aussi dans ses classes dirigées, répartie et classée en deux grands groupes politiques distincts, se contrôlant mutuellement dans l'exercice du pouvoir, alternativement exercé.

Le parlementarisme français réunit-il ces autres conditions ? Non.

En France, on le sait, il n'y a jamais qu'un parti, dont tout le monde veut être : c'est celui qui gouverne. Les autres ne comptent pas, n'existent pas, ne sont rien et ne peuvent rien. En outre, les individus qui composent présentement notre unique parti ne conçoivent pas qu'ils puissent jamais descendre du pouvoir. Ils considèrent comme une entreprise factieuse contre la République elle-même qu'on prétende leur enlever le pouvoir, même par des élections. Ils invalideraient demain à l'unanimité l'élection de Manchester plutôt que de s'y soumettre.

Le parlementarisme français ne ressemble donc en rien au parlementarisme anglais.

Et ce ne serait pas tout encore.

A toutes les conditions qui précèdent, il faut en ajouter une bien plus décisive, qui est d'ordre géographique.

L'Angleterre est une grande ilé, protégée de toutes parts contre les agressions continentales. Conséquemment, l'Angleterre est à l'aise pour s'adonner à des raffinements d'équité politique. Tandis que la France est un pays continental, exposé de toutes parts aux invasions et, par surcroît, l'objet des convoitises de tous ses voisins du Nord et du Midi. Elle est bien forcée d'y pourvoir.

Un pays de marches est bien obligé de se défendre, qui vit tour à tour défiler sur ses grands chemins, non seulement les armées romaines, mais aussi les Cimbres et les Teutons venus de la Germanie, les Huns dévalés des plateaux asiatiques, les Normands échappés de la Scandinavie, les Sarrazins partis des rivages de l'Afrique, bien après que les Carthaginois d'Annibal l'eussent eux-mêmes foulée au passage, et bien avant que les bandes espagnoles de Charles-Quint et de Philippe II se fussent elles-mêmes étendues jusqu'aux Flandres en lui passant sur le corps, et aussi les reitres allemands, et aussi les grandes compagnies, et aussi les Anglais, et les Prussiens, et les Cosaques.

Un tel pays ne saurait avoir, pour vaquer à sa conservation, le même concept de gouvernement qu'un pays voué, tout au contraire, par sa sécurité même, à la conquête commerciale de l'Univers.

Chez celui-ci, la liberté politique n'est pas seulement la plus agréable des choses de luxe, elle est aussi l'instrument le plus indispensable et le plus commode de son développement économique.

Chez celui-là, le souci même de la défense implique des institutions appropriées, et telles qu'un petit nombre, investi de l'autorité nécessaire, puisse veiller nuit et jour, pendant que le plus grand nombre travaille, qui ne pourrait plus travailler, si quelqu'un de vigilant ne répondait pas de la sécurité de tous.

Un exemple, pour n'en citer qu'un.

La France a perdu désormais, pour sa défense efficace en cas de guerre, le bénéfice incomparable de l'offensive. Pourquoi ? Parce que, pour singer, mal à propos, le régime parlementaire, la mobilisation ne peut être ordonnée sans un vote des Chambres.

Que l'Angleterre, protégée par les océans, fasse ainsi, c'est bien. Elle peut voir venir : elle a le temps. Mais que la France soit l'objet d'une attaque brusquée, qui fera tomber en quelques heures toutes ses défenses de première ligne et communiquera à la nation entière la sensation décourageante d'un premier revers, elle peut en être, sinon tout à fait perdue, du moins fort compromise.

La conclusion est donc qu'il faut savoir admirer les institutions anglaises, en ce qu'elles ont de particulièrement avantageux pour l'Angleterre ; mais qu'il serait bien imprudent de croire et de propager que ce qui convient à l'Angleterre peut nécessairement convenir aux autres pays et spécialement au nôtre.

Et, dernière remarque, l'Angleterre elle-même, depuis qu'elle a senti passer, au milieu de ses récents triomphes, on ne sait quelle vague sensation de danger pour ses propres rivages, songe non seulement à se faire une armée métropolitaine qu'elle n'avait pas, mais encore à modifier ses institutions elles-mêmes, qui ne lui semblent plus suffisamment répondre aux besoins nouveaux de sa situation.

En quoi il faut l'admirer encore d'être si sage, alors que nous demeurons, de notre côté, si frivoles et si imprévoyants.

III

La Lutte pour les Urnes

10 Mai 1908.

Aujourd'hui, la liquidation des scrutins de ballottage terminera le renouvellement général des municipalités. Celui-ci sera suivi, dimanche prochain, du renouvellement général des maires et adjoints qui, pendant quatre années, gouverneront les communes.

Si l'on voulait bien considérer, dans sa juste portée et dans ses conséquences effectives, cette opération en partie double de l'élection des conseils par la population et de l'élection des maires par les conseils, on y verrait certainement la plus importante manifestation de la vie politique des Français. Dans l'état des choses, c'est bien certainement de celle-là que toutes les autres dépendent.

Quand on examine, en effet, le mécanisme en quelque sorte automatique des autres élections, plus spécialement qualifiées politiques, on s'aperçoit aisément que les municipalités, c'est-à-dire les maires, y ont un rôle tout à fait prépondérant. La possession des mairies est donc devenue la clé de la position des partis, et, si l'on se bat, c'est surtout pour avoir les urnes.

Combien, cependant, seraient tentés de s'y méprendre, qui ne verraient là qu'un incident fort naturel de la vie publique ! Il n'en est rien. Ce n'est pas parce que la population, en nommant son conseil local, exprime un avis direct et spontané, que l'écho s'en répercute et, remontant de degré en degré, s'impose du conseil au maire, du maire au député et au sénateur et de ceux-ci aux lois qu'ils élaborent.

S'il en était ainsi, la logique serait à son aise, pour nous persuader que nous jouissons, malgré tout, et si lointaine qu'en soit l'impulsion originelle, d'un système de gouvernement du pays par le pays. Il serait, à vrai dire, bien fruste, bien rudimentaire et bien insuffisant, mais enfin le principe y serait et l'embryon serait visible autrement qu'au microscope.

Laissons donc la théorie et voyons la pratique.

D'abord, la population appelée à renouveler ses conseils locaux ne croit pas encore qu'elle accomplit, dans sa pleine et exacte acception, un acte politique. Le lien existant entre cette petite affaire du ménage communal et la grande affaire du laboratoire législatif lui échappe. La relation de cause à effet ne lui est pas sensible, et, au surplus, on la lui cache.

Si, dans quelques villes et dans un certain nombre de communes, les élections municipales revêtent un caractère nettement politique, il s'en faut de beaucoup qu'il en soit de même sur toute l'étendue du territoire. Des intérêts très circonscrits et d'une extrême banalité y demeurent seuls en jeu. On y éprouve même de la difficulté à recruter les éléments à peu près convenables d'une seule liste de candidats. A plus forte raison s'il s'agit de recruter des listes concurrentes. Encore, quand on y parvient tant bien que mal, n'est-ce point sur des questions d'ordre politique que s'établit la compétition.....

Oh ! naturellement par une imitation quelque peu risible de ce qui se passe au chef-lieu, les fortes têtes du village font bien appel aux clichés usuels, aux poncifs en vogue, aux levains d'opinion, aux terribles adjectifs de la logomachie courante. Ce n'est là qu'une singerie, et le fond des compétitions locales réside surtout dans les rivalités de clans, dans les animosités individuelles de porte à porte, lesquelles empruntent à la politique, non pas ses questions essentielles, mais ses expédients de combat et les commodités qu'elle offre pour se nuire.

De sorte qu'on ne saurait vraiment interpréter le vote municipal de la plupart des communes de notre pays comme une indication politique suffisante, de nature à légitimement influer sur les directions supérieures.

Pourtant, ce vote municipal, tel qu'il est, si réduit et si borné qu'il soit à des querelles de fumiers de lavoirs et de fossés mitoyens, n'en est pas moins le premier acte générateur d'organismes influents, sur lesquels la politique de parti va tout à l'heure étendre ses prises.

Non seulement des conseils de gestion locale en seront constitués, mais des maires vont en sortir, armés de la toute-puissante magistrature qui leur est dévolue et qui réunit dans leurs seules mains tous les pouvoirs de la loi et tous les pouvoirs aussi que la loi ne dit pas.

C'est par ce maire que la suture va s'opérer avec le pouvoir central, avec le préfet, qui est déjà le plus formidable des agents politiques ; non pas pour s'inspirer de la pensée des communes, mais pour, de gré ou de force, leur imposer la sienne, c'est-à-dire celle du parti ou du groupe dont il est l'instrument.

Et par là se démontre, en première analyse, l'inversion manifeste du système de gouvernement du pays par le pays, qui est un leurre, sinon un mensonge. Tout désormais dépendra de ce maire, agent du préfet, et par ce maire s'en suivra le sort des autres élections, qui seront maquignonnées, truquées, falsifiées, au gré des instructions du préfet.

En un mot, c'est par les maires que le pouvoir central tient à la fois les électeurs et les urnes, et qu'en tenant les électeurs et les urnes, on fausse délibérément les bases électives de la politique française.

La lutte municipale n'est donc même pas une lutte d'intérêts locaux portée dans les urnes : c'est une lutte pour les urnes elles-mêmes, pour les prendre et se les attribuer, pour les posséder et pour y faire, à l'occasion, ce que le préfet voudra.

On se demande souvent pourquoi le Suffrage universel paraît si dévoyé, si peu conscient des grands intérêts généraux, si inhabile à les résoudre. C'est lui imputer des torts qui ne sont pas les siens. On le charge des fautes d'autrui. On lui fait expier, par d'injustes sarcasmes, ce qui n'est point de son fait, mais du fait de l'effroyable simulacre de gouvernement libre, qui feint de lui emprunter un simulacre de légitimité.

Étant donné que la commune est la cellule même de l'organisme français, comment celui-ci ne serait-il pas infirme et contrefait, si la cellule est déjà dénaturée dans sa manière d'être ? Elle est dénaturée par la superposition d'un agent qui est bien sorti d'elle-même, si l'on veut, mais qui, dès qu'il en est sorti, se transforme et s'incorpore à d'autres intérêts, parmi lesquels le sien est déjà fort sollicité, séduit ou contraint.

Selon les services politiques que rendra le maire, sa commune en sera bien ou mal traitée. On saura bien le plier, ce maire, bon gré mal gré, aux volontés du sous-préfet, en lui refusant jusqu'aux satisfactions élémentaires de ses services publics ; en lui suscitant les plus sottes querelles avec les plus mauvais sujets que renferme chaque groupe de population ; en le mettant incessamment dans son tort ; en abusant quelquefois de son inexpérience administrative, pour lui valoir mystification et préjudice ; en érigeant à ses côtés et dans l'ombre quelque délégué secret ou officieux, qui exercera de fait les fonctions dont l'autre n'aura que l'apparence.....

Si le maire, au contraire, est docile, on lui prescrira, comme à un complice, de faire voter pour un tel. On lui assurera l'impunité, pour les fraudes d'inscription sur la liste électorale, pour les fraudes matérielles du scrutin, pour la propagation des mensonges et des perfidies, pour les affichages et les lacérations de placards, pour les licences et les fermetures de cabarets, pour les procès-verbaux de petite voirie, de pêche ou de chasse prohibées, pour la distribution d'invraisemblables subventions, les refus de sursis et de congés, les admissions aux établissements d'assistance, etc., etc.

Le maire n'est donc plus ici et dans la plupart

des cas l'émanation directe, permanente et protectrice des sentiments des habitants. Par une évolution invertie de son rôle et de son mandat, il devient l'agent tout-puissant du parti qui gouverne. Pour l'intérêt de celui-ci, il se fait trop souvent le corrupteur complaisant de sa propre commune ; pour son succès, il voudra tenir les urnes et il les tiendra.

De là, il faut conclure qu'on se bat pour les urnes, qui sont l'instrument des fraudes futures.

C'est sur ces questions pratiques qu'il convient d'appeler l'attention des réformateurs. Ils s'en prennent volontiers aux vices culminants du régime politique du pays, parce qu'ils sont les plus visibles et ils en délaissent les obscurs fondements sur lesquels cependant tout repose.

C'est par la cellule régénérée que le corps social recouvrera la santé politique, et il ne la recouvrera point du fait qu'on aurait artificiellement modifié sa coiffure ou l'appellation de son gouvernement.

Que n'a-t-on pas écrit, depuis un siècle et demi, sur la séparation des pouvoirs et tout ce qu'on a écrit là-dessus a abouti à quoi ? A instituer dans chaque commune un agent, le plus considérable et le plus essentiel de tous, qui concentre dans ses seules mains les pouvoirs les plus redoutables, exercés chaque jour sur des individus, sur des familles, sur des groupes sans défense ou sans autre défense que de vagues recours pour excès de pouvoir.

Ah ! Il y a beaucoup à faire, pour donner à la commune française son épanouissement rationnel ; mais le parti dit républicain s'en soucie à peu près comme un poisson d'une pomme.

IV

Le Rachat de l'Ouest

20 Mai 1908.

Jusqu'à présent, le public montait innocemment dans les wagons de l'Ouest, pour aller chaque jour en banlieue, ou pour aller l'été aux plus prochains bains de mer, sans se douter que l'État pût avoir des vues spéciales sur ce matériel, sur ces rails et sur ces gares, non plus que sur le trafic qui s'y accomplit.

Le même public se demande aujourd'hui quel motif l'État peut avoir de s'infliger la dépense, non petite, d'une telle acquisition, suivie de la dépense d'une telle exploitation, alors que les choses jusqu'à présent s'arrangeaient tant bien que mal, au moyen d'une garantie d'intérêts, qui était déjà une très efficace prime de protection à un grand service de circulation.

Pauvres gens que nous sommes !

Avec un parti paradoxal comme celui qui nous gouverne, ce n'est presque jamais dans les motifs supérieurs d'intérêt général qu'il faut chercher ses mobiles déterminants. Son seul intérêt est sa suprême loi. Le salut public s'identifie avec le sien et, s'il faut opter, c'est le sien qui l'emporte.

Dans vingt occasions mémorables, nous avons pu mesurer l'amplitude de ce monstrueux égoïsme. Le rachat de l'Ouest n'en est, après tant d'autres, qu'une preuve de plus.

De quoi s'agit-il, en effet ?

Il s'agit de ceci : les départements desservis par le réseau de l'Ouest ne sont pas, au même degré que les autres, atteints par la pourriture électorale, dont les gens du « Bloc » ont coutume de faire leurs choux gras ; les élus des départements de l'Ouest sont en général peu portés aux affiliations maçonniques ; les populations de l'Ouest continuent à nommer des députés et même des sénateurs peu disposés aux embrigadements des groupes dits de gauche ; la Normandie, la Bretagne, la Vendée, le Maine, l'Anjou et autres contrées plus ou moins desservies par les trains de l'Ouest, combinés avec ceux de l'Orléans, font tache sur la carte où la candidature officielle s'étale en teintes rutilantes et on ne peut pas supporter cela.

Il faut donc que cela change.

Pour que cela change, on rachètera le réseau qui dessert cette région encore insoumise, et l'on mettra, à cette fin, sur le dos du public un surcroît de contributions.

Moyennant cette surcharge, les milliers d'employés du réseau seront immédiatement dans la main du Ministre des Chemins de fer.

Celui-ci les assouplira de gré ou de force aux communications, non d'une gare à une autre, mais du Ministère des Travaux publics au Ministère de l'Intérieur.

Ce dernier, en fait de retraites ouvrières et d'amélioration du sort des travailleurs, mettra à ceux-ci le marché à la main. Il leur fera comprendre, par ses truchements ordinaires, c'est-à-dire par les nombreux mouchards stipendiés qui, mêlés aux naïfs et aux sincères, encadrent les associations d'employés, que s'ils ne votent pas pour les candidats du parti et du gouvernement, celui-ci sera contraint de les jeter à la rue. Il leur fera comprendre, en outre, que ce n'est pas le tout de voter soi-même, en rechignant, pour le candidat officiel, mais que d'autres devoirs complémentaires de propagande s'imposent aux agents d'une grande voie de pénétration qui, chaque jour, prend contact avec les populations traversées.

Encore ce n'est pas tout d'avoir les agents de tous les services techniques, traction, exploitation, construction, contrôle, etc., non plus que les employés sédentaires de tous genres, non plus que les ouvriers des ateliers et des dépôts. Il y a encore toutes les catégories de clientèles qu'une grande Compagnie de transports cultive chaque jour. Dans ces clientèles se répandent, par les mains de l'État à qui cela ne coûte rien, car c'est le public qui les paye, les bienfaits de toute espèce, tarifs, permis, etc., en manne propitiatoire, pour récompenser les bons suffrages et punir les mauvais.

Il y a aussi les avantages ou les châtiments réservés aux communes et aux cantons qui votent bien ou qui votent mal. Cela se traduit par la création de stations ou d'arrêts ou de haltes, ou des facilités de correspondance horaire, accordées de haut et de loin au gros monsieur qui tient la commune ou qui est influent dans le canton.

J'en passe, assurément, mais c'est en dire assez, pour qu'on aperçoive l'économie du système.

En quelques mois de cette exploitation, qui cesse d'être économique pour devenir politique, une population se trouve enserrée dans un réseau spécial. Ce n'est plus seulement un réseau de voies ferrées, mais un réseau de mailles de filets, comme ceux avec lesquels on pêche l'anchois et la sardine. Et la population se réveille un dimanche matin, jour d'élection, encaquée à l'instar des anchois dans les sentines de la Maçonnerie.

Celle-ci n'avait pas, en tout bien tout honneur, cinq cents partisans avérés dans la région. Grâce à ces expédients, cette poignée va tout à l'heure en encadrer et contraindre cinquante mille, qui ne sauront pas d'où cela leur tombe ni ce que cela signifie, abreuvés qu'ils seront de mensonges à jet continu, comme au fil de l'eau on jette aux poissons la *rogue* qui les emmaille et les précipite finalement dans la poêle à frire.

N'est-ce point, en quelques mots, la haute raison d'État, qui dicte le rachat de l'Ouest, comme elle avait primitivement dicté le rachat des lignes des Charentes, sur le trajet desquelles un certain groupe de départements réfractaires avaient besoin d'être assouplis aux exercices électoraux à la prussienne ?

Inutile, après cela, de suivre les économistes dans leurs savants calculs. A quoi bon ? Nous savons le pourquoi des millions dont ils supputeront le nombre, sans en changer la destination ni l'objet.

Nous savons que ces millions ne seront pas pour nous ce qu'on appelle une dépense reproductive, mais la rançon sans contre-partie d'une imposture nouvelle et d'une oppression surajoutée à toutes celles qui écrasent ce malheureux pays.

S'il n'y avait pas cet intérêt-là, je vous demande un peu à quoi rimerait, au regard du sens commun, que le Ministère fût sommé de poser la question de confiance sur l'acquisition de l'Ouest ? En quoi même l'Ouest serait-il de nature à intéresser le parti des républicains plus qu'une autre Compagnie ?

Remarquez combien il est étrange que la seule Compagnie, au sujet de laquelle l'État pourrait produire en faveur du rachat un argument d'intérêt national, c'est-à-dire le réseau de l'Est, qui est l'outil primordial de notre mobilisation et de notre défense, reste en dehors des hautes et savantes spéculations du parti régnant.

Pas question de racheter le réseau de l'Est !

Souhaitons, d'ailleurs, que cet oubli se prolonge. Nous sommes à peu près certains que la mobilisation, le cas échéant, s'effectuera en bien meilleures conditions. Le jour où ce funeste parti s'aviserait de s'en mêler, on ne pourrait plus répondre de rien. Les voies de l'Est, rendues hors d'état de transporter rapidement nos soldats, ne serviraient plus vraisemblablement qu'à nous amener ici toute l'armée allemande.

V

Le péril de l'Épargne

31 Mai 1908.

On est sur le point de violer le contrat, par lequel plusieurs millions d'épargneurs français ont prêté leur argent à l'État, moyennant une rente déterminée, qui cessera d'être ce qu'elle doit être, si on la frappe d'un impôt.

Mais n'est-ce point l'occasion ou jamais d'examiner la situation du plus gros détenteur de Rente française que nous ayons en France ?

Ne cherchez pas qui ! C'est l'État lui-même. Quand on y réfléchit, sa situation est de ce chef tellement inquiétante qu'elle constitue un péril national.

Et ce péril est si grand, qu'on a cru devoir faire une loi de n'en jamais parler.

Le silence est ici d'obligation pénale. De tous les secrets du règne, celui-ci est l'un des plus protégés, et pour cause.

À quoi, cependant, servirait la liberté de la presse, sinon à étudier les questions et à les présenter ?

Essayons-le.

On sait la combinaison imaginée par les financiers de l'État, pour pomper les versements de l'épargne française ? Par des milliers de guichets, ouverts à des millions de petits déposants, ils reçoivent des sommes considérables, se montant à des milliards. Avec ces milliards, ils achètent des milliards de rente, c'est-à-dire des milliards de leurs propres titres, auxquels s'ajoutent quelques autres valeurs.

Si l'on se réfère au dernier rapport officiel du 7 Juillet 1907, sur les opérations des Caisses d'épargne, on y relève le renseignement ci-après, sur la composition du portefeuille :

Rente 3 % ayant coûté.	1.470.859.154 85
Rente 3 % amortissable ayant coûté	1.410.338.530 75
Total.	2.881.197.685 60

C'est-à-dire près de *trois milliards de rente.*

A cet énorme stock de rentes, viennent s'ajouter, en outre, les Bons du Trésor, qui sont également des titres de l'État, et le portefeuille accuse un stock de cette catégorie qui se trouve ainsi réparti :

10 Bons du Trésor à 2 % ayant coûté.	10.000.000
776.477 obligations du Trésor ayant coûté . . .	388.238.500
1.980 obligations du Trésor ayant coûté	19.800.000
Au total	418.038.500

Soit encore plus de *quatre cents millions* d'une espèce de rente spéciale amortissable ou à court terme, qui s'ajoutent aux milliards sus-énoncés, pour faire :

D'une part	2.881.197.685 60
D'autre part.	418.038.700 »
	3.299.236.185 60

Ainsi, en chiffres ronds, *trois milliards trois cents millions* de rentes.

Cet énorme stock de rentes, emmagasiné à la

Caisse des Dépôts et Consignations, est acheté « en *représentation* » des fonds versés, et le rapport du ministre du Travail et de la Prévoyance sociale, auquel ressortit le fonctionnement des Caisses d'épargne, dit en propres termes ceci :

> « *En représentation des fonds DUS aux*
> » *Caisses d'Epargne*, la Caisse des Dépôts
> » et Consignations a dans le portefeuille
> » spécial des Caisses d'Épargne, etc. »

Observons, entre parenthèses, que les déposants n'ont donc pas, à proprement parler, la propriété ni la jouissance des valeurs achetées « en représentation » de leurs versements. L'achat permanent de rentes, au moyen duquel l'État fait la hausse sur ses propres titres, n'est pas l'affaire des déposants qui y demeurent étrangers.

D'ailleurs, on achète aussi de l'Emprunt hellénique et de l'Emprunt de l'Annam, et autres valeurs sans que les déposants en aient davantage donné l'ordre.

C'est donc l'État et l'État seul qui est responsable des opérations auxquelles il se livre, avec les fonds de Caisse d'Épargne.

N'est-ce point l'occasion de faire remarquer combien cette accumulation de rente d'État est dangereuse, tout au moins imprudente, surtout à l'ouverture d'une période de politique extérieure qui a beaucoup de chances de nous amener de graves conflits ?

Faut-il méconnaître son devoir au point de faire le silence, sur ce qui peut être d'un moment à l'autre un véritable péril public ?

La triste vérité est que l'État peut succomber, sous les circonstances à prévoir d'une panique, qui obligerait un grand nombre de citoyens de toutes conditions à se précipiter simultanément, les uns aux Sociétés de crédit, les autres aux Caisses d'épargne, pour se faire immédiatement de l'argent disponible, dans le même moment que la rente baisserait de dix ou vingt francs.

Comment ferait l'État, pour répondre à la demande fort légitime du public, étant constaté qu'il n'a pour y faire face que sa propre rente, soumise aux mouvements désordonnés et incompressibles qui sont inséparables des crises extérieures ?

Il ne faut pas nous dire que la loi a prévu des cas de force majeure, et que, notamment l'article 3 de la loi du 20 Juillet 1895 dispose que, sur décret, l'État peut limiter les remboursements à 50 francs par quinzaine.

Comment une telle mesure serait-elle humainement applicable, par exemple, aux 4 ou 500.000 réservistes qui devront quitter brusquement leurs foyers en cas de mobilisation ? Ne leur faudra-t-il pas de l'argent immédiat, et pour eux et pour leur famille, celle-ci restant derrière eux dépourvue des ressources de leur travail ? A ces soldats en partance l'État dira-t-il qu'il les remboursera de 50 francs après quinzaine ? C'est impossible.

Quand on a vu le public incendier à Longchamp les bâtiments du pari mutuel, parce qu'un cheval gagnant n'était pas payé, on peut se demander ce que pèserait une loi si arbitraire, devant un public qui aurait besoin de son argent, et non pas même d'un argent de jeu gagné par un ticket, mais d'un argent de travail honnêtement déposé et confié à la loyauté de l'État.

Les Français, dira-t-on, sont plus exigeants quand ils s'amusent que quand ils souffrent. Tout ce bel esprit ne tiendra pas devant des réalités de la vie courante, surexcitées par une inquiétude générale. Les guichets qui ne paieront pas passeront un mauvais quart d'heure.

Cependant, la question reste posée : que pourra faire l'État ? Il ne pourra pas se faire aider par la Banque de France, qui aura, dans ce moment même, besoin de tout son disponible. Il ne pourra pas non plus se faire seconder par les Sociétés de crédit, qui auront en hâte à concentrer tout leur disponible pour leurs propres besoins. Il sera donc obligé de jeter sur le marché déjà en désarroi une partie de ses trois milliards de rente, pour se faire du comptant, alors que les acheteurs seront rares ou seront amenés à préférer les emprunts de guerre, émis certainement à un taux supérieur.

Il y a peu de temps encore, le ministre des Finances s'est trouvé fort gêné par de tout petits excédents de retraits signalés un peu partout aux Caisses d'Épargne et qui se montaient à peine à 150 millions. Les services publics en étaient presque paralysés ; on retardait çà et là le paiement des fonctionnaires et des retraites. M. Caillaux lui-même en était réduit à escompter l'indemnité chinoise avant qu'elle ne fût versée. Que sera-ce lorsque les retraits seront plus considérables et encore plus simultanés ?

La loi sera certainement impuissante, parce

qu'elle est contre la nature des choses. Cet énorme stock de rente, acheté et accumulé pour donner l'illusion fallacieuse d'une rente au-dessus du pair, puis au pair, puis voisine du pair, est une énorme menace de faillite, pour l'heure même où le crédit public sera invité à de nouveaux sacrifices.

Tant mieux si cela ne se réalise pas, mais il n'est pas un homme sensé qui ne sente que c'est possible.

VI

UN SOCIALISME SUSPECT

10 Juin 1908.

Je crois bien ne pas m'engager outre mesure, en affirmant que tous le monde en France serait socialiste, à quelques exceptions près, si le Socialisme consistait à rechercher et à réaliser des solutions bienfaisantes pour ceux qui travaillent.

On rencontre fort peu de gens, et pour ainsi dire pas, qui ne soient disposés à des efforts et même à des sacrifices, pour relever la condition du prolétariat, pour acheminer celui-ci vers la propriété, considérée comme le meilleur signe de son émancipation.

Et ce n'est pas seulement la générosité naturelle à notre nation qui la détermine en cette matière. C'est aussi une intelligente compréhension de l'équilibre, dans les sociétés modernes. C'est encore le sens particulier d'une certaine égalité. C'est enfin un égoïsme sagace qui, dans le bienfait qu'il souhaite, découvre pour lui-même un gage de sécurité.

Seulement, il y a comme une paille dans l'or fin de ces bonnes dispositions.

Si la France a du goût pour le Socialisme ainsi compris, il y a tout aussitôt quelque chose qui l'en dégoûte : ce sont certains socialistes. J'entends les professionnels du Socialisme, ceux qui en vivent, ceux qui exploitent les souffrances ouvrières, qui les multiplient, les aggravent et les exaspèrent : soit dans le but tactique d'accélérer une poussée quelconque de révolte, soit tout simplement, ce qui est bien plus humain, pour se donner à eux-mêmes, avec l'illusion de faire peur aux bourgeois, une raison politique d'exister et de faire figure de parti.

Dès que la France aperçoit cette clique en fourrures et en escarpins vernis, qui se fait des rentes sur l'échine meurtrie du prolétariat et qui va toucher aux guichets du Capital — et quel Capital ? le Capital juif, c'est-à-dire le moins social, le plus féroce et le plus accapareur qui soit ! — le salaire de ses vitupérations contre le Capital, la nausée succède au dégoût.

En tout cas, il est une considération qui rendrait la plus grande partie de ce personnel spécial absolument suspecte, s'il ne l'était déjà pour d'autres causes : c'est l'opiniâtreté singulière qu'il manifeste à ne provoquer ses désordres que dans certains pays, objet des convoitises anglaises ou germaniques.

C'est un point de vue qui ne doit point nous échapper.

En vérité, à croire sur parole les orateurs et les écrivains dits socialistes, il semblerait que la France seule mérite leur sollicitude brouillonne et agitatrice, puisque c'est le champ où ils opèrent le plus volontiers.

Pourquoi donc ces messieurs n'opèrent-ils pas en Allemagne et en Angleterre ?

Pourquoi donc ne commencent-ils pas, logiquement, par libérer le prolétariat de ces vastes pays industriels, où la propriété n'a pas encore subi l'évolution démocratique constatée chez nous ?

C'est là tout d'abord un mystère impénétrable au sens commun, que celui de voir les susdits socialistes exercer particulièrement leur action sur un pays où le morcellement infinitésimal de la propriété a déplacé, sinon résolu, le problème agraire.

Alors que le régime du vaste domaine féodal subsiste encore en Prusse, en Allemagne, en Autriche, dans le Royaume-Uni, conjointement avec une extension démesurée de l'industrie, du machinisme, du travail des mines, des agglomérations ouvrières vivant de salaires réduits et supportant des servitudes autrement lourdes que les nôtres ; pourquoi donc ne pas commencer par là ?

Pourquoi donc ces messieurs ne courent-ils pas au plus pressé ?

Pourquoi donc leur humanitarisme, en quête de révolutions urgentes, ne concentre-t-il point son précieux et préalable effort en faveur des parties les plus opprimées de la famille humaine ?

Ici, à la rigueur, nous pouvons encore patienter. Notre ouvrier français n'est pas heureux ; il n'est pas tout au moins aussi heureux qu'il devrait l'être, c'est évident. Cependant, il se défend, et ses conditions d'existence ont été déjà sensiblement améliorées. Il est, de tous les ouvriers du globe, celui qui jouit des salaires les moins réduits et celui, peut-être, dont la nourriture quotidienne est le moins rebutante. Le vrai fléau dont il ait à se plaindre, dans son actuel *modus vivendi* économique, et dont il doive à juste titre accuser le Gouvernement, c'est l'incertitude du lendemain et c'est la concurrence de la main-d'œuvre étrangère, venant lui ravir son travail chez lui, sous son nez, sur son propre sol !

Quinze cent mille étrangers, représentant une formidable invasion sans uniforme, absorbent tout ce qu'ils peuvent du travail national. Leur présence influe notablement sur le fonctionnement régulier du marché de la main-d'œuvre.

De cette invasion économique, par laquelle il est subtilement spolié, l'ouvrier français est assurément redevable aux tendances cosmopolites des dirigeants républicains qui, de toutes façons, encouragent cette immigration.

Il en est redevable aussi aux prétendus socialistes eux-mêmes. Leur internationalisme consiste à offrir sur un plat la France aux étrangers ; à susciter des grèves au profit des étrangers ; voire même à installer des ministres, sous réserve de l'agrément des étrangers, ainsi qu'on l'a pu voir pour M. Millerand dont le portefeuille a été mis aux voix par les Allemands.

Le Dreyfusisme, dans lequel beaucoup de nos socialistes se sont vautrés, a ouvert, à son tour, d'étranges aperçus sur cette façon vraiment extraordinaire d'entendre l'internationalisme.

Il faut laisser de côté la partie surprenante et profondément affligeante de l'aventure. C'est-à-dire l'engouement de ces contempteurs du Capital, non pour une victime du salariat, mais pour un porteur de sabre millionnaire ! Il ne faut s'attacher qu'à la thèse doctrinale des pontifes du parti.

Le « militarisme » et le « cléricalisme », tel fut, disent-ils, leur objectif supérieur dans l'Affaire. C'est pour abattre ces deux forteresses du Capital qu'on vit ce qu'on a vu.

Si c'est le « militarisme » et le « cléricalisme » qu'il s'agit de détruire, il faut, en effet, s'adresser à la bonne faiseuse de ces articles, c'est-à-dire à l'Allemagne.

C'est là qu'est le siège central du « militarisme » européen. C'est là qu'il prospère et qu'il règne. Et c'est là également que la puissance religieuse, étroitement incorporée à la puissance impériale, donne le maximum de « cléricalisme » puisque le souverain, essentiellement militariste, prêche pour le moins autant qu'il chevauche et dogmatise en même temps qu'il légifère.

Il faudrait donc, logiquement, en bonne et saine conduite socialiste, au lieu de favoriser si étrangement les affaires du militarisme allemand, en ébranlant l'armée française, commencer par détruire le militarisme allemand, pour diminuer, du même coup, l'utilité permanente de l'armée française.

Quel spectacle, à combler d'aise tous ceux qui gémissent du cauchemar militariste ! Nous devrions voir nos superbes orateurs socialistes franchir pacifiquement la frontière, s'élancer vers leurs frères internationalistes d'outre-Rhin et faire de concert avec eux, dans les villes ouvrières de l'Empire, dans les centres miniers de Westphalie, chez les prolétaires agricoles du Brandebourg, parmi les débardeurs maritimes des ports hanséatiques, dans les vastes forges d'Essen, au sein même des usines Krupp, les campagnes qu'ils ont menées ici, au Creusot, à Montceau, à Marseille, dans le Nord, dans le Midi et autres points cardinaux, excitant les grévistes à lapider les soldats et à secouer le joug de l'oppression militaire !

C'est en Allemagne surtout qu'une telle propagande serait à sa place. N'est-il pas vrai ?

Qu'attendent-ils donc pour jeter bas la vraie Bastille du militarisme et du cléricalisme, c'est-à-dire le royaume de Prusse devenu l'Empire d'Allemagne ?

Les millions de socialistes allemands sont peut-être lourds à mettre en mouvement ? Mais, que diable ! un peu de la furia socialiste française infiltrée dans cette choucroute tudesque, paresseuse à fermenter, y remédierait sans peine.

Tant que nos socialistes n'auront pas tenté cette épreuve et qu'ils réserveront leurs excitations mal définies pour nos ouvriers français, en laissant parfaitement tranquilles le prolétariat et le militarisme étrangers, ils apparaîtront comme suspects d'un inexplicable illogisme ou comme suspects tout court.

Tant qu'ils négligeront, comme par hasard, de concevoir que le cléricalisme protestant est aussi le Cléricalisme, et que le capital juif est aussi le Capital, la besogne qu'ils font ici apparaîtra elle-même comme entachée de je ne sais quoi d'absolument suspect.

Je leur donne ce conseil : « Commencez par l'Allemagne ! Par l'Allemagne, d'abord ! C'est ce qui presse le plus, et c'est l'endroit du monde où le militarisme étant le plus florissant, nécessite au plus haut degré votre intervention. »

J'espère que cette question, si simple, sera posée en maints endroits, aux candidats internationalistes.

VII

OPPRESSEURS DE L'ISLAM

20 Juin 1908.

Les interpellations au sujet du Maroc se succèdent, fort nombreuses, fort pressantes, avec un accent chaque jour accru de véhémence et d'animosité, sans améliorer sensiblement notre situation dans l'empire chérifien, ni même nous éclairer beaucoup sur ce que nous y faisons.

Il y a cependant quelque chose de fort clair, qui frappera quelque jour d'une subite lumière les partisans de notre intervention, telle qu'on l'a conçue, acceptée et réalisée. C'est que la France, quoique puissance musulmane, prend peu à peu, par la fatalité même de sa situation, le rôle et la figure d'une ennemie du monde musulman.

Par suite de la politique dont nous avons consenti à être les exécuteurs bénévoles et gratuits, nous prenons de plus en plus la physionomie haissable d'oppresseurs de l'Islam.

Voilà où nous conduit la politique soi-disant « républicaine », derrière laquelle se cachent les combinaisons juives et les conjurations protestantes.

Comment en serait-il autrement ?

Nous nous attaquons à l'un des foyers les plus ardents de la foi musulmane, à l'une de ces régions ganglionnaires, qui existent dans les organismes ethniques comme dans les organismes animaux, et dont l'inflammation se propage aisément de proche en proche à l'organisme tout entier. Nous y provoquons, conjointement à une explosion du fanatisme religieux, une crise manifeste de nationalisme politique, représentée par les progrès, sous nos yeux, du parti patriote, dont le sultan Mouley Hafid serait à la fois le symbole et le chef.

A ce double titre, nous sommes et restons l'Ennemi.

Que la France soit désormais honnie au Maroc, comme la personnification de l'oppression étrangère, cela ne peut faire aucun doute. Ce n'est pas précisément sous ces tristes auspices que nos affaires commerciales y trouveront l'accueil et la prospérité désirés. Mais il faut voir plus loin.

Il faut voir, en ce qui nous concerne, le véritable fond de la politique allemande dans l'affaire du Maroc telle qu'elle est conduite.

La politique musulmane de Guillaume II est si visible, si transparente, si clairement accusée, qu'on ne s'explique pas l'obstination que nous mettons à faire ainsi son jeu.

Il éclate avec la dernière évidence que Guillaume II s'est posé, depuis plusieurs années, et notamment par la haute signification de sa démarche à Tanger, comme le Protecteur du monde musulman. Il n'y a qu'à constater, au surplus, l'état de ses relations avec la Sublime Porte et avec le sultan

Abdul Hamid, pour apercevoir dans tout son jour la pensée de l'Empereur allemand.

Une telle politique de sa part implique déjà certainement la collaboration directe et effective de l'armée ottomane aux opérations militaires de la Triplice. Elle implique aussi — et l'on voudra bien reconnaître que cela n'est pas sans gravité — le soulèvement simultané de tous les pays musulmans, sur les derrières des puissances qui se trouveraient engagées contre l'Allemagne dans un conflit européen.

Déjà, en 1870, une diversion de ce genre s'est produite pendant la guerre franco-allemande. Nos départements de l'Algérie ont vu soudainement éclater une insurrection, qu'il a fallu réduire à grand'peine, la plupart des garnisons algériennes ayant été privées de leurs derniers effectifs, pour former la deuxième armée de la Loire.

A ce moment, cependant, si notre prestige était atteint par nos revers, du moins le bienfait de notre long et patient établissement en Algérie n'était plus si vivement contesté. Quarante ans de conquête et d'efforts civilisateurs, traduits par de visibles améliorations, nous avaient rallié une partie de la féodalité arabe et des organisations kabyles. Si nous étions des maîtres, nous n'étions plus au même degré des spoliateurs et des oppresseurs. Nonobstant, ces populations soumises seulement en apparence s'insurgeaient, massacraient des villages entiers, attaquaient les courriers et, réfugiées dans leurs massifs montagneux, décimaient nos faibles colonnes de répression.

Ce qui, dans cette péripétie, sauva l'Algérie, ce fut le défaut de simultanéité du soulèvement, qui permit de réduire successivement, l'un après l'autre, les éclatements insurrectionnels.

Mais ce simple souvenir ne permet-il pas de présager ce que serait, en cas de conflit européen, une diversion opérée par le monde musulman tout entier, préalablement surexcité par notre attitude au Maroc ? Cette fois, la diversion serait opérée méthodiquement, sous les inspirations de la politique allemande et sous la conduite d'officiers allemands, qui déjà sont en grand nombre dans l'état-major de l'armée turque, force considérable, avec laquelle il faudrait sérieusement compter.

Ce n'est pas seulement la France qui aurait d'urgence à pourvoir à ce genre de diversion et à distraire, pour cet objet, cinquante ou soixante mille hommes. Mais l'Angleterre aussi est, comme nous-mêmes, en contact avec le monde musulman sur tant d'endroits du globe. Elle serait logée à la même enseigne.

Si, à titre d'exemple, nous n'avons pris que l'Algérie, il y a bien autre chose.

Toutes nos possessions plus récentes de l'Afrique orientale et occidentale, toutes nos possessions noires sont en grande partie peuplées de sectateurs mahométans, par suite du système de civilisation qui y a prévalu et qui nous a fait donner la préférence au Coran sur l'Évangile. L'évolution religieuse d'une partie du monde asiatique vers l'Islam est aussi un fait considérable, de nature à inquiéter grandement l'Angleterre, au cas d'un conflit européen. L'Hindoustan compte, à l'heure qu'il est, des millions de musulmans convertis, et leur obédience religieuse au Chef des croyants y est un facteur dont Guillaume II, certainement, n'a pas négligé de tenir compte, en vue de créer beaucoup d'ennuis à ses ennemis éventuels.

La politique dite de l'Allemagne « encerclée », qui paraît fort séduisante au premier abord, ne va donc pas sans quelques inconvénients. Etant donné que la France et l'Angleterre ont imprudemment laissé prendre à Guillaume II ce rôle important de Protecteur de l'Islam, ce seul prestige lui permet « d'encercler » à son tour, sur un signe du Sultan, dans le rayon fort étendu de deux parties du monde, les colonies les plus riches de ses adversaires.

L'acte d'Algésiras, aperçu de ce point de vue, revêt une physionomie nouvelle. Il nous interdit formellement la conquête du Maroc, c'est-à-dire le profit concret que nous pourrions retirer de notre intervention policière ; mais il ne nous interdit nullement — au contraire ! — de nous faire détester, autant que faire se pourra, des millions d'hommes fanatiques et braves, que le Coran solidarise, de loin comme de près, aux cadavres tombés sous nos coups, dans les ravins marocains, pour la cause de l'Islam tout entier.

Peut-être faudrait-il y réfléchir !

VIII

LES VOLEURS D'ENFANTS

20 Juillet 1908.

La justice est journellement appelée à poursuivre et à punir une catégorie de malfaiteurs qui se font une spécialité de voler des enfants.

Une notable partie de notre répertoire dramatique, depuis le *Trouvère*, et la *Juive* jusqu'aux *Deux Gosses*, en passant par l'*Homme qui rit* et les *Deux Orphelines*, sans parler de cinq cents autres pièces en prose, en vers, en musique et en charabia, a pour invariable scenario l'histoire lamentable et touchante d'un ou plusieurs enfants soustraits à leurs parents naturels, pour devenir la proie d'exploiteurs sans scrupule.

Les faits divers criminels, au moyen desquels une presse encore plus criminelle enseigne chaque jour à des générations de jeunes citoyens comment il faut commettre un crime et comment il faut dépister la police et la gendarmerie, sont pleins de rapts d'enfants et d'enlèvement de mineures. Tantôt, ce sont des rôdeurs bohémiens ou gitanos, qui, à la dérobée, s'emparent d'un enfant mal gardé, pour le désosser dès son plus jeune âge et en faire, à leur service, un acrobate-caoutchouc ou un phénomène de foire. Tantôt, ce sont des proxénètes ou procureuses mercenaires, chargées de rafler des fillettes à peine nubiles, pour expédier à l'étranger tout le fruit nouveau qui n'est pas consommé sur place par la luxure indigène. Chaque jour a son enfant martyr, avec interview sensationnelle de la marâtre infernale ou du beau-père dénaturé, qui se proposent de faire périr sous les plus indignes traitements les enfants abhorrés d'une première union, quand ce ne sont pas les enfants encore plus mal accueillis d'une union nouvelle.

Au milieu de ce gibier de bagne, il n'y a d'impuni et de non recherché, jusqu'à présent, qu'un certain malfaiteur dénommé Doumergue, mauvais petit huguenot de Nîmes ou lieux circonvoisins, qui exerce présentement en France la profession de ministre de l'Instruction publique, pour le compte des consistoires de l'Église réformée, et qui touche, de ce chef, 60.000 francs par an, sans compter les 15.000 qu'il s'était précédemment adjugés.

Ce n'est pas, comme dans les espèces ci-dessus rappelées, un ou deux enfants que ce minotaure calviniste se propose d'enlever à leurs père et mère. Il prétend s'emparer, de gré ou de force, de tous les enfants des Français. Il prétend les détourner et les désosser, lui aussi, à sa façon, pour leur fabriquer une mentalité, une moralité, une religion qui, vraisemblablement, seraient les siennes, ou celles des consistoires dont il est l'instrument. En un mot, et pour appeler les choses par leur nom, il prétend voler, de par la loi, des enfants nés catholiques de parents catholiques, pour en faire, bon gré mal gré, des petits protestants, reniant la foi de leurs pères, à la plus grande gloire et pour le plus grand service de l'Angleterre et de la Prusse, dont le protectorat est acquis aux huguenots de notre pays, par l'intermédiaire de la Franc-Maçonnerie, congrégation judéo-protestante.

Tel est, depuis longtemps, le plan du parti dit « républicain ». Dans sa substance et dans ses moelles, ce parti mal nommé n'est pas autre chose que le vieux parti huguenot, présentement abrité sous le manteau de la République, et particulièrement de la République parlementaire, qui se prête plus commodément qu'aucune autre à ce genre de travestissement.

Jusqu'ici, ce plan de protestantiser la France pour la rattacher finalement en subalterne à l'hégémonie anglaise ou allemande, n'avait été aperçu que de quelques personnes, à qui leur indiscrète clairvoyance a coûté fort cher, car on s'est empressé de leur fermer la bouche et de les bâillonner solidement, pour les empêcher de divulguer ce secret du règne.

Maintenant, ce plan éclate si clairement, dans les projets de loi du calviniste Doumergue, qu'il n'est plus permis aux catholiques français, même aux plus aveugles et aux plus endormis dans la culture des lieux communs, de ne pas le voir. Quelques protestants eux-mêmes, plus libéraux ou mieux inspirés que la plupart de leurs coreligionnaires, en conçoivent de l'inquiétude.

Ils se demandent, non sans trouble, de quelle

réaction la découverte d'une pareille trame pourra être suivie. (On a déjà pu voir que quelques protestants ont jugé prudent de se créer un alibi à propos de la loi sur les biens d'Église.)

Après vingt-cinq ans, pendant lesquels les instituteurs, façonnés à la protestante, dans des écoles normales protestantes, par des directions protestantes, ont été dans chaque commune substitués au curé catholique, pour y substituer le cléricalisme protestant au cléricalisme catholique, le législateur protestant, payant d'audace, arrive à la rescousse pour dire aux familles étonnées : « C'est comme cela, » et je vous défends de toucher, même par la voie » judiciaire, à cet instituteur, que j'ai mis là pour » vous voler le cerveau de vos enfants ! »

Il ne faut pas s'égarer dans les discussions oiseuses de textes et de mots.

En France, les partis du genre de celui dont j'examine le dernier avatar ne procèdent jamais par propositions nettes, loyales et intelligibles. Ils jettent à la meute des disputeurs quotidiens des mots à ronger, cependant que le fond des choses et la chose elle-même demeurent dissimulés au plus grand nombre et font sous ce couvert leur installation subreptice.

Ce n'est pas d'aujourd'hui que l'instituteur, tel que l'a souhaité le parti huguenot, est intangible en fait. Il l'était avant, de par la politique, qui le voulait et le maintenait ainsi. Seulement, dès qu'on s'est aperçu qu'il n'était plus intangible en droit, et que les tribunaux ordinaires pouvaient l'atteindre, vite, selon l'expédient usuel de ces étranges gouvernants, on a bâclé, sous forme d'un projet de loi, une muselière aux tribunaux.

Les légistes, consultés par les journaux, perdent ici et leur science et leur temps, sur des oripeaux et des trompe-l'œil. Le gouvernement sait mieux que personne qu'il n'est pas une seule de ses lois scolaires ou religieuses qui ne soit une violation plus ou moins hypocrite de la liberté du citoyen et de la neutralité de l'État. A le lui démontrer, on prend la posture d'un naïf et d'un nicodème. Rien, peut-être, ne fait mieux son affaire et ne répond mieux à son désir que cette façon quelque peu prudhomesque de discuter sérieusement sur des textes artificieux, au lieu de prendre brutalement au collet la question elle-même que ces textes ne font qu'habiller.

L'État ne peut être neutre en la matière religieuse, qui touche à tant d'intérêts temporels. S'il prétend être neutre, sa neutralité est un mensonge ; s'il l'est en réalité, sa neutralité est une sottise. Il faut donc que l'État s'explique sur le fond de la question. S'il s'explique, il sera contraint d'avouer qu'il institue contre un pays catholique un enseignement protestant.

J'estime que toutes les lois scolaires et toutes les lois religieuses dont se plaignent les catholiques français n'eussent pas tenu une demi-journée devant l'opinion publique ni même devant le Parlement si, au lieu de faire incessamment comme des mijaurés et des nigauds, le jeu de leurs adversaires, les orateurs de l'opposition avaient nettement et hautement posé la question de savoir si, oui ou non, il s'agit de substituer en France la religion protestante à la religion catholique.

Encore cette fois, par les deux projets de loi que le calviniste Doumergue a eu l'aplomb de déposer, ils ont une occasion décisive de démasquer cette arcane du régime et d'en finir avec cette sournoise et suffocante politique.

L'heure est venue d'étaler à la tribune, par une documentation qui est à la portée de quiconque voudra se la procurer, ce qu'a été l'instruction publique en France, depuis un quart de siècle qu'elle est plus ou moins dans les mains des protestants.

Il y a lieu de montrer quels ont été de préférence les programmes d'études et les programmes de concours, ainsi que la composition des jurys d'examens ; quels livres choisis par des pasteurs ont été imposés aux élèves et aux familles, et ce qui les distingue des autres, en apparence similaires ; quel façonnage historique absolument renversant a été imprimé à la jeunesse imprudemment confiée à l'État soi-disant neutre ; quel travestissement de nos annales et de notre illustre passé a été, comme un poison subtil et persistant, versé dans l'âme des jeunes Français ; et, comment, en définitive, une nation peut s'éveiller demain orpheline de ses auteurs les plus certains, destituée de son patrimoine moral, par qui elle se survit, et ayant senti se desceller en elle les assises mêmes de sa nationalité.

IX

L'Angleterre travaille

———

30 Juillet 1908.

Par Allah, dieu des Croyants, dont Mahomet est le Prophète, voilà une révolution turque proprement accomplie — en attendant qu'elle tourne à l'aigre et aux violences, comme il est d'usage, et qu'aux fédérations, où l'on s'embrasse dans les rues sans se connaître, succèdent les sombres assassinats, dont les places publiques sont peu après ensanglantées.

Tout arrive. Nous verrons un Parlement turc, comme nous voyons un Parlement moscovite. Au moins, le Parlement sera-t-il cette fois tout à fait à sa place à Stamboul, qui n'est autre que l'antique Byzance, puisque qui dit parlement dit byzantinisme.

Ce qu'il nous plaît de relever, dans la convulsion jusqu'à présent idyllique dont le monde ottoman ressent l'intime volupté, c'est moins sa spontanéité, qui n'est qu'apparente, que sa coïncidence avec les velléités manifestes que la Sublime Porte avait d'entrer dans la Triplice et de se ranger, contre l'Angleterre, aux directions de Guillaume II.

Ce fut l'objet d'un précédent article, l'Angleterre s'est chargée du *post-scriptum*.

Ah ! cela n'a pas traîné !..... Et comme on voit ici tout à p!ein, par une leçon de choses exceptionnellement lumineuse et frappante, quelle est et quelle a été, on peut dire de tout temps, la tactique de l'Angleterre, pour résoudre à sa façon les difficultés du continent !

Cette tactique est simp'e. Elle consiste à introduire la révolution, disons simplement le désordre, dans tout pays qui fait obstacle à la marche de la Grande-Bretagne, et de profiter aussitôt de ses divisions intestines, pour reprendre dans le monde l'avance qu'elle était menacée d'y perdre.

Mais, dira-t-on, comment et par quels moyens provoquer à point nommé, dans un pays choisi à l'improviste, des soulèvements intérieurs suffisants pour absorber toute l'attention de son Gouvernement ?

La réponse est facile. Puisse-t-elle apporter son contingent de clarté à notre ami Copin-Albancelli, qui recherche si laborieusement les origines, l'utilité et l'objet de la Franc-Maçonnerie. C'est par la Maçonnerie, entretenue à doses diverses et avec des sous-appellations circonstancielles, dans tous les pays du globe, que l'Angleterre est outillée pour ce genre de diversions.

En d'autres termes, c'est par les sociétés secrètes, dont la Maçonnerie est à la fois le type et la maison-mère, que la politique anglaise se taile clandestinement dans le monde les chemins de sa politique, et qu'elle donne, à point nommé, ici ou là, le branle aux diversions intérieures, propres à mettre en révolution les pays qui lui donnent de la tablature.

La mécanique fonctionne avec une précision et une opportunité remarquables. Elle s'assimile, dans chaque pays, les passions et les préjugés du moment, au moyen desquels ou peut espérer y exciter des ferments et soulever des levains d'agitation.

Dans tous les pays de race latine et de religion catholique, c'est par des histoires de couvents, de moines et de jésuites que cela se traite et qu'invariablement cela commence. Dans tous les pays de race slave, encore assujettis à l'autocratie, c'est par la revendication d'une représentation nationale et des libertés parlementaires. La façon dont serait entreprise l'agglomération musulmane était bien faite pour piquer la curiosité des amateurs, des aficionados, car la question religieuse étant ici intangible, on ne voyait pas non plus sans paradoxe se dessiner une nation ottomane ni un Parlement turc.

Eh bien, la gageure a été tenue, et l'Europe en est depuis huit jours tout à fait ébaubie, sinon particulièrement satisfaite.

Maintenant, va-t'en voir s'ils viennent, Jean. La combinaison est renversée, que Guillaume II ourdissait avec des créatures allemandes de l'entourage d'Abdul Hamid, de concert avec ses officiers d'état-major, qui dressaient des cadres ottomans pour les campagnes éventuelles de la Triplice. Il va falloir discuter tout cela *coram populo*, dans un parloir législatif, où, sous le tarbouche et le fez, des têtes échauffées par le vin nouveau d'une liberté, même illusoire, diront toutes les bêtises qu'on voudra, à l'heure et à la course, — comme ici.

4

C'est bien joué. Vraiment Édouard VII y met une virtuosité ravissante.

Il semble que depuis qu'il a embauché l'armée française, comme soldat continental, en remplacement de l'armée autrichienne, qui remplissait naguère le même emploi, il veuille étonner ses amis, par la hardiesse et l'à-propos de ses coups de partie. Et, en somme, tout cela est très bien fait, avec une dextérité, une sûreté de main et une apparence de bonne humeur, qui ajoutent du charme à ces acrobaties tout à la fois diplomatiques et révolutionnaires.

Toutefois, la Maçonnerie reste morose. Elle sert, mais elle ne rit pas. On a beau lui dire de Londres : « Mais riez donc ! » Rien ne la divertit, rien ne la console, et il faut en dire la raison.

C'est qu'elle n'est pas seulement une agence anglaise, elle est aussi une agence allemande. En un mot, elle était l'agence mondiale du grand consortium protestant qui, depuis 1756, syndiquait l'Angleterre et la Prusse.

Et la voici émue, partagée dans ses entrailles, par le grave conflit économique survenu entre les puissances contractantes du pacte de 1756, qui menace d'armer contre elles-mêmes, dans une lutte fratricide, les deux cariatides européennes du monde protestant.

Les uns veulent marcher avec l'Angleterre, les autres préfèrent, comme devant, marcher avec la Prusse, maîtresse hégémonique de l'Allemagne. Cet antagonisme s'est suffisamment dessiné dans la Maçonnerie française, pour que la politique du parti dit républicain en soit demeurée impressionnée et comme tributaire.

De là, cette politique si visiblement empreinte de fluctuation et de duplicité, qui fait que notre *Foreign Office*, toujours agenouillé, se laisse surprendre, tantôt sur le genou gauche, devant Édouard VII, tantôt sur le genou droit, devant Guillaume II. C'est le dualisme même dont la Maçonnerie est présentement le théâtre qui pousse à cette gymnastique.

Pour l'instant, le coup de la révolution turque, suivant de si près l'entente anglo-russe, paraît donner l'avantage aux Anglais. Quel est le coup que les Sociétés secrètes affiliées à Berlin nous préparent maintenant, en réponse à l'entente anglo-russe et au Parlement turc ? Mystère.

Mais, gare à nous, qui rions ! Car nous sommes la plus belle des proies, la plus tentante, et il se pourrait que tout ce monde du Nord, qui au fond se joue de nous, en vînt à l'idée simple de se raccommoder sur notre dos, pour une petite éternité de vingt-cinq ans.

X

UNE STATUE QUI VIENT A POINT

10 Août 1908.

Le moment nous semblerait tout à fait bien choisi d'inaugurer la statue que les admirateurs bénévoles de ce grand homme d'État ont souscrite et dédiée à Waldeck-Rousseau.

Ne serait-ce point, en effet, l'heure opportune de réunir toute la famille dite républicaine, tout ce monde officiel de deux mille personnes environ, qui constitue la caste gouvernante, autour du monument commémoratif de l'homme qui lui prépara si ingénûment les anxiétés dans lesquelles elle est présentement plongée ?

Au moment où tous les syndicats ouvriers du territoire, fédérés ou confédérés, sous la direction de la C. G. T., recherchent les moyens les plus offensifs de jeter bas toute cette clique parasitaire, qui s'est attelée depuis trente ans à l'exploitation effrénée de la Démocratie et de la République, ce serait, en vérité, un spectacle peu ordinaire et presque divertissant, que d'en voir les plus engraissés, les plus repus, les plus surchargés de profitables dignités et d'avantageuses sinécures, aligner leurs bedaines angoissées devant l'image de celui qui, plus qu'un autre, les a roulés dans ce pétrin.

Et ne croyez pas que ce grand flandrin d'avocat, comme aurait dit Molière, ait mérité pour cela la reconnaissance des ouvriers syndiqués.

Ceux-ci ne s'y trompent pas. Leur gratitude pour Waldeck-Rousseau est *limited*, comme les nombreuses Compagnies financières auxquelles ce juriste en carafe frappée prêtait au poids de l'or ses onéreuses consultations.

Les ouvriers français savent parfaitement que Waldeck-Rousseau n'avait rien de l'âme d'un démocrate ni d'un émancipateur. Sa loi de 1884 sur les syndicats professionnels, comme sa loi de 1902 sur les associations, ne fut pas, ils le savent bien, inspirée par l'amour des libertés collectives. Ce solitaire les avait en horreur. Ne les a-t-il pas poursuivies dans leurs plus purs épanouissements, et, par exemple, *les Prévoyants de l'Avenir*, traqués par ses ordres dans leurs économies, dans leurs groupements et jusque dans leurs personnes ?

Non, son inspiration était bien plutôt celle d'une rêverie de Palais, d'un snobisme de jurisconsulte, d'un dillettantisme de basochien, qui s'amuse, entre deux plaidoiries, entre deux aquarelles, ou deux touches de barbillon, à résoudre des problèmes de droit public, comme l'Œdipe du Café du Mans s'est longtemps attaché à la solution des rébus du *Monde Illustré*.

Et il a pondu de la sorte ces deux lois fortes et meurtrières, qui dresseront peu à peu, l'une et l'autre et l'une après l'autre, leurs conséquences incalculables, contre cette bourgeoisie niaise et profondément stupide, qui saluait dans Waldeck-Rousseau son champion préféré.

Je pense donc qu'on va tout à l'heure rouvrir, dans les grands journaux bourgeois, les colonnes de « la souscription au monument de Waldeck-Rousseau ». Il est temps, après les collisions sanglantes qui se sont produites depuis trois ans, jusqu'à celles de Vigneux et de Villeneuve-Saint-Georges, d'ajouter un socle de plus, un bas-relief supplémentaire, un cartouche décoratif à l'image sculpturale de ce fatidique jobard qui ne croyait à rien de pareil. Que croyait-il, d'ailleurs ? Il semblait porter le fardeau du monde sous son indolente taciturnité et il n'y portait rien que les ruines de son propre monde, éloquemment déguisées sous la parure d'un langage éminemment correct et compassé, bien fait pour en imposer à tous les débarqués du Café du Commerce.

J'ai achevé de juger Waldeck-Rousseau le 25 juin 1899, jour funeste, où il a pris possession du Gouvernement, par la lecture de sa déclaration ministérielle.

Celle-ci était écrite, comme il sied d'un document qui est communiqué simultanément aux deux Chambres et aux journaux.

Au banc des Ministres, s'étalaient ou se voilaient, selon l'impulsion de leur tempérament, les créatures de raccroc que Waldeck avait péniblement recrutées, pour le crime que lui-même avait assumé de commettre.

Galliffet rayonnait de s'être éveillé Ministre de la Guerre, sans songer qu'on l'avait déjà encadré de sbires juifs et huguenots, pour le contenir et le surveiller. Lanessan n'en revenait pas de s'être trouvé repêché de sa noyade avec Canivet. Monis gardait les Sceaux après avoir gardé des futailles et, sur ses épaules dandinantes de placier en eaux-de-vie, se drapait la simarre étonnée des vieux Chanceliers de France. Caillaux faisait ses débuts dans l'emploi d'Imposteur aux Finances, au refus de Rouvier, qui avait à toutes fins indiqué ce bouche-trou. Millerand, le futur baron Millerand, dont le socialisme pratique était déjà en voie d'évolution vers la haute banque et le capitalisme cosmopolite, écrivait ou faisait semblant d'écrire, la tête baissée sur son pupitre, attitude qui, pendant trois ans, lui a permis de ne pas entendre les imprécations de l'extrême gauche. Leygues, enjuivé par destination, s'était laissé doucement racoler, pour le plaisir d'être Ministre de quelque chose, ce qui lui était, à ce moment, d'autant plus délectable, qu'il traînait après lui ce troubadour de Lintilhac, récemment découvert, pour chanter ses litanies en vers, en prose, en grec, en latin, en volapuk et en auvergnat. Baudin — il faut qu'il y ait toujours un Baudin obligatoire dans les péripéties du parti dit républicain — à peine échappé de la kasbah maçonnique de l'Hôtel de Ville, arrivait en distributeur improvisé d'entreprises de travaux publics. Dans son coin, rabougri sous son binocle, le même Delcassé jouait à la muette le jeu périlleux d'un Richelieu sans armée et sans marine. Déjà il avait été obligé de revenir de Fachoda, comme dans un moment il reviendra de Tanger, comme on le fera quelque jour revenir aussi de Panama, à jamais perdu pour la France, par son crime. Il n'est pas jusqu'à Dupuy, Jean Dupuy, le millionnaire du *Petit Parisien*, si parfaitement outillé pour dédaigner d'être Excellence à si bas prix, qui, pour faire pièce au *Petit Journal* dont on méditait la ruine, ne fût enrôlé dans cette falote et misérable équipe, derrière laquelle se profilaient les ombres sinistres de Demagny, le recéleur de millions posthumes, de Cavard, le policier de Loubet, de Puybaraud, l'homme de tous les louches services..... Tout cela réuni, conjugué, recordé par Waldeck pour, en l'affaire de trois mois, sauver Dreyfus à forfait — ce qui est bien, d'un seul mot, caractériser toute l'entreprise.

Waldeck, chef de cet étrange équipage, dans un silence de glace, lourd de réprobation latente — la Chambre était encore honnête,

> ..... Rome alors admirait ses vertus.

— lut son piteux papier. Celui-ci tremblait dans sa main débile et moite, au point qu'on le pouvait croire secoué par un courant d'air.....

Le champion n'avait pas du tout l'élan du taureau de combat, qui sort du toril les cornes hautes, pour entreprendre les picadores. Il avait l'air timide et vacillant du chourineur mal préparé, qui s'essaie à planter son surin dans le dos de la vieille..... Mais heureusement, la bonne bourgeoisie, cossue, libérale, était là pour le seconder. M. Aynard avait un gendre à placer — et cela fit vingt-cinq voix.

C'est de cette mollesse de Waldeck, faux énergique, faux homme d'État, politicien veule, indolent et crédule, et dictateur de pacotille, assurément bon avocat, mais non pas grand avocat, et aussi de ces vingt-cinq voix apportées par des bourgeois d'une incurable naïveté, que sont issus depuis neuf ans toutes les hontes et tous les ravages dont la France se meurt.....

Et j'allais oublier que Waldeck-Rousseau, qui se connaissait en hommes, nous avait choisi et servi de sa main M. André et M. Combes.

Allons, à quand la statue de Waldeck ?

XI

Le « Quitus » de Panama

20 Août 1908.

> La liquidation de la Compagnie de Panama,
> commencée en 1888, est aujourd'hui ter-
> minée. La première Chambre du Tribunal
> civil a prononcé la clôture définitive de
> cette liquidation, et donné au liquidateur
> actuel *quitus* de sa gestion, ainsi que de
> celles de ses prédécesseurs.....
>
> *(Les journaux des 13 et 14 Août.)*

Et voilà !

Voilà comment se termine, en simple fait divers de chronique judiciaire, la perte pour l'épargne française d'une souscription de 1.429 millions et, pour la France elle-même, la perte autrement irréparable de la concession du Canal interocéanique de Panama.

De ce double désastre, désastre financier sans précédent et désastre politique sans équivalent dans l'histoire du siècle dernier, *quitus* est ainsi donné, à la cinquième page des journaux, entre la faillite infime d'un débitant de boissons et l'annonce d'un nouveau purgatif.

Un liquidateur du nom de Lemarquis a demandé ce *quitus* ; un substitut du nom de Matter qui, parlant ici au nom de la France, pourrait justement s'appeler Mater Dolorosa, a conclu à ce *quitus* ; un tribunal civil — civil et honnête, mais franchement aussi on ne peut plus puéril — a prononcé ce *quitus.*

Après quoi, nos 800.000 souscripteurs dépouillés tout à la fois de leur argent et de leur canal, sont retournés tristement peiner à leur travail, tandis que les quelques bénéficiaires de ce *quitus*, l'estomac soulagé et l'escarcelle rebondie, sont partis en auto, pétaradant de satisfaction, dîner de meilleur appétit au Bois de Boulogne, en supputant ce que cette liquidation de tout à l'heure vingt années leur a procuré de ces dépouilles.

Notez que je n'y regarderais pas, et sans doute la France non plus, si le canal de Panama était fait ou si, tout au moins, la France en avait conservé la propriété.

Il nous serait égal que spéculateurs, banquiers, boursiers, ministres, parlementaires, entrepreneurs, agents de publicité et même liquidateurs de profession se fussent abondamment enrichis, même d'un lucre illicite, dans l'affaire du canal de Panama, s'il y passait des bateaux et si la France en recevait son juste péage, péage en argent et péage aussi à considérer en influence économique dans le Nouveau Monde.

Mais il ne passe pas encore de bateaux dans ce canal inachevé, et quand il en passera, ce sera pour le plus grand profit des États-Unis, au détriment de la France évincée du Nouveau Monde.

Et cette perte financière aggravée de cette spoliation politique est sans conteste l'œuvre personnelle, l'œuvre infâme et jusqu'alors impunie d'abord de ceux à qui le tribunal croit devoir donner ce *quitus*, et aussi de tous ceux, depuis le chef de l'État et ses ministres jusqu'au dernier des comparses du Parlement, qui se sont rendus responsables devant l'histoire de cette insigne trahison des intérêts français.

Au demeurant, ce *quitus* civil signifie-t-il rien qui vaille, rien, sinon que les factures sont en règle et que le liquidateur n'a pas fait danser l'anse du panier ?

Le *quitus* de Panama n'exonère donc pour l'avenir aucun des coupables, au point de vue des vraies responsabilités encourues. Soit par leur conduite politique, susceptible d'être qualifiée de haute trahison ; soit par leurs manœuvres financières, susceptibles d'être qualifiées de dolosives, les responsables auront à répondre d'actes ayant eu pour objet de dépouiller les Français de leur argent et la France de sa concession.

Il faudra même que tout cela soit repris et purgé, quand il y aura en France une morale publique autre que celle dont se prévaut le parti gouvernant et aussi, pour y rendre une justice de droit national, autre chose que des tribunaux ordinaires, accablés de déclinatoires d'incompétence, dès qu'un personnage politique est en cause.

Tout se paye et il faudra que la perte du canal de Panama se paye. Elle se paiera cher, si l'on mesure à la lourdeur des fautes la sévérité des châtiments.

On découvrira peut-être alors que la perte du

Suez comme la perte de Panama furent un coup de la même puissance judéo-protestante, au profit des puissances protestantes.

Il éclatera même, à ce moment, avec la dernière évidence, un fait qui demeure encore aujourd'hui paradoxal, tant les légendes dont l'opinion a été gavée ont été mensongères.

Abreuvée d'impostures, l'opinion croit encore à présent que l'entreprise de Panama, si belle, si héroïque, si glorieuse pour l'initiative de notre pays, et, disons-le, si praticable, a été une colossale escroquerie, depuis son début en 1881, jusqu'à sa mise en liquidation en 1888.

Lord Palmerston l'avait dit de Suez, M. l'avocat général Rau, protestant, l'a répété de Panama et fait condamner à cinq ans de prison M. de Lesseps qui avait par Suez rapporté cinq milliards à la France !

Ramenée à la vérité, l'opinion sera obligée de convenir que c'est tout au contraire, et précisément à partir de sa mise en liquidation que la véritable déprédation a commencé.

Elle a commencé, à vrai dire, en dépit des efforts des premiers liquidateurs, qui furent M. Brunet et M. Monchicourt. Ceux-là manquèrent seulement de coup d'œil et d'à propos, dans les mesures de salut que commandaient les circonstances.

Ils ne surent pas obliger le gouvernement français à remplir son devoir de protection, en faveur de cette grande entreprise française qui, désormais sortie de la période des tâtonnements et engagée dans la voie des succès, voyait son crédit défaillir. Suez aussi avait vécu de pareilles péripéties et Suez s'était nonobstant achevé, grâce à la protection d'un gouvernement qui connaissait son devoir.

Mais il n'est pas douteux qu'à dater de l'entrée en fonctions de M. Gautron, totalement inapte à un pareil rôle et d'une débilité de laquelle on pouvait espérer toutes les capitulations, les loups-cerviers de la spéculation purent imaginer à l'aise toutes les combinaisons propres à ne pas achever le canal de Panama, cependant plus qu'à moitié excavé (51 millions de mètres cubes sur 90, rapport Flory), et à s'en approprier nonobstant les admirables dépouilles, montant encore à cinq ou six cents millions d'actif !

C'est à cette œuvre criminelle que s'est particulièrement employée la liquidation.

Et la caractéristique tout à fait attristante de cette longue et ingénieuse spoliation financière est qu'elle a été pratiquée, on peut dire sous les auspices de l'autorité judiciaire elle-même, à raison du contrôle qui lui était dévolu, sur les actes des agents de la liquidation et de la représentation des obligataires.

De même, la caractéristique non moins étrange de l'irréparable spoliation politique dont la France est la victime a été la complicité des hommes mêmes de notre gouvernement, dans les invraisemblables expédients qui furent mis en œuvre, pour arriver à vendre à vil prix le canal de Panama aux États-Unis.

Jamais le gouvernement français n'aurait dû tolérer qu'une concession de cette importance, qui assurait à la France une suprématie d'influence sur toute l'Amérique latine, nous fût ravie par les honteux procédés d'escamotage qui furent employés.

Certainement, il faudra que tout cela soit enfin mis au jour et que le rôle de chacun, soit dans la sphère judiciaire, soit dans la sphère politique, en vienne à être plus éclairci. La vérité et l'histoire l'exigeront, même au regard d'une génération qui oublie Panama après avoir oublié Sedan !

Ces dépeceurs de cadavres qu'on appelle les liquidateurs, couverts par un *quitus* de pure forme, peuvent donc aller savourer, dans une paisible opulence, le fruit de vingt années de procédures, habilement entretenues sur les dépouilles encore si magnifiques des 800.000 souscripteurs de Panama. Si leur rôle est fini, celui des historiens et des justiciers va sans doute commencer.

XII

L'Acte de Grégori

---

10 Septembre 1908.

C'est aujourd'hui, ce matin même, que notre confrère Grégori, défendu par M⁰ Joseph Menard, passe devant les assises de la Seine.

On connaît son crime.

Le 4 Juin dernier, au Panthéon, au milieu de la cérémonie officielle et publique, qui avait été décrétée pour l'apothéose intempestive de Zola, et dans laquelle le traître Alfred Dreyfus figurait aux côtés du Gouvernement, Grégori a tiré deux coups de revolver sur ce personnage. Il ne l'a point atteint, ou du moins il ne l'a point tué ni mis à mal. Cette circonstance peut être diversement appréciée, mais elle a du moins cet avantage de supprimer de cette affaire la dramatique complication du sang versé, sans rien lui enlever de sa portée morale et moralisatrice.

Grégori n'en a pas moins été le justicier attendu. Il n'en a pas moins exécuté en effigie le malfaiteur juif deux fois condamné par ses pairs et nonobstant impuni, par qui et au sujet duquel la France a été trahie dans ses secrets militaires, humiliée dans ses fiertés domestiques, molestée dans ses croyances et dans ses vénérations, proscrite et bannie dans la personne de ses meilleurs serviteurs et de ses plus nobles enfants, finalement atteinte au vif de ses intérêts, par une horde d'étrangers, établis chez elle et qui y sont devenus les maîtres de son Gouvernement.

Le crime de Grégori, quoique tardif, répondait donc à ce qu'on pourrait appeler le crime des immigrés. Il répondait à tous les outrages que la France a subis depuis le Ministère Waldeck-Rousseau. Et il y répondait dans une occasion exceptionnellement solennelle, qui constituait une provocation plus insolente, un défi plus imposant et plus manifeste aux sentiments français et aux convenances françaises.

C'est donc un honnête crime, inspiré par la plus noble des passions, conçu et mesuré dans sa portée symbolique par un honnête homme, qui s'est armé de résolution et voué au sacrifice, pour faire cet exemple et donner à penser qu'on ne brave pas impunément les piétés d'un illustre pays.

C'est, en définitive, un crime que beaucoup d'hommes de cœur voudraient avoir commis.

Le jury de la Seine, s'il est composé de Français de France, comprenant ce que signifie un tel acte, absoudra son auteur en cinq minutes de ferme et claire délibération. Il proclamera ainsi, à la face du monde, que si l'arrêt politique et antijuridique de la Cour de cassation peut lier le pays légal, il ne lie à aucun degré la conscience française.

Quant à nous, jurés probes et libres, c'est avec

une sorte de gratitude que nous absolvons Grégori.

Il a souffert pour nous, pour nous racheter à nos propres yeux de nos lâches capitulations et de ces indignes transigeances que nous mettons à supporter des choses qui nous oppriment.

Il a fait, lui chétif, lui obscur, lui dénué, lui, fils de Savoyards annexés d'hier, le geste que n'ont pas fait les conducteurs du peuple, ni ses mandataires, ni ses gardiens empanachés. Il a été le bras inconnu qui sort de la foule, pour faire justice par un acte, quand tous les autres ne faisaient justice qu'en verbalités.

Ainsi, un matin d'avril 1617, un simple et modeste capitaine aux gardes, du nom de Vitry, arrêta, par un coup de pistolet, sur le pont tournant du Louvre, un autre étranger triomphant du nom de Concini, qui s'était également établi ici comme premier ministre et comme maréchal de France — et qu'on supportait, comme on supporte aujourd'hui tant de choses et tant de gens qu'un instant de réflexion ferait taxer d'insupportables.

Grégori a provoqué cet instant de réflexion et montré, à la façon d'un Guillaume Tell, comment et par quel éclat une nation asservie se libère des oppresseurs.

Cette allégorie lui a valu maintes souffrances. Non seulement il a enduré, depuis de longs mois qu'il s'offre aux jugements, une captivité abusive et superflue, mais il a essuyé, sur le lieu même de l'exécution, les coups et les sévices de tous ceux qu'elle a soudainement épouvantés, comme le réveil inattendu de quelque chose qui semblait mort. On a vu Grégori, au Panthéon et sur le chemin du Panthéon au poste de police, livré aux chiens de Jézabel, frappé, déchiré, saignant et dévêtu, environné de peurs tout à coup bestiales et vindicatives qui, à cette minute tragique de l'offensante apothéose, ne savaient plus au juste s'il fallait tenir bon ou sauter dans les voitures..... Lépine comme Tigellin, a dit à ces Nérons affolés : « Calmez-vous, mes hommes sont là, avec les prétoriens des brigades de réserve. »

Grégori n'a pas seulement enduré cela, à quoi il s'attendait et en prévision de quoi, croyant périr assommé sous les pieds des ministres, il avait fait son testament. D'autres souffrances plus imprévues et plus poignantes lui étaient réservées.

Celles-ci sont les plus déconcertantes, parce qu'on n'y pense jamais avant et qu'on ne saurait les prévoir ni les supposer possibles.

Ce sont les doutes, les soupçons, les accusations de ceux-là mêmes qu'on croit avoir pour amis, pour soutiens, pour défenseurs, et pour la libération desquels on expose sa liberté et sa vie.

On n'a point épargné à Grégori cette déception ni cette douleur, de se voir soupçonné de connivence avec les propres offenseurs du sentiment public, dont il s'était, à ses risques et périls, promis de châtier l'entreprise.

Évidemment, disait-on, Grégori n'avait pu faire un coup pareil que d'accord en sous-main avec les chefs du Gouvernement, avec les Juifs, avec Dreyfus lui-même, avec la police. Sans doute, on l'avait payé pour cela..... Très certainement, les fonds secrets avaient dû solder l'achat du revolver et ajouter un pourboire dans la main qui le tenait.....

C'est, on peut le dire, par ces propos à la fois malfaisants et imbéciles que sont découragés en France toutes les actions possibles et tous les hommes capables d'en concevoir.

Grégori l'a éprouvé, comme Syveton, comme tant d'autres ! Et les tribulations de ce genre sont infiniment plus douloureuses et plus décourageantes que celles auxquelles on a lieu de s'attendre, de la part des ennemis déclarés qu'on attaque et qu'on affronte.

J'imagine que le pauvre Grégori a dû faire, dans sa prison, d'affligeantes méditations sur l'étrange façon dont la plupart des journaux, dits d'opposition, ont, dès le premier moment, célébré l'abnégation personnelle dont il a fait preuve, en assumant ce rôle de justicier que nul autre plus qualifié n'avait osé assumer. De tels commentaires, dont rien n'égale la sottise et la malignité, sont bien faits pour dégoûter de rien faire d'osé, et ce n'est pas ainsi qu'on suscite des hardiesses ni des dévouements.

Aussi, le Ministère public n'a point à se mettre en frais d'éloquence pour réclamer que Grégori soit puni de son intention criminelle. Il l'a été, certes, et de la manière la plus cruelle, par le lâchage spontané de la plupart de ceux pour lesquels il s'est sacrifié.

Hormis deux ou trois leaders de l'opposition, qui l'ont défendu et qui, en cela, n'ont fait que leur devoir, Grégori s'est vu tout aussitôt vilipender par les autres, soit en propos malveillants, soit à mots couverts. Encore est-il fort heureux qu'on ne lui ait point, par surcroit, imputé des vices contre nature.

Quand une opposition ne sait pas mieux défendre ni mieux protéger ses meilleurs soldats, elle ne mérite pas que ceux-ci se fassent tuer ni blesser pour elle.

Ce sera vraisemblablement la moralité que Grégori pourra tirer de son procès, s'il ne cherche, au delà de ces misérables contingences, la vision idéale, plus sereine et plus haute, d'une armée outragée qu'il a voulu venger, d'une France humiliée qu'il a voulu servir et consoler.

XIII

Le cas de la Cour Suprême

30 Septembre 1908.

La Cour de Cassation, on ne saurait le nier, passe un mauvais quart d'heure.

Elle s'est mise dans un cas à la fois si répréhensible et si insoluble, dans une situation à la fois si fausse et si intenable, que la seule issue à y apercevoir serait dans une loi ordonnant son licenciement et sa reconstitution immédiate, avec d'autres membres et sur d'autres bases disciplinaires.

Précisons cette péripétie et cette solution.

Il est démontré de la manière la plus évidente que la Cour de Cassation, dans son arrêt de réhabilitation de Dreyfus, en date du 12 Juillet 1906, a violé la loi. Elle a violé l'article 445 du Code d'instruction criminelle, pour innocenter Dreyfus de sa propre autorité, autrement dit, pour casser sans renvoi à d'autres juges le jugement de Rennes qui condamnait Dreyfus une seconde fois.

En outre, il n'est pas moins évident que, pour violer plus commodément la loi qui lui faisait obstacle et dont, par institution, elle était la gardienne, la Cour de Cassation en a altéré le texte.

Elle a altéré ce texte jusque dans sa lettre même, en altérant matériellement des membres de phrase de portée substantielle, pour faire dire à ce texte autre chose que ce qu'il dit et pour lui faire rendre des effets que la loi n'a pas entendu produire.

En un mot, elle a changé la loi, pour pouvoir, après l'avoir ainsi changée, l'appliquer au système préconçu de réhabilitation directe auquel elle s'était déterminée.

C'est en vain qu'on voudrait soutenir que, ce faisant, la Cour n'a fait qu'exercer son droit d'interprétation.

Il faut opposer bien haut et bien nettement à une telle affirmation qu'elle achève de condamner la Cour de Cassation. Car le droit d'interprétation qui lui est accordé ne s'exerce pas et ne peut pas s'exercer dans les conditions et circonstances où s'est présentée devant elle la requête en revision du condamné Dreyfus.

Oui, la Cour de Cassation a un droit souverain d'interprétation de la loi, mais voici dans quelles circonstances précises :

C'est lorsque la loi est l'objet de controverses divergentes, dans des décisions de justice déférées à sa suprême juridiction.

Il arrive assez fréquemment que des tribunaux font une application de la loi sujette à contradiction, et que, dans les divers ressorts judiciaires du territoire, un même litige est résolu de façon différente par les juges.

Il arrive assez fréquemment aussi que l'arrêt d'une des Chambres de Cassation qui a annulé une décision de justice, pour mauvaise application de la loi, n'est point accepté par le tribunal de renvoi, et que celui-ci persiste, malgré l'arrêt de cassation, à juger comme les premiers juges.

C'est alors que, toutes Chambres réunies, la Cour Suprême, ressaisie d'un pourvoi, exerce dans toute la plénitude de sa compétence souveraine, son droit d'interprétation. Elle fixe une doctrine controversée et cette doctrine s'impose dès lors à l'attention et au respect de tous les tribunaux français.

Voilà ce qu'il faut entendre par le droit d'interprétation. Il ressemble, à certains égards, au droit des conciles œcuméniques de fixer les points du dogme catholique sujets à hérésie. De même l'infaillibilité dogmatique du Saint-Siège répond, dans ses effets et dans le même ordre de comparaison, à l'infaillibilité conventionnelle de la Cour de Cassation, parce qu'il faut de toute nécessité une autorité qui décide en dernier ressort et mette fin aux disputes des hommes.

Dans l'espèce Dreyfus, rien de pareil.

Aucune divergence de doctrine ne s'était manifestée dans des décisions de justice, sur la véritable portée de l'article 445. Aucune hérésie, aucune déviation d'orthodoxie. aucune dissidence, aucune version antijuridique ne sollicitaient la sentence de l'aréopage de jurisconsultes dont les Chambres réunies de la Cour de Cassation donnent le majestueux spectacle.

Que dis-je ? Et ceci passe toute vraisemblance !

La Cour de Cassation elle-même, toutes les Chambres réunies, sur les conclusions conformes de son rapporteur d'alors, M. Ballot-Beaupré, et sur les réquisitions conformes de son procureur général d'alors, M. Manau, avait solennellement jugé *qu'à moins qu'il ne fût mort, il était impossible d'innocenter Dreyfus sans le renvoyer à un nouveau conseil de Guerre.*

De sorte que l'interprétation souveraine de la Cour s'était déjà formulée, en un arrêt diamétralement contraire a celui qu'elle a rendu le 12 Juillet 1906.

C'est donc à sa propre jurisprudence que la Cour a infligé un démenti, trahissant à la fois le principe fondamental de son institution, qui est de ne jamais juger les faits ni les personnes, et le principe juridique spécial qu'elle-même avait reconnu et proclamé, sur ce qu'il faut penser, en droit, de l'article 445.

En consommant cette espèce de coup d'État judiciaire, la Cour de Cassation n'a pas seulement commis la plus regrettable et la plus imprévue des forfaitures : elle a prononcé sa propre déchéance, en ruinant d'un seul coup ce qui faisait sa raison d'être.

Et pourquoi ? Je vous demande un peu de me dire le pourquoi de cette pitoyable faillite à tout un illustre passé ?

Sans doute, la Cour s'est cherché des excuses. Elle a cru qu'elle pouvait prendre sur elle de mettre un terme aux querelles qui divisaient le pays. Elle s'est imaginé qu'en se jetant, elle aussi, dans la lutte, au milieu des passions débridées, elle y imposerait, d'autorité morale, une décision même illégale, même truquée. Elle a cru, en un mot, qu'un coup d'État judiciaire produirait les mêmes détentes

immédiates, qu'on attend d'ordinaire des coups
d'État politiques. Déplorable et irréparable erreur!

Elle s'est trompée de la manière la plus grave.
Elle n'a pas compris la différence profonde qui distingue, dans la conscience de l'humanité, un crime
commis par des politiciens d'un crime commis par
des juges. Elle a oublié que toute trahison de la loi
écrite, quand on a la mission si élevée d'en préserver
jusqu'aux moindres virgules, constitue ou prépare
un effondrement prochain de la justice.

On ne peut que déplorer cette défaillance d'un
illustre corps judiciaire, demeuré jusqu'ici pour ainsi
dire intact. Il était une des forces et aussi une des
noblesses de notre économie nationale. Son admirable recueil d'arrêts depuis 1790 constituait un
monument impérissable de notre droit français.
Pourquoi faut-il que l'arrêt du 12 juillet 1906 soit
venu y mettre une tache laide et injustifiée ? On
en éprouve la même affliction et la même mélancolie
qu'on ressentirait à la vue d'une femme de haute
réputation, qu'on surprendrait à l'improviste four-
voyée dans une aventure. Faut-il donc se rendre à
l'évidence de ce que disent les écrivains antisémites,
lorsqu'ils professent que la licence juive traine après
elle cette fatale caractéristique d'imprimer sa souillure sur les plus beaux marbres et d'attenter sans
vergogne aux plus pures vénérations !

Ce n'est pas tout.

Sans doute l'acte reproché à la Cour de Cassation
est fort grave, au regard des principes de notre organisation judiciaire. Mais il est, par surcroît, grevé
d'une douloureuse et inévitable complication : c'est

qu'on le dit sans ménagements et que le scandale est devenu public.

On le dit dans les termes les plus outrageants, pour un corps constitué dans l'exercice de ses fonctions, en précisant l'imputation du fait de faux et du fait de forfaiture, qui atteint la considération et l'honneur du corps tout entier.

On ne se contente pas de le dire et de l'imprimer. On l'affiche sur tous les murs de Paris et ce sera bientôt affiché sur tous les murs de France.

Chacun peut s'arrêter et chacun s'arrête, en effet, pour lire et commenter ces terribles imputations, formulées avec une netteté sans réplique, sous la signature du commandant Cuignet, et qui s'étalent en placards vainement lacérés à tous les carrefours.

Et le fait, grandissant d'heure en heure, que ni le gouvernement, ni la Cour de Cassation, ni son Premier président, nommément pris à partie, comme la plus haute personnification du corps lui-même, n'osent poursuivre les signataire, imprimeur, colporteurs, afficheurs de ces diffamations caractérisées provoque de toutes parts l'invariable et troublante réflexion : C'est donc que c'est vrai !

L'imbroglio est encore plus inextricable et plus insoutenable du fait que même ceux, parmi ces magistrats, qui auraient opiné contre l'arrêt, se trouvent tenus par le secret du délibéré et inséparablement solidaires de la faute commise par leurs collègues.

M. le Premier président Ballot-Beaupré lui-même qui, personnellement, à ce qu'on assure, aurait poussé la résistance aux réquisitions illégales de

M. le procureur général Baudouin, jusqu'à rompre tous rapports avec le chef du Parquet et à lui interdire l'entrée de son cabinet, hormis pour les affaires de service, est solidairement responsable de l'arrêt qu'il a signé, encore qu'il l'ait signé pour obéir à la loi, qui oblige la minorité des juges à se rallier à l'opinion de la majorité.

Autre chose.

Si la Cour de Cassation ne poursuit pas le diffamateur de qualité qui l'accuse, elle souscrit implicitement à son propre déshonneur. C'est le suicide par la sourde oreille.

Si la Cour de Cassation poursuit le commandant Cuignet, elle est obligée, de par la loi, de le citer devant la cour d'assises, où la preuve des faits diffamatoire est de droit.

Comme, d'une part, la preuve du faux est indéniable et comme, d'autre part, le commandant Cuignet a souffert un effroyable préjudice personnel, du fait des manœuvres auxquelles on s'est livré contre lui, pour innocenter Dreyfus en dépit de la loi, il ne fait aucun doute que le jury, quel qu'il soit, acquittera le commandant Cuignet et achèvera la déroute de la Cour de Cassation, déjà commencée par le verdict du jury qui a acquitté Grégori.

Telle est l'alternative, plutôt cruelle, avec laquelle sont présentement aux prises et les magistrats incriminés de la Cour de Cassation et les personnages du gouvernement, non moins incriminés d'avoir couvert d'honneurs et d'apothéoses, avec une précipitation absolument grotesque, des gens affreusement compromis dans une affaire de trahison et qu'un arrêt si critiquable y compromet plus encore.

Comment sortir de là ?

Il n'y a pas d'autre issue que celle indiquée au début de cet article.

La Cour de Cassation, sur le sommet qu'elle occupe, n'est justiciable de personne. Ni la constitution politique, ni les lois organiques, ni les lois ordinaires n'ont prévu ni voulu prévoir le cas d'une si haute sélection de magistrats se concertant pour commettre un attentat à la loi confiée à leur garde.

Il n'y a même pas de haute-cour instituée pour juger ce genre d'attentats. Ni le président de la République, ni le garde des sceaux, ni le gouvernement, ni l'une ou l'autre des Chambres ne peuvent pas davantage les réprimer.

Cependant, s'ils demeurent impunis, un tel précédent est la ruine morale de la justice.

Et, cependant aussi les intérêts les plus sacrés des justiciables exigent qu'une Cour de Cassation soit maintenue sans un long interrègne.

La solution est donc forcément dans une loi, qui, d'ailleurs, ne serait pas sans grandeur et honorerait la République, par laquelle serait prononcée, à l'article 1, la dissolution de la Cour de Cassation, à l'article 2, sa reconstitution immédiate et à l'article 3, une prévision pour le cas où une pareille circonstance viendrait à se renouveler.

XIV

L'OUTRAGE AUX TRIBUNAUX

23 Octobre 1908.

Le moment n'est-il pas venu de demander au Garde des Sceaux s'il y a encore en France un délit d'outrage aux tribunaux, si ce délit n'est point abrogé, ou s'il est abrogé pour les uns, tandis qu'il serait maintenu pour les autres ?

Le 11 Septembre, au prétoire de Cour d'assises de la Seine, alors que des débats s'y poursuivaient dans le silence et le respect qui sont dus de par la loi aux audiences de justice, un assistant s'est levé qui a lancé une parole assurément outrageante, pour des magistrats d'une autre juridiction. Amené aux pieds de la Cour, l'insulteur s'est fait connaitre. Il a dit s'appeler André Gaucher et avoir donné par son insulte libre cours à l'indignation qu'il ressentait d'un arrêt mal rendu par la Cour de cassation. Après quoi il a été relaxé.

Le 15 Septembre, les murs de Paris ont été couverts de placards injurieux pour les mêmes magistrats de la Cour suprême, nommément pris à partie. Ces placards n'étaient point anonymes ; ils étaient signés du commandant Cuignet, qui est libre et impuni.

Les jours suivants et semaines suivantes, les mêmes placards, on ne peut plus injurieux pour des magistrats en exercice, ont été colportés et affichés dans diverses villes de France, et l'aggravation persévérante du délit primitif est suivie d'une impunité encore plus étonnante et plus opiniâtre.

Le 16 Octobre 1908, nouvelle aggravation.

L'outrage n'est plus diffus, lointain et indirect. Il n'emprunte plus, pour intermédiaire inerte et insensible, le mur sur lequel on l'affiche, le journal dans lequel on l'imprime, le prospectus par lequel on le distribue. C'est la forme insolemment provocatrice de l'apostrophe qu'il revêt à présent, au sein même du prétoire, à la face des magistrats assemblés, et assemblés en audience solennelle.

Le vendredi 16 Octobre, à une heure de relevée, dans la salle archidorée de la Grand'Chambre, où siégeaient pour ce lit de justice, en simarres de pourpre et d'hermine, tous les présidents et conseillers de ce haut Parlement, et tout le Parquet général, et tous les greffiers en costume, et tous les huissiers ceints d'écharpes pareilles au grand cordon de la Légion d'Honneur, et, tranchant par la sévérité de sa tenue de Tiers-État sur ces chamarrures royales, la délégation qualifiée de MM. les Avocats aux Conseils, on a pu entendre, à ce qu'on assure, au milieu de cette pompe sacerdotale et quasi sacrée, une voix s'écrier :

« *Magistrats faussaires, magistrats indignes, il*

» ne sera pas dit qu'un Français ne vous crachera
» pas votre forfaiture au visage ! »

L'insulteur était-il donc anonyme, perdu dans la foule, inconnu et insaisissable ?

Point du tout. Les gens de police qui, sous ce régime de fictions et de simulacres, figurent le public, à ces audiences dites publiques, avaient sur-le-champ démêlé et saisi le coupable. Celui-ci s'était, au surplus, ostensiblement démontré et dénoncé de lui-même, dans sa résolution affirmée de violer tout respect et de léser impudemment la majesté de la Cour. Il s'était dressé, jeune, hardi, lumineux, beau comme Roméo, et s'étant voué comme lui aux vindictes aléatoires de l'Ange des ténèbres affronté dans ce sanctuaire. Non seulement indemne jusque-là de toute souillure judiciaire, mais l'âme épurée de toute colère ressentie, qui ne fût pas la colère de tout un peuple, héritier d'un nom doublement célèbre dans les arts, et par les toiles qui en demeurent revêtues et par les poètes qui l'ont chanté, le jeune del Sarte après son insulte, après son défi, après sa provocation hautaine, est relaxé des mains de la police abasourdie de son impunité, hors de cause, libre.

La Cour a gardé son insulte et l'insulteur sa liberté.

Ainsi, même interpellés en personnes, conspués et insultés dans leur propre temple, bafoués sur leur maître-autel, au milieu d'une auguste cérémonie, les plus hauts magistrats de France se résignent sans mot dire à ces impiétés sacrilèges.

Toute mesure est donc franchie, à cela près qu'on ne les tire pas encore de leur curule par la barbe, comme le faisait, avec accompagnement de lazzis faubouriens, le fantassin gaulois qui avait pénétré dans Rome conquise jusqu'à l'hémicycle où siégeait le Sénat, et qui en chassait de la sorte les sénateurs demeurés immobiles.

Le Mardi 20 Octobre, le Garde des Sceaux s'explique sur ces faits singuliers.

Interrogé par le député Biétry, qui lui demande compte de l'impunité accordée à ces inqualifiables outrages, notre *lord chief justice* répond qu'en effet ces outrages sont ignominieux, mais qu'ils ne sauraient atteindre les magistrats qui en sont l'objet. Et la Chambre s'associe à ce langage! M. Ribot aussi.

Il est temps de conclure.

Qu'est devenue l'égalité, qu'est devenue la loi ?

Qu'est-ce à dire dorénavant de l'obscur voyou de correctionnelle, qui aura traité de « vache » le magistrat distrait ou pressé par lequel il aura été sommairement condamné ?

Un pâle malandrin qui, flanqué de deux gendarmes, jette au moindre des juges une injure indistincte, subitement échappée à sa douleur ou à sa mauvaise éducation, est amené sur-le-champ au pied du tribunal pour s'y entendre, séance tenante, condamner à deux ans de prison.

Comment l'étalon de la loi sera-t-il appliqué à ce sombre révolté de la géhenne sociale, s'il n'est point appliqué à cet insulteur superbe, venu pour braver les juges jusque dans leur cathédrale, face au chapitre assemblé, au moment où le Procureur général, seul debout, surchargé de draperies purpurales et de petit gris, exaltait jusqu'à l'hyperbole l'intangible dignité de la Cour ?

Après la thèse soutenue, mardi, par M. Briand, et approuvée par la Chambre, cette moralité demeure que plus l'outrage aux tribunaux sera ignominieux, moins il sera réprimé ; que plus cet outrage aura été prémédité et suivi de retentissement, plus l'impunité lui sera acquise ; qu'au contraire, plus l'outrage sera spontané, circonscrit, étouffé, involontairement échappé à la souffrance et à la révolte d'un misérable, plus les sévérités de la loi lui seront aussitôt appliquées ; que, dans le premier cas, c'est par un vote du Parlement, dont le délinquant se moque à bon droit comme de sa première cigarette, que celui-ci sera puni, et, dans le second cas, par deux ans de prison infligés sur-le-champ au malheureux prolétaire, coupable d'avoir laissé seulement apparaître son accablement avec quelque vivacité.

Ce n'est pas tout. Quand le grotesque est tiré, c'est jusqu'à la lie qu'il faut le boire.

L'outrage aux tribunaux est impuni devant les tribunaux, où la loi impose à chacun de se tenir respectueux et découvert ; mais voici qu'il est puni devant la Chambre, où précisément les opinions sont libres et où nul ne peut être poursuivi pour les avoir exprimées.

André Gaucher, Cuignet, del Sarte et autres sont libres, sans avoir eu un sou d'amende ni une minute de prison, pour avoir dit aux tribunaux exactement ce que Biétry a dit à la Chambre, et c'est Biétry qui a une amende de 700 ou 800 francs inséparable de la censure avec exclusion.

Enfin, et ceci met le comble à l'incohérence dans laquelle nous vivons : ce sont les députés des prolétaires, dits socialistes, qui applaudissent à ces inégalités sociales, à ces actes arbitraires du pouvoir, à cette justice désormais dévoyée, qui frappe à tour de bras sur les pauvres et les timides, et qui se tait, comme désarmée, devant quelques audacieux gentilshommes qui la bravent.

Et tout cela pourquoi ? Par peur du jury !

Aux dernières nouvelles, on nous assure que M. le Garde des Sceaux, qui, avec beaucoup de fanfare, avait décidé d'adjoindre des ouvriers à la liste annuelle du jury, aurait envoyé plus discrètement une autre circulaire subreptice, invitant à ne plus mettre dans la liste annuelle du jury que des bourgeois francs-maçons.

A ce prix, il se risquera à poursuivre les délinquants.

Voilà ce que c'est que de s'être brouillé, depuis 1899, avec l'opinion française, avec la conscience nationale !

XV

L'Énigmatique Régime

———

30 Octobre 1908.

On se demande souvent — même dans les milieux avertis, cultivés et ouverts à l'expérience des affaires — par quel énigmatique phénomène un gouvernement, ayant commis autant de fautes que le nôtre en a commis, a pu durer si longtemps et se tirer, malgré tout, des obstacles sur lesquels tous les autres se fussent inéluctablement brisés.

Le répertoire chronologique, formulé en brèves notices, des casse-cou de tous genres, contre lesquels a chancelé le régime actuel, tiendrait assurément un fort volume. On n'y aurait que l'embarras du choix, et le choix lui-même s'y trouverait déconcerté, par le nombre, la variété et l'horreur de ces éphémérides. Il n'importe !

De 1870 à 1908, la courbe des accidents et aussi des turpitudes que ces accidents ont mises inopinément en lumière ne s'infléchit, sur le diagramme, que pour pousser aussitôt une embardée plus imprévue sur de nouvelles hontes. Il n'importe !

Ce qu'on sait n'est rien à côté de ce qu'on ne sait

pas, ou pas encore, mais que cependant on présume. Cela ne fait rien !

Ce régime a déjà commencé par un crime, c’est-à-dire par une révolution devant l’ennemi, fâcheux précédent qu’invoqueront à juste titre, devant l’ennemi de demain, ses sujets révoltés de demain. Ne nous soucions nullement de cela.

Son avènement s’est marqué par des opérations militaires lamentables, conduites de haut et de loin, avec force discours, par des bousingots d’estaminet, en quête de stratèges, pour mener d’obscurs dévouements aux inutiles boucheries. Eh bien, après ?

Une telle entreprise assumée en fanfare s’est fatalement achevée par des capitulations sans remède et, en surcroît d’une rançon sans précédent, par la perte de deux provinces, qui eût été probablement évitée, si l’on eût traité plus tôt, avec moins d’impéritie et d’épuisement. Tout cela n’a pas eu de durable importance. C’est même un souvenir en voie d’effacement.

A peine ce premier crime est-il consommé qu’un second lui succède. On voit, dans une convulsion de guerre civile, née en grande partie d’une compression maladive de forces inutilisées, Paris incendié et trente mille ouvriers parisiens, fleur malsaine d’énergie dévoyées, demeurés sans emploi, massacrés sur le pavé de la cité fumante, par des avocats francs-maçons, précédemment adonnés aux rêveries dites humanitaires. Il n’importe ! La Maçonnerie bat son plein.

Pour les cinq ou six cents bourgeois, plus ou moins maltraités en Décembre 1851, par le surnommé Badinguet, qui était la bonté même, celui-ci a subi, vingt années durant, une récrimination sans trêve, qui dure encore. Il l'a subie en prose, en vers, en peinture, en sculpture, en monologues de salons, en compositions de concours général, en articles de journaux, en livres gros et petits, en sarcasmes et en imprécations inlassables : il s'en est fort mal trouvé.

Pour les trente mille cadavres ouvriers qui jonchent le seuil de ce régime soi-disant démocratique, toute rumeur s'est promptement apaisée. Rien ne survit de la plainte des trépassés. A peine quelques vagues lamentations périodiques sont-elles perceptibles, dans la logomachie restaurée des jargons maçonniques : « Altruisme......, solidarité......, huma- » nité......, guerre à la guerre !...... Désertons et » fusillons nos officiers, plutôt que de verser le sang » de nos frères !...... »

Et les gens qui disent cela derechef sont les mêmes, ou leurs héritiers immédiats, qui n'ont dû leur pouvoir illégitime et leur richesse mal acquise qu'à ce fait criminel, à ce crime d'État, d'avoir éteint d'un seul coup toute opposition populaire dans le sang du peuple parisien, demeuré trente années durant exsangue et comme anémié, par cette saignée maçonnique. Il n'importe ! Le régime va bien.

Voilà ce qu'on trouverait au début du catalogue à parcourir. C'est l'alpha.

. . . .

Si nous franchissons sans arrêt, sans station expiatoire, ce long calvaire du bon sens et de l'honneur national, jusqu'à l'oméga, c'est-à-dire jusqu'à nos jours, jusqu'à ces derniers matins, une autre crevasse laide et méphitique y apparaît toute béante.

C'est la déchéance morale, brusquement aperçue, de la première juridiction du pays, désormais insensible aux opprobres. Celle-ci n'a point versé le sang; mais elle est convaincue, par son silence même, d'avoir prévariqué, pour obéir en fin de compte aux injonctions de la vanité juive, maîtresse du pouvoir politique et, par le pouvoir politique, du pouvoir judiciaire.

Rien de plus grave, en vérité, dans l'offre des choses non sanglantes, dont s'émeut le penseur et que la foule ne voit pas. C'est la ruine affichée des lois elles-mêmes. C'est aussi toute l'organisation judiciaire découronnée, décapitée, avariée par son sommet et promise immanquablement à des accidents d'une trivialité croissante, à mesure que la contagion d'un exemple parti de si haut gagnera les tribunaux inférieurs. Il n'importe! Tout va bien! Signé : Briand.

Le second Empire est mort en partie de quelques modestes magistrats, d'ailleurs fort honnêtes en leur privé et qui en ont péri de chagrin, dont se plaignaient amèrement les journalistes et l'opposition d'alors. Ces magistrats avaient pour mission de tenir la main un peu ferme au mors de bride passé par la loi sur la presse dans la bouche des journaux. On se récriait que c'était insupportable. Pelletan père, qui engendra le suave tueur de nos matelots, réclamait « la liberté comme en Autricho » ! — Oui, monsieur, comme en Autriche, pas plus !

Qu'il se lève donc aujourd'hui, le magistrat des Chambres correctionnelles qui n'a jamais reçu d'instructions d'avoir à accabler, sous les amendes et les dommages, les journaux soi-disant devenus libres ! Qu'il jette lui aussi sa pierre d'anathème au tombeau des magistrats honnis de 1869 ! Qu'il dise si grâce à cela il r'a pas franchi les degrés supérieurs, au détriment de collègues peu scruppleux !

D'où vient donc que ce régime ayant manifestement commis plus de crimes, d'exactions, de forfaitures, de dilapidations et d'illégalités qu'aucun autre ; ayant civilement versé plus de sang français qu'aucun autre ; ayant dévoilé aux yeux les moins sévères des corruptions et des tares incomparablement plus étendues et plus répugnantes qu'aucun autre, en demeure cependant indemne ?

Dira-t-on que le peuple français a changé de complexion ? Qu'il n'est plus le même ? Que son tempérament s'est modifié et que sa moralité s'est invertie ?

Dira-t-on que le régime actuel tire sa durée de son propre fond, des vertus et des forces qui lui sont propres et particulières ?

Non, rien de tout cela n'est sérieusement soutenable.

Alors même que sa moralité serait ébranlée ou chancelante par les scandales de ceux qui la dirigent et la dissolution de leurs mœurs privés et politiques, un peuple ne se transforme pas, à l'improviste, d'une année à l'autre, d'un régime à l'autre. Il reste identique à lui-même et garde, à l'état latent, même dans ses déclins commencés, toutes ses qualités comme tous ses défauts. Quant au régime actuel, on peut dire sans blesser la vérité que nul n'a rencontré une opposition plus formidable que celle dont le pays a témoigné, à diverses reprises, depuis 1888 jusqu'à maintenant.

La solution de l'énigme ne serait-elle donc pas du côté de l'opposition elle-même, du moins du côté de ceux qui ont charge et mandat de la traduire et de la conduire, et qui, jusqu'à présent, ne lui ont préparé que des déceptions ?

Ah ! qu'il y aurait à dire sur le rôle de l'opposition depuis vingt-cinq ans, car cette résignation épaisse, lourde, stupéfiante, de l'opinion française, en présence de fautes qui peuvent demain nous conduire aux pires malheurs, contient un reproche muet et concentré, qui s'adresse moins à ceux qui font le mal qu'à ceux qui ne l'empêchent point.

XVI

L'ONCLE ET LE NEVEU

---

20 Novembre 1908.

A l'instar des combats bien réglés, par des témoins connaissant leur affaire, le duel dès longtemps commencé entre Edouard VII et Guillaume II, entre l'oncle et le neveu, tout rempli qu'il soit de péripéties attachantes, comporte nécessairement des reprises et des repos.

On nous permet de souffler pendant un entr'acte. Profitons de ce répit pour compter les coups et commenter la dernière reprise.

Entre amateurs, et toutes préoccupations d'avenir laissées au vestiaire, convenons qu'elle a été vraiment fertile en phrases d'épée on ne peut plus expertes, qui nous ont pour ainsi dire révélé, déballé toutes les ressources de la politique anglaise et de la politique allemande.

Elle a commencé par l'entente anglo-russe, menée par Edouard VII en personne et qui achevait d'*encercler* l'Allemagne. Et d'un.

L'Allemagne a aussitôt tenté de se frayer une issue par la Turquie. Patiemment travaillée par les agents de Guillaume II et par des missionnaires éperonnés du grand état-major, la Turquie était en définitive la réserve éventuelle de la Triplice, une espèce de province allemande dont les contingents militaires germanisés se fussent joints, le cas échéant, aux armées d'opérations. Le territoire ottoman, sur lequel se déployait ostensiblement le drapeau allemand, était le gîte d'étapes de l'expansion germanique vers l'Asie mineure et la Méditerranée. Et de deux.

A cette échappée de l'Allemagne vers la Turquie, l'Angleterre a aussitôt répondu par un coup de sa façon, par son procédé familier, c'est-à-dire par une révolution intérieure de l'empire ottoman, qui a désorganisé en quelques jours toute la trame politico-militaire de Guillaume II. En un clin d'œil et comme par un brusque coup de vent, tous les agents allemands ont été dispersés, balayés, qui s'étaient peu à peu glissés et retranchés dans les postes de confiance du gouvernement. On a vu tout d'un coup l'entourage du Sultan disparaître, un Parlement turc s'apprêter à siéger et le pouvoir, sinon l'existence même, d'Abdul-Hamid mis en question, à l'état précaire et conditionnel. Et de trois.

Par ce coup droit, dont le caractère et l'origine ne laissaient aucun doute, Guillaume II s'est déjà senti atteint dans l'une des œuvres les plus caressées de son règne. Il a senti s'écrouler sous lui ce protectorat du monde musulman qu'il a ambitionné, recherché, poursuivi, avec autant de persévérance et de coquetterie, si l'on peut dire, qu'il en a déployée d'autre part, lui souverain protestant, à vouloir étendre sa protection sur le monde catholique sottement délaissé par la France et à resserrer à cet effet avec le Saint-Siège de très sérieuses et très profitables relations.

La riposte de Guillaume II à la mauvaise plaisanterie maçonnique que son oncle venait de lui servir à Constantinople n'a pas été appréciée ni même aperçue comme elle méritait de l'être, car elle était de premier ordre.

Elle s'est traduite, peu après, par cette chose imprévue, inouïe, insoupçonnée, du Congrès eucharistique de Londres, jetant à l'improviste dans les jambes de la protestante Albion cette renaissance catholique. Et de quatre.

Mais ce n'est pas tout. Guillaume II ne s'est pas borné à apprécier ce coup surprenant d'une savante escrime. A peine le régime ottoman était-il transformé à l'anglaise, que les avant-gardes de la Triplice y prenaient position. L'Autriche s'empare de la Bosnie et de l'Herzégovine, le prince de Bulgarie se déclare indépendant et se fait proclamer roi, la Grèce étend sa main sur la Crète, la Serbie arme jusqu'à ses femmes, le Montenegro se souvient à propos que le Tsar de toutes les Russies l'a appelé « son seul ami » et qu'une Monténégrine est présentement reine d'Italie..... De sorte que tout est bouleversé dans la Turquie d'Europe, telle que l'avait constituée le traité de Berlin, et que les Jeunes-Turcs intronisés par *Old England* ne règnent plus à présent que sur le désordre et la rébellion *made in Germany*. Et de cinq.

Il est même, à ce propos, assez piquant pour un

philosophe de remarquer qu'aussi longtemps qu'on a pu voir en Turquie un repaire de corruptions et de tyrannies sanguinaires, l'Europe lui a marqué toute sa bienveillante tolérance, et que c'est le jour où la Turquie se transforme et se régénère pour devenir un honnête gouvernement, que l'Europe la traite en pays conquis !

L'Angleterre, de nouveau mise en échec par ces brusques voies de fait, a jugé utile de louvoyer. L'amusement d'une conférence n'a été imaginé, je suppose, que pour gagner du temps et donner aux intéressés, quelque peu surpris, les délais nécessaires à se mettre en meilleure situation de résistance armée. Et de six.

Mais tout en attendant partie, autre incident. Édouard VII a pu voir inopinément Guillaume II faire un faux pas et glisser sur la planche, dans cette faute positivement inconcevable de l'interview du *Daily Telegraph*, suivie, en matière de diversion, de cette mauvaise querelle cherchée au Gouvernement français.

Cette fois, l'oncle n'a pas raté le neveu et celui-ci porte en pleine poitrine la marque du coup, arrivé au vif de la conception même que ce potentat germanique prétendait donner de son souverain pouvoir.

Ce pouvoir à la fois hiératique et militaire, ayant pour attributs la Bible et le sabre médiéval, panaché de modernisme, d'un Charlemagne au gardénia, d'un Barberousse en automobile, d'un Lohengrin à la fois en casque et en tablier, a franchi tout d'un coup le petit espace de rien qui sépare le sublime du ridicule.

Nous admettons volontiers que Guillaume II a su se préserver du ridicule ; il sera plus difficile d'admettre qu'il ait échappé à la diminution de son personnage. Rabroué par son peuple, excusé par son chancelier, réprimandé par son Parlement, Guillaume II en demeure certainement amoindri.

Sa soumission est, à vrai dire, altière et pomponnée, comme on devait l'attendre d'un puissant seigneur, que rien jusqu'alors n'avait réduit ni contenu et qui, pris en faute, condescend à se ranger : c'est une soumission cependant. Déférence hautaine, si l'on veut, drapée de sybilline magnificence, enveloppée de formules noblement retombantes, mais déférence tout de même. On ne saurait appeler autrement le témoignage public d'approbation donné par son souverain à ce chancelier d'Empire qui, après avoir plaidé les circonstances atténuantes, avait dit en propres termes ces graves paroles : « que ni lui, ni aucun de ses successeurs ne pourraient accepter les pratiques insolites auxquelles Guillaume II avait cru pouvoir recourir ».

De cette phase ultime d'un assaut désormais historique, ayant l'univers pour témoin et passionnément suivi par la galerie des deux mondes, Guillaume II, quoi qu'il en puisse penser, dans le fond ulcéré de son âme, ne s'est pas retiré sans blessure. Il n'a pas crié « touché ! » mais il l'est. Et de sept.

Le duel n'est pas fini et je crains beaucoup pour les témoins..... Je ne saurais trop engager les témoins français à se garder avec une extrême vigilance.

XVII

La Queue du Lézard

30 Novembre 1908.

Cette affaire Steinheil était, sinon « classée », comme on dit, du moins très amortie.

En France, les incidents se dévorent l'un l'autre. L'art de substituer l'un à l'autre, sur l'écran lumineux de la publicité, fait partie du système actuel de notre Gouvernement. Celui-ci y est, d'ailleurs, très expert. Il y est admirablement secondé par une presse qui, tenue en laisse par des managers juifs, donne l'illusion de la liberté, en organisant le silence. Ce qu'on appelle « les affaires », est le casuel attrayant de ce silence. Il est fait de privilèges, de revenants-bons, de toutes sortes de profits en marge, à l'aide desquels toute la fraction plus avide, plus aboyante, plus turbulente des cadres sociaux est promptement apprivoisée et assouplie aux vues des monopoles financiers, maîtres des Pouvoirs publics. Cela coûte quelques millions par an au budget officieux du régime, au fonds d'entretien du système, mais le rendement, jusqu'ici, a justifié la dépense.

Pour résister à ce système, les plus avisés serviteurs de la vérité, réfractaires à ces pratiques d'étouffement, n'ont trouvé qu'une tactique, que j'appellerai la tactique de la queue du lézard.

Elle consiste à montrer ingénûment sur un mur une petite queue de rien, minuscule appendice, qui frétille au soleil et qu'on suppose appartenir à un petit lézard caché dans une fente. Il faut indiquer cela comme en se jouant, comme un récréatif passe-temps, sans avoir l'air d'y attacher aucune espèce d'importance.

Il se trouve alors assez souvent qu'un journal important et accrédité, sans penser à mal et pour se divertir de choses et d'autres, s'amuse à tirer cette petite queue, pour faire venir le lézard, le joli petit lézard..... Et le lézard vient..... Il vient peu à peu..... Eh ! il est plus gros qu'on ne le supposait ! s'écrie-t-on..... Fichtre ! mais il est trop gros !..... Tout à coup il parait énorme !..... C'est un caïman qu'on a tiré, c'est un alligator, c'est un crocodile de la taille du diplodocus, avec des dents, deux rangées, trois rangées de dents, et la gueule grande ouverte, prête à tout dévorer.....

Et voilà comment, par quel artifice à la fois ingénieux et pitoyable, on a quelquefois réussi à faire tirer de leurs obscurs repaires, par des journaux du Gouvernement, des crocodiles menaçants, qu'il a fallu tuer à grands frais et dont la pourrissante charogne encombre les champs de bataille du régime.

L'affaire Steinheil est un de ces crocodiles de la grande espèce, qu'on ne voulait pas sortir, qui est sorti tout de même, amorcé par le petit frétillement insignifiant et plutôt drôle de l'incident Burlingham.

Grosse affaire à ce qu'on assure. Non seulement elle met brusquement en lumière crue et en laide posture cette étrange société gouvernante de main·tenant, qu'on rencontre si aisément dans les bou·doirs suspects des femmes d'assises, mais aussi cette aristocratie protestante qui, sous couleur soi-disant de démocratie républicaine (oh! combien!), sert tout à la fois d'armature et de cadres occultes à cette société républicaine décomposée.

Mme veuve Steinheil, née Marguerite Japy, est issue sans conteste de ce qu'on peut appeler la noblesse protestante. Cela sans doute est fort regrettable pour cette secte rigoriste, qui s'est complue à fournir des épouses infiniment dignes de respect à beaucoup d'avocats politiques, à qui de tels mariages ont mis des portefeuilles ministériels dans leurs contrats. Il y a des exceptions partout. Mme Steinheil en est une, mais c'en est une qui compte.

Qu'on en juge.

Dans la soirée du 16 Février 1899, le bruit se répandait dans Paris que le Président de la République, Félix Faure, était mort.

Cette mort subite, que rien ne faisait présager, qui n'avait été précédée d'aucune information inquiétante sur la santé du Président, qui frappait un homme encore vaillant, actif, sportif, non touché, du moins en apparence, par les affaissements précoces et prémonitoires de l'âge, surprit à peu près tout le monde.

Quelques jours après, le corbillard mortuaire du notable défunt, escorté des troupes de la garnison et des grands corps de l'État, traversa Paris et le public retourna sans plus à ses affaires.

. . . .

Or, il se trouve que la même Mme Steinheil, présentement soupçonnée d'avoir trempé dans le double assassinat de son mari et de sa mère, cette même femme, d'une perversité à la fois si séductrice et si scélérate, se trouvait aux côtés du Président Félix Faure quand celui-ci, subitement, mourut.

La chronique scandaleuse nous a révélé que cette femme était l'amie, l'amie intime du président ; que celui-ci la fréquentait assidûment, la recevait à l'Élysée dans ses appartements particuliers et qu'il aimait près d'elle à se décharger du fardeau des affaires publiques.

Et notez aussi qu'à l'instant où le président perdit tout à coup connaissance et qu'il fallut, bon gré mal gré, prévenir sa maison, pour appeler du secours, par décence, cette même femme dut être immédiatement renvoyée, pour ne point offenser de sa présence la respectable douleur de toute une famille et des personnages importants de l'État, accourus aux nouvelles.....

Donc, il n'est pas invraisemblable de présumer que le président a pu être victime de cette femme, qui se trouve être soupçonnée et inculpée par ailleurs du meurtre simultané de son mari et de sa mère.

Donc, il n'est pas invraisemblable de présumer que, malgré tant d'avantages et de projets que cette femme put tirer de la faveur personnelle du président, elle a pu être déterminée à le faire mourir, par des offres encore plus satisfaisantes et plus immédiates, qui lui seraient venues de gens ayant un intérêt majeur à ce que le président disparût.

Quelles gens, dira-t-on, avaient cet intérêt majeur ?

Ceux qui poursuivaient alors, avec la passion et le fanatisme que l'on sait, la revision du procès Dreyfus. Ceux-là savaient à n'en pas douter que le président Félix Faure n'était pas pour eux ; qu'il n'était pas et ne serait pas leur homme ; qu'il s'opposerait au « chambardement » de la France par les juifs et les huguenots, presque tous dreyfusards.

Donc, il n'est pas invraisemblable de présumer que les meneurs de cette campagne, ayant connu les relations intimes de Mme Steinheil avec le président Faure, se soient servis de cette femme pour se défaire du président.

Et, au surplus, il se trouve que Mme Steinheil, née Japy, appartient précisément à une famille notoirement huguenote, alors que tant de familles huguenotes se sont violemment manifestées en faveur de Dreyfus, à l'époque de cette effervescence d'un caractère si singulier.

Donc, il n'est pas non plus invraisemblable de présumer que cette dernière considération a pu être pour quelque chose, dans les sombres machinations qui assiégeaient l'Élysée, et dont Mme Steinheil a pu être l'agent.

Les Saintes Écritures, dont les juifs ni les huguenots n'ont point renié tous les enseignements, contiennent à cet égard deux épisodes bien suggestifs : celui de Dalila, profitant du sommeil de son ami Samson pour lui couper les cheveux, qui faisaient sa force si redoutée des Philistins ; et celui de Judith, poignardant pendant son sommeil ce gêneur d'Holopherne, dont elle était l'amie.

Mme Steinheil a beau s'appeler *Meg* dans l'intimité, il n'est pas invraisemblable que, toute Meg qu'elle était, elle ait pu être Judith et Dalila.

Cette Judith biblique qui, aux heures décisives de l'affaire Dreyfus, se chargea d'accélérer la décrépitude d'Holopherne, par des procédés mortellement captivants de five o'clock, auxquels le glaive de l'archange n'avait plus rien à voir, apparaît donc comme une étrange incarnation de perversité inédite, dans un monde qui cependant en a déjà vu de raides.

Comment et pourquoi sa cause criminelle, en passe d'être oubliée. comme tant d'autres, est-elle brusquement ressortie au premier plan, malgré les préoccupations extérieures qui tenaient encore l'actualité ? On ne sait.

Peut-être n'y a-t-il là qu'une circonstance fortuite, une incartade de policier, imputable à sa mauvaise humeur ou à la sempiternelle rivalité de la Sûreté générale et de la Préfecture de police, qui passent leur temps à se jouer l'une à l'autre des tours de ce genre.

Il semble bien que les soudaines et éclatantes dénonciations, lancées coup sur coup par Mme Steinheil contre ses serviteurs, lui ont été insidieusement suggérées par quelqu'un, par quelque « ami », par un de ces « amis », toujours si obligeants et si zélés, que la police entretient volontiers dans l'intimité des personnages à surveiller, et qui sont là à point nommé, pour donner, avec toutes sortes de bonnes raisons à l'appui, de funestes conseils.

Il y avait un intérêt considérable à dissocier le faisceau de silence que formaient entre eux Mme Steinheil et ses anciens serviteurs, témoins de première main de ce qui s'était passé dans la maison, ses alentours et ses familiers, avant, pendant et après le crime de Mai. Il y avait là une épaisse et obscure solidarité à fracturer et à rompre.

Rien de plus expédient, pour un tel objet, que de susciter, entre Mme Steinheil et Rémy Couillard, entre Mme Steinheil et Mariette Wolf, une cause violente et spontanée d'antagonisme et de vindicative inimitié. Et quoi de plus offensif à cet égard qu'une accusation inopinée d'assassinat ?

Du coup, Rémy Couillard, jocrisse estomaqué de ce drame d'Ambigu, parlerait. Du coup, Mariette Wolf et son fils Alexandre, transportés à juste titre de surprise et de colère, mangeraient tous les morceaux.

Diviser pour régner est la maxime policière appliquée à la politique ; diviser pour savoir est la maxime policière appliquée à l'instruction criminelle.

Il est donc tout à fait vraisemblable de penser que c'est la police elle-même qui a suggéré et machiné ces dénonciations contre trois individus, soigneusement pourvus d'un alibi, apportées en coup de vent et la nuit, par une femme qu'on enferme à ce moment et qu'il était si facile d'enfermer et de mettre au secret le lendemain même du crime.

Tout cela pue la police à plein nez.

Mais, qui donc a suggéré cette brusque sortie du crocodile et pourquoi ?

Qui a tiré la queue du lézard ?

Les ingénieux reporters, qui découvrent si à propos tant de choses qu'on ne demande qu'à leur dire, devraient bien diriger de ce côté leurs précieuses investigations et nous révéler aussi, à l'occasion, les choses qu'on ne veut pas leur dire.

———

XVIII

EN ACCUSATION

10 Décembre 1908.

L'incident de l'amiral Germinet, frappé pour avoir dit la vérité sur l'état de la flotte, ne s'est pas terminé comme il aurait dû.

Il ne comportait qu'une conclusion, une seule, la seule logique, la seule rationnelle, la seule souhaitée par l'opinion publique, au surplus, la seule conforme à la Constitution ainsi qu'aux légitimes exigences du pays : c'est-à-dire la mise en accusation des ministres coupables d'avoir, par leur incurie, compromis la défense nationale.

Aussi bien à la Guerre qu'à la Marine il y a eu, depuis plusieurs années, des négligences du caractère le moins excusable.

C'est un fait aujourd'hui incontesté que la grosse alerte contemporaine de la démonstration de Guillaume II à Tanger, suivie peu après du renvoi, sur les injonctions impériales, de notre Ministre des Affaires étrangères, nous a trouvés désarmés.

Malgré les énormes crédits votés chaque année pour l'entretien de nos forces de terre et de mer, rien n'était en état, rien n'était prêt, et même l'indispensable n'existait pas.

Par exemple, les places de couverture n'étaient point armées et les approvisionnements y étaient nuls ou réduits au minimum.

On en convient à présent. L'esprit de parti ou de clan, si coutumier de recourir au mensonge public, ne peut ni démentir ni pallier ces constatations matérielles. L'inspection urgente, qui fut faite à ce moment à la frontière de l'Est, par une délégation de la Commission du Budget, ne laissa aucun doute sur ce néant ou ce quasi néant.

Pour tout dire, il n'y avait même pas de bouches à feu aux embrasures de la plupart des ouvrages avancés, sentinelles de béton chargées d'arrêter au passage les colonnes d'invasion. Les projectiles eux-mêmes, qui auraient dû se trouver, en quantités suffisantes, à la disposition de ces canons absents, non seulement faisaient défaut dans les réduits de ces ouvrages, mais ils restaient encore à fabriquer dans les arsenaux vides.

Est-ce de l'incurie, oui ou non ?

Les habitants de Verdun, de Toul et autres places de première ligne pouvaient, de leurs fenêtres ou du seuil de leurs boutiques, voir passer dans des landaus hâtifs, ou des autos plus rapides encore, des figures soucieuses, sinon effarées, de civils inconnus, à la recherche de notre puissance militaire.

C'étaient tout justement les membres de la Commission du Budget, venus pour vérifier notre armement et chargés de suggérer à M. Rouvier, aux prises à ce moment avec le cabinet de Berlin, quelle attitude il convenait de prendre. La réponse, en substance, fut unanime : « Cédez, cédez à tout prix, nous ne sommes pas en état de nous défendre ! »

Nonobstant, M. André, protégé officiel des Loges maçonniques, continue à promener paisiblement au Bois de Boulogne sa béate silhouette de funeste imbécile, alors qu'il devrait être, depuis trois ans, traduit devant une haute Cour, pour crime de haute trahison.

Mêmes crimes d'incurie dans la Marine qui s'est trouvée de même totalement désemparée, lors de l'émotion de Fachoda.

M. Lockroy, aimable vaudevilliste, tombé depuis dans le gâtisme, avait été investi de la haute mission d'administrer nos défenses navales ! Le régime est familier de ces bouffonneries. Le résultat est que nous n'avions pas une batterie de côte en état de tirer, ni un navire en état de prendre la mer, et qu'il a fallu se soumettre aux conditions de l'Angleterre, malgré le droit qu'elle-même nous avait reconnu de rouvrir la question du Nil.

Est-ce que cette dure leçon a profité à nos gouvernants et corrigé les écarts du régime ? Jugez-en !

Le cabinet Waldeck-Rousseau, auquel il faut, hélas ! très souvent se référer, quand on recherche les causes des maux actuels du pays, avait pris pour Ministre de la Marine M. de Lanessan, qui avait été vaguement médecin.

Radical encombrant et quémandeur de places, on s'était défait de lui, en l'envoyant gouverner l'Indo-Chine.

Mais il avait dû brusquement se démettre de ce gouvernement lucratif, par suite d'une accusation de tripotage qui lui avait valu une sorte de révocation télégraphique.

Sans doute, ce malheur ne laissait pas d'être un titre à quelque chose de distingué, sous ce régime où les hommes tarés sont préférés aux autres, pour la raison qu'on les tient davantage.

Ce n'était point cependant un titre spécial ni déterminant à devenir ministre et Ministre de la Marine.

M. Waldeck-Rousseau ne l'en jugea pas moins digne de la succession de Colbert, et la majorité républicaine approuva ce déplorable choix, malgré la protestation si virulente et d'ailleurs sans réplique que M. Mirman lui fit entendre à la tribune de la Chambre, le 25 Juin 1899.

L'œuvre de M. de Lanessan, qui semble avoir accéléré la débâcle de la Marine, est restée obscure et, pour tout dire, fort suspecte.

Le caractère de certains marchés de construction et d'approvisionnement, qu'à demi-mot on reprochait à ce ministre d'avoir complaisamment passés, suffirait à faire planer sur sa gestion une nécessité d'enquête.

Mais lui refusera-t-on le mérite d'avoir réalisé pour la flotte et pour la Défense Nationale elle-même, un progrès appréciable, si je rappelle qu'on lui doit d'avoir interdit aux équipages de célébrer le Vendredi-Saint ?

C'est M. de Lanessan qui ordonna de supprimer, ce jour-là, les signes de deuil, d'usage immémorial sur tous les navires de la Chrétienté.

Depuis des siècles de Christianisme, la coutume à bord était de chavirer les vergues en pantenne, sous un pavillon descendu à mi-mât et tristement en berne.

M. de Lanessan estima qu'il importait de couper court à cette tradition émouvante et vénérable. Voilà, certes, une œuvre utile et bien conçue, ou je ne m'y connais pas !

C'est lui qui nous a légué cette inconvenance sotte et antifrançaise, et l'on peut dire que c'est jusqu'ici la partie la plus notoire de sa haute administration.

A M. de Lanessan, a succédé une espèce de loustic, connu sous le nom de Camille Pelletan. Celui-ci n'avait même pas, comme son prédécesseur, gouverné ou administré quoi que ce fût.

Bohême depuis l'âge d'homme, non dépourvu, si l'on veut, de bagoût ni d'écritures, mais malpropre et mal tenu, en dépit des progrès de l'hygiène, ses meilleurs amis l'accusaient plaisamment de ne s'être jamais lavé, même les mains.

Aussi, le jour où, embauché par M. Combes, on vit M. Camille Pelletan s'asseoir au banc des ministres, vêtu d'une redingote neuve encore indemne de taches, fut un jour d'hilarité — mais non pas pour la Marine française, qui pouvait tout redouter de cet utopiste, aux prises désormais avec des réalités !

Personne, jusqu'alors, n'avait voulu de M. Pelletan dans aucun ministère, encore qu'on dût l'avoir sur le dos et subir son infatigable censure de raseur de tribune et de couloirs. Et voilà justement l'olibrius qu'on choisit pour gouverner nos escadres !

Le Parlement, qui peut tout, n'a rien trouvé à redire à ce choix malencontreux, à moins qu'il ne l'ait trouvé très drôle. Et, en effet, ce fut la note adoptée, dès après que M. Pelletan eut commencé de donner sa mesure, en déclarant la guerre à je ne sais plus quelle puissance, au cours d'un banquet.

La guerre, l'était, en effet, déclarée, mais à notre propre puissance, à notre Marine, qui lui est redevable des pires désordres, d'une désorganisation, d'une indiscipline et d'une démoralisation sans précédents, dont le spectacle a arraché au président de la Commission du Budget la mémorable apostrophe où M. Pelletan se trouvait qualifié de « péril national ».

On aurait pu ajouter qu'il n'était pas seulement un péril, mais un opprobre.

Trouvera-t-on un autre mot, pour caractériser la conduite du ministre qui a frappé de disgrâce le lieutenant de vaisseau Hourst, pour le fait d'avoir délivré à Tchen-Fou, au risque de sa propre vie, des prisonniers chrétiens que les Chinois allaient martyriser ? Frappé le lieutenant Hourst, pour cet acte d'héroïsme, mais frappé aussi l'amiral Maréchal, pour n'avoir pas puni son lieutenant ! L'amiral en est littéralement mort de chagrin !

Ce fait infâme entre cent autres, s'ajoute à la perte inénarrable du croiseur *Sully* par un favori de M. Pelletan et à l'acte de véritable baraterie qui consomma la perte corps et biens du transport *La Vienne*, disparu sans qu'on n'ait jamais plus reçu de ses nouvelles !

A M. Pelletan a succédé M. Thomson. Les deux précédents étaient des grotesques, de funestes maniaques : voici venir le sinistre judaïsant, sous lequel notre flotte et nos équipages ont été partiellement détruits.

Celui-ci n'avait même pas de profession classée.
Il débuta dans on ne sait quel emploi subalterne,
aux bureaux de la *République Française*, quand elle
était le journal de Gambetta. Il devint néanmoins
député et bientôt factotum des Bertagna, de Bône
et de Philippeville, dont il fut un moment beaucoup
parlé. Cela désignait-il M. Thomson pour relever
la Marine française ? Avoir été phosphatier au
service des Bertagna, est-ce un titre à régir nos
glorieuses escadres ?

Nos escadres, maintenant, en savent quelque
chose, du moins celles de leurs unités de tout rang
qui sont survivantes, c'est-à-dire qui ne furent
point avariées ou coulées, par suite d'explosions,
d'échouements ou de naufrages ; car les accidents
et les désastres survenus sous ce néfaste consulat
du phosphatier sont sans nombre.

Ainsi, par la faute de M. Lockroy, de M. de Lanessan, de M. Pelletan, dont la place est dans le
journalisme, mais qui n'était nullement désigné
pour administrer la flotte française ; par la faute de
M. Thomson, qui peut avoir son utilité pour les
spéculateurs juifs d'Algérie, mais qui n'en avait
aucune, d'aucune espèce, à gouverner la Marine, nos
forces navales sont réduites à fort peu de chose.

Par une destruction lente, progressive et continue de nos vaisseaux de guerre, de nos arsenaux,
de nos poudrières, de nos établissements maritimes,
l'ennemi, quel qu'il soit, qui nous poursuit avec ce
perfide acharnement, nous frappe de coups réitérés
qui, chaque fois, nous enlèvent une part effective
de nos forces ou de nos préparations.

Il s'y ajoute que les secrets de notre défense

navale, comme ceux de notre défense continentale sont invariablement déjoués par des imprudences ou livrés par des traîtres juifs.

De sorte que la mise hors de combat de notre flotte s'effectue peu à peu, unité par unité, et les pertes subies ne sont pas aisément réparables, à cause de la lenteur de nos reconstructions.

Si l'escadre russe mouillée à Port-Arthur a été, dès la première heure, avant même guerre déclaée, annihilée par l'irruption subite des torpilleurs japonais, nos escadres sont de même, sinon annihilées, du moins très amoindries, par des attentes aussi perfides et plus persévérantes.

Qu'ont fait les ministres, pour prévenir un tel préjudice, qui paralyse sous toutes les formes notre défense navale ? Comment leur responsabilté ne serait-elle pas gravement engagée, lorsqu'il s'agit de pourvoir à de simples approvisionnements ? Si un ennemi inconnu nous traque d'une façon si clandestine, encore est-il hors d'état de nous empêcher d'avoir, sur ceux de nos bateaux qui ne sont pas perdus et dans les ports de guerre auxquels ils se rattachent, les approvisionnements indispensables.

Ces approvisionnements sont inexistants et l'on ne répond même pas aux rapports de nos officiers qui les signalent avec une discrète fermeté.

Il a donc fallu que, sous une forme qui a de suite saisi et frappé l'opinion publique, le commandant de notre première escadre fasse savoir qu'il n'était pas en état de soutenir un combat de plus de trois heures.

Il s'est sacrifié pour que cette déclaration fût enfin entendue.

On l'a puni pour cette parole, qui viole l'obligation disciplinaire du silence, et l'on a bien fait. Mais c'est à une condition : à savoir que les ministres responsables, qui ont mis la flotte en cet état seront, eux aussi, punis comme ils méritent de l'être, c'est-à-dire par un arrêt de haute trahison, les condamnant selon la loi à la déportation ou au bannissement.

Cette justice distributive est nécessaire. Elle s'impose, elle s'imposera tôt ou tard, et le Parlement qui aura négligé d'y pourvoir en portera lui-même, devant le pays irrité, la grave responsabilité.

Faute d'avoir déféré à temps aux juridictions constitutionnelles établies pour cela, les ministres coupables, c'est le régime tout entier, ce régime de députés et de sénateurs omnipotents, uniquement occupés de la question ministérielle, qui assumera solidairement le poids des justes ressentiments et des justes colères du pays.

Qu'une défaite survienne, hélas ! et ce peuple, qui a tout donné sans compter pour sa défense, s'apercevant trop tard qu'il a été affreusement trompé par cette poignée d'hommes de la conjuration parlementaire, leur fera chèrement, aveuglément expier et sa déception et son désastre.

Le châtiment s'abattra au hasard, sur cette oligarchie égoïste et cupide, qui n'aura, en définitive, gouverné et vécu que pour elle, et chez qui toutes les émotions et toutes les anxiétés nationales n'auront pas eu d'écho, du moment qu'elles ne se monnayaient point en partages de portefeuilles.

C'est ce qu'on a senti hier, c'est ce qu'on a senti depuis vingt ans et plus, et cette déplorable impression n'échappe point au public.

Il faut donc le dire : la mise en accusation des ministres responsables n'est pas seulement une mesure de justice, elle est aussi une mesure de précaution.

Il vaut encore mieux être jugé, même sévèrement, par une haute Cour, composée d'amis politiques, que par une foule exaspérée siégeant à quelques mètres d'une rivière ou d'un peloton d'exécution.

XIX

HUMANITAIRES !

10 Janvier 1903.

Nombre de Français de notre temps, infiniment « sensibles », comme disaient leurs pères, professent l'horreur du sang versé. Dans cet engrenage philosophique, ils vitupèrent — et comment ? — jusqu'à la patrie qui leur donna le jour et jusqu'aux soldats institués pour la défendre, pour frapper et mourir en son nom. Jouir est leur maxime et leur règle de vie. Tout leur décalogue de morale tient en ce seul mot. Ils écartent, d'un geste passablement hébété, veule et pusillanime, toute complication belliqueuse de nature à contraindre les hommes à s'ébrouer pour l'action, à s'aligner sur les rangs, à s'y battre et s'y sacrifier pour le salut commun. La guerre, qui fut de tout temps la plus noble et souvent la plus féconde convulsion des peuples forts et des peuples libres, leur apparaît comme une monstruosité à la fois barbare et imbécile. Suivant leur jargon, ils sont des humanitaires, des libertaires, des solidaritaires, des fraternitaires..... Leur programme affiché, sinon poursuivi, c'est la Raison, la Paix, la Science..... Oui, monsieur, la Science !

Nonobstant, pour la défense de leur société matérialiste, pourrie jusqu'aux moelles de tares honteuses et de corruptions renaissantes, destituée par conséquent par ses propres crimes du droit de punir des criminels primaires qui ne sont plus au milieu d'elle que des maladroits, tombés exceptionnellement aux mains de la gendarmerie, ces pacifistes et scientifiques humanitaires, prodigieusement illogiques, réclament et votent la peine de mort !

Il ne leur déplaît nullement, à ce qu'il semble, de voir rétablir et fonctionner sur leurs places publiques, aux regards des foules assemblées, la plus abjecte et la plus répugnante des mécaniques à verser le sang, c'est-à-dire la guillotine. Ils crient; « Vive la guillotine ! » de la même voix qu'ils disent : « Ni dieu ni maître ! » de la même voix qu'ils traitent de « brutes galonnées » les officiers à qui ils destinent, toujours par humanité, les premières balles.

C'est le moment où, selon la forte expression de Taine, des cuistres on voit sortir les bourreaux.

Grâce à eux, la guillotine oubliée, que nos pères, bercés des mêmes contradictions d'idéologie et des mêmes songes creux d'idylle universelle, avaient inventée et dressée contre eux-mêmes, horriblement, va de nouveau sortir de ses sinistres repaires, graissée, lustrée, fourbie, et promener sur le territoire de la République sa typique silhouette et son personnel spécial de bureaucrates d'abattoir.

J'ajoute que ces humanitaires, si délicats en leur justice sociale, n'hésitent point, pour leur simple bien-être politique, pour la simple satisfaction de leurs accords et de leurs combinaisons de cabinets particuliers, à capricieusement couper le cou à des êtres humains, oubliés dans leurs geôles depuis sept mois et plus, ce qui est vraiment le comble de la fraternité scientifique et de la solidarité bien entendue.

Pendant que ces humanitaires « jouissaient », des êtres humains vivaient dans une angoisse indicible, une angoisse telle que la nature elle-même, si marâtre soit-elle, a voulu l'épargner à l'homme : celle de savoir quand et comment il doit mourir.

Eux, les condamnés, savaient quand et comment ils allaient mourir. Chaque matin, à l'aube, dressés hagards sur leur couchette, leur oreille se tendait vers les bruits de corridors, pour y percevoir le bruit insolite d'une arrivée de gens venant leur dire : « Levez-vous, le moment est venu de mourir ! »

Sept mois, c'est-à-dire sept fois trente ou trente et un jours, soit environ deux cent dix jours, ce supplice inénarrable, abusivement prolongé par les dissentiments politiques de ces messieurs, a été celui des êtres humains condamnés à la mort.....

Le vent change. Les jurys s'émeuvent, les députés sont inquiets de leur réélection, les ministres craignent pour leurs portefeuilles, l'homme subalterne de l'Élysée est lui-même pris à partie et malmené..... Que faire ?

C'est bien simple pour ces humanitaires. On a sous la main ces êtres humains disponibles, légalement voués à la guillotine, en vertu des formalités usuelles : eh bien ! coupons-leur le cou et tout le monde sera content.

Quelque opinion qu'on ait sur la peine de mort, il ne saurait être indifférent de montrer à quel point, dans cette étrange pétaudière de gouvernement humanitaire que nous avons, même cette suprême chose si grave est traitée par-dessous la jambe, entre deux coups de Bourse.

Allons donc au fond des choses et sachons en rapporter quelques lambeaux de vérité.

Oui, la peine de mort est nécessaire, pour imprimer la terreur à ceux que la peur du supplice a seule le pouvoir de faire réfléchir. Mais, appliquée de cette façon, comme qui dirait en loterie, au gré des circonstances et des fluctuations hasardeuses des passants qui gouvernent et qui se gobergent, sans souci du lendemain social qu'ils nous préparent, la peine de mort n'est plus qu'un sanguinaire expédient, le plus atroce et le plus répugnant de tous.

Il ne faut pas voir seulement les contingences, se demander en combien de morceaux les meurtriers justement condamnés ont dépecé leurs victimes, et à l'aide de ces détails émouvants agir sur les nerfs pour déplacer l'axe du sens commun.

Certainement, les misérables qui gémissent au fond des prisons, dans l'attente de l'exécuteur des arrêts de justice, ont mérité l'ultime châtiment ; mais franchement, nous qui sommes dehors, libres et maîtres de nos sensations et de nos jugements, nous ne pouvons pas acquiescer pleinement à cette manière désordonnée de les punir.

Nous voyons à quoi cela tient, à quelles subtilités, à quelles querelles, à quels intérêts mesquins et personnels est sacrifié ce sang, si criminel qu'il soit. Et nous qui sommes non pas des humanitaires de profession, mais des cœurs humains par nature et par éducation chrétienne, nous disons hautement que punir ainsi, par bouffées, par chic, par politique, par expédient, c'est ne pas punir utilement, c'est rétrograder dans l'odieux et dans la barbarie.

Et, au surplus, ce n'est pas quand une société, sous l'empire d'une secte dont le pouvoir repose sur l'imposture, a aboli en fait toute loi de morale, déserté toutes obligations essentielles de la famille, utilisé la science pour frelater jusqu'aux aliments, offrant, dans ses nouvelles classes dirigeantes, le plus scandaleux spectacle de toutes les dissolutions et de toutes les immoralités, que le sang doit officiellement couler pour son salut.

Dans une telle société, l'apache qui tue pour se procurer de l'argent n'est qu'un niais, un sot ou un rebelle, alors qu'en prenant exemple sur ses honorés maîtres, il se procurerait tout l'argent qu'il voudrait, sans avoir à chouriner ouvertement personne et rien qu'en imitant ce que font chaque jour parmi nous les plus habiles et les plus considérés de ces coquins.

Forain, qui a le don des légendes brèves et saisissantes, me disait en montrant un de ces palais juifs qui s'élèvent on ne sait comment, sur des ruines subites de gens dévalisés : « Combien de larmes et de suicides à coûté ce palais ? »

C'est par ces justes observations, renouvelées

sans plus des prophètes d'Israël et des Pères de l'Église, que les moralistes français peuvent accueillir en conscience ce que j'appellerai les fantaisies de la peine de mort.

Et pour y ajouter, par surcroît, l'autorité de l'Évangile, je dirai : « Que celui de nos dirigeants qui est sans reproche, que celui même de nos dirigeants qui a volé moins d'argent que le plus coupable de ces condamnés vienne donc, en toute justice sociale, lui lâcher sur le cou le déclic du couperet ! »

XX

La Condition des Catholiques
EN ALLEMAGNE

24 Février 1909.

Après le débat public, qui souligna si clairement combien est devenue difficile la condition religieuse faite en France aux officiers catholiques, nous désirâmes nous informer des solutions que d'autres gouvernements, encore plus intéressés que le nôtre à éviter les conflits confessionnels, avaient dû apporter à ces délicates questions.

L'Allemagne notamment importait à consulter — et pour bien des raisons.

D'abord, en matière d'organisation militaire, son modèle, breveté par la victoire, reste le plus copié.

Ensuite, la majorité de sa population est protestante, ce qui semble imposer aux catholiques allemands certaines réserves et certaines discrétions, qu'ils n'ont point à garder au même degré, dans un pays où ils sont, comme ici, l'immense majorité (37 millions sur 38).

En outre, les catholiques d'Allemagne n'y sont point seulement une communion religieuse. Ils y sont ouvertement un parti politique, un parti militant, un parti d'opposition donnant de la tablature au Reischtag, au gouvernement, à l'Empire, à l'Empereur lui-même. Par conséquent, si l'on trouve légitimes les mesures auxquelles notre gouvernement a recours, contre les militaires catholiques français, sous couleur que le catholicisme français ne saurait s'abstraire de visées politiques, ces mesures seraient encore bien plus légitimes en Allemagne, où tous les catholiques font délibérément de la politique et de la politique d'opposition.

Enfin, dernière raison, non la moindre : l'armée allemande elle-même est le reflet, sinon l'image, des États confédérés de l'Empire. Les contingents de Saxe, de Bavière, de Wurtemberg, de Pologne, de Hanovre, de Sleswig qui y sont incorporés, concurremment avec les contingents prussiens ou alsaciens-lorrains, y apportent leur foi différente, leur particularisme confessionnel et même politique. Que tout cet agrégat composite et hétérogène cesse d'être fortement maintenu par le lien fédéral, par le lien impérial, et le faisceau disloqué tombe à terre. Si donc l'unité d'esprit, comme on l'entend ici, fut jamais nécessaire à une armée, c'est beaucoup moins à l'armée française, si parfaitement unifiée, fondue et homogène dans ses éléments constitutifs, qu'à l'armée allemande, où la seule discipline militaire ne suffit pas à répondre de la sécurité de l'État.

Cependant, et malgré tout cela, quelle est donc, en Allemagne, la condition des militaires catholiques ?

Elle est incomparablement meilleure qu'en

France. Dans ce pays classique du caporalisme et de l'autocratie éperonnée, où les ministres civils eux-mêmes montent à la tribune en tenue de cuirassier ou de hulan, les moindres soldats catholiques, et à plus forte raison les officiers, sont infiniment mieux traités. On use à leur égard d'une si parfaite convenance, d'une correction pour ainsi dire si attentive et si prévenante, qu'on éprouve positivement quelque honte de la triviale muflerie qui préside ici à ces choses respectables.

Et déjà, remarquons avec quelle délicatesse de vocabulaire on définit, administrativement, en Allemagne, l'organisation religieuse des corps de troupes. Littéralement, on appelle ce service « la charge d'âmes militaires » (militarseelsorge).

L'expression n'a pas du tout, comme on le voit, la sécheresse bureaucratique qu'on supposerait volontiers d'un règlement prussien. Elle évoque de préférence une pensée de sollicitude quasi maternelle, jointe à une intentionnelle et active prescription de vigilance. Elle signifie hautement qu'il y a lieu de prendre souci de l'âme des militaires ; que c'est un devoir, une obligation, une charge, le mot y est, presque aussi nécessaire que celle de les nourrir, de les habiller, de les conduire à l'exercice ou au feu.

Pour y pourvoir, qu'a donc prévu le règlement allemand ?

D'abord, à l'encontre de chez nous, ce n'est pas le ministre, si puissant et si obéi qu'il soit, qui s'arroge droit de juridiction religieuse sur les officiers et les soldats catholiques : c'est plus logiquement un évêque.

Il faut venir en France et sous l'espèce de république à l'envers que les huguenots et les Juifs nous ont fabriquée, pour voir un ministre départager à son gré les choses qui relèvent de la religion de celles qui relèvent de la discipline, ou de celles qui relèvent de la politique. La démarcation est si subtile et si pharisaïque, entre la manifestation purement religieuse et la manifestation à qualifier de politique, que le procès de tendance y est forcément embusqué, avec son cortège d'iniquités arbitraires, et que le pouvoir du ministre soi-disant républicain sur la conscience des militaires et de leurs familles est odieusement discrétionnaire.

La liberté de conscience des catholiques de l'armée allemande est autrement comprise et autrement garantie. C'est un évêque résidant à Berlin, avec le titre officiel de Prévôt religieux de l'armée de terre et de mer, qui seul a juridiction, pour apprécier les actes religieux des officiers et des soldats. Il est placé pour cela près du ministre ; il fait partie pour cela des conseils du gouvernement, où il a rang de membre du ressort des cultes aux départements de la Guerre et de la Marine. Actuellement, c'est Mgr Vollmar, évêque titulaire de Pergamen, qui remplit cette haute mission. C'est lui qui nomme tous les aumôniers divisionnaires et qui dirige le service religieux catholique de l'armée allemande et des équipages de la flotte.

Non seulement cet évêque militaire a sous son autorité tout un clergé militaire et naval, mais il communique directement avec l'armée et la flotte par deux publications : une revue destinée à son clergé et une petite gazette hebdomadaire qui est distribuée aux soldats.

A Metz, où campe le 16e corps, il n'y a pas moins de six aumôniers ; à Strasbourg, l'aumônier en chef, qui a rang de prélat romain, donne ses soins religieux au 14e corps badois et au 15e alsacien, avec l'aide de huit aumôniers. Dans les petites garnisons, au nombre de 204, où il n'y a pas d'aumôniers militaires, c'est le curé ou desservant de l'endroit qui y supplée, et qui passe, pour ce ministère spécial, de la juridiction de l'ordinaire sous la juridiction de l'évêque militaire.

A Metz, que je cite plus tendrement, parce que la chère cité nous tient plus au cœur, le service religieux de toute la garnison se fait à la cathédrale, avec musiques et chœurs militaires, et le trésor de l'armée n'hésite point à payer pour ce service 3.600 marks de location.

L'accès des casernes, des forts, des hôpitaux est librement ouvert, à toute heure, aux ministres des différents cultes, qui vont y visiter à leur gré les officiers et soldats de leur confession, sans que cela paraisse à personne une manœuvre contre le gouvernement. Bien plus, ces ministres organisent des réunions, des instructions, des prêches aux soldats, sur des thèmes d'apologétique, de morale, d'histoire, de sociologie, avec toute latitude d'enseigner selon les préceptes dont ils sont les naturels interprètes. Il est donc superflu d'ajouter qu'en Allemagne il ne viendrait à l'esprit de personne de considérer comme un factieux le prêtre catholique qui enseignerait aux soldats la supériorité morale du mariage définitif et indissoluble, selon l'Église, sur les mariages résiliable et temporaire qu'a institués notre loi civile. Encore une fois, il faut venir en France, pour entendre les pédantes stupidités qu'on a débitées à ce propos dans la dernière discussion au Parlement, et au sujet desquelles le ministre a cyniquement frappé des officiers ayant assisté aux conférences catholiques de Laon.

Ce parallèle pourrait se poursuivre, hélas, à notre confusion croissante. J'ai hâte de signaler le trait qui marque peut-être avec le plus saisissant relief le respect qu'on professe en Allemagne pour la conscience du soldat. Il est dans cette imposante cérémonie, à la fois religieuse et militaire, qu'on appelle le serment des recrues.

Ici, où l'on fait semblant d'être un gouvernement démocratique et où la démocratie, qui n'en peut mais, fait tous les frais de la phraséologie politique, on se tordrait de rire si quelqu'un s'avisait de prendre au sérieux le serment politique d'un simple soldat, d'un pauvre petit paysan ou d'un humble ouvrier, fraîchement incorporé dans ses godillots. Au regard de nos maîtres, cette engeance n'est bonne qu'à trimer, à voter et à payer ; quant à ses serments, on s'en..... moque.

En Allemagne, pays aristocratique et encore féodal, où la démocratie est un peu moins célébrée, on la respecte assurément davantage, puisqu'on fait hautement crédit à la parole du moindre de ses enfants, lorsqu'il « jure de garder fidélité politique » à son gracieux souverain, d'observer exactement » les prescriptions de la discipline, les ordres et les » commandements qui lui seront donnés et, avec

» l'aide de Dieu tout-puissant, de se conduire en
» homme honnête et courageux, aimant son devoir
» et son honneur » (textuel, selon la formule
allemande).

On estime donc en Allemagne, contrairement
à l'opinion courante, que le soldat n'est pas seulement un automate à porter des armes et des buffle-
teries ; mais une créature morale, en possession
d'une âme, dont il y a lieu de se préoccuper, et d'une
conscience qui a besoin, elle aussi, d'être respectée,
entretenue, astiquée, à l'égal pour le moins d'un
fusil à chargeur ou d'une plaque de ceinturon.

XXI

Coq en Pâte

5 Mars 1909.

Il n'est rien de tel, pour jouir pleinement des plaisirs de la vie exotique, que d'avoir violé et assassiné une fillette de treize ans, d'avoir été, en raison de ce double crime, condamné à mort et gracié par le chef de l'État.

Ceci équivaut à dire que nous avons reçu des nouvelles de Soleilland, que ces nouvelles sont bonnes, que l'aimable garçon se porte à merveille, qu'il est traité au bagne avec des égards, on peut même dire avec sollicitude, et que si l'expression n'existait pas, il faudrait créer pour lui celle de « coq en pâte ».

C'est à la Guyane qu'on l'a transporté ; mais non point aux mauvais endroits de cette colonie pénitentiaire, aux meilleurs. Au lieu de le confiner au Maroni ou au Kouron, qui ne sont point, à ce qu'on assure, d'une salubrité parfaite, on lui a assigné, comme résidence, le plateau dénommé de l'Ile Royale, où la brise de la mer, tamisée par les cocotiers, est, positivement, par les jours et les nuits de grosse chaleur, tout à fait délicieuse.

Dans les loisirs que lui laisse son métier de peintre

en bâtiments, qu'il exerce là-bas comme à Paris, Soleilland fait sa sieste, il déjeune de lard, de daube et de légumes, se paye volontiers du dessert acheté à la cantine et achève son repas par un petit verre. Après quoi, la digestion faite, il retourne à ses pinceaux et à son badigeon, avec, sans doute, les joyeuses chansons que tous les peintres en bâtiments se plaisent à chanter du haut de leur échelle.

Tel est le résumé des derniers renseignements, qui nous sont heureusement parvenus de la Guyane, par l'intermédiaire de notre confrère Jacques Dhur, qui, ayant su se créer, dans les bagnes de la République, d'utiles relations, entretient, avec quelques-uns de nos forçats les plus célèbres, d'intéressantes correspondances.

Sans être cruel ni féroce à l'excès, on estimera peut-être qu'un traitement aussi favorable, accordé à un scélérat comme Soleilland, n'est pas pour inspirer beaucoup de résignation aux malheureux qui, bien que n'ayant jamais fait aucun mal à personne, ont une existence autrement difficile.

Combien de travailleurs des champs et de la ville, qui n'ont pas un reproche à se faire et qui ont honnêtement trimé soir et matin pour élever proprement leurs fillettes, seraient relativement soulagés, s'ils avaient seulement la vie assurée de ce misérable assassin de petites filles.

Supprimez le déshonneur du bagne, l'infamie de la condamnation, succédant à l'infamie du crime, et demandez-vous si, après tout, ce n'est pas une existence relativement commode que celle d'un déporté traité comme l'est celui-là.

D'abord, le plus gros des soucis qui assiègent l'homme libre, lui est épargné. C'est celui de l'incertitude du lendemain, celui de savoir si l'on pourra donner à manger aux siens, si l'on mangera soi-même, si l'on pourra payer le loyer du logis qui vous abrite, si l'on pourra, sans essuyer l'humiliation de l'hôpital, se procurer les soins nécessaires à la santé, c'est-à-dire au travail quotidien, car la maladie, c'est le chômage et c'est, par conséquent, la misère. Ah ! tout n'est pas rose, dans le dur métier d'honnête homme !

Par contre, tout est trop rose, désormais, dans le métier de criminel. La peine de mort ayant été supprimée, même pour les monstres qui l'eussent méritée cent fois pour une, voyez comme le châtiment des plus coupables est léger à côté de leur crime !

C'est, à n'en pas douter, un contraste presque démoralisant et l'on se demande si, au lieu de raconter ces choses, qu'il faut cependant savoir, on ne ferait pas mieux de les taire, de peur que la suggestion qui s'en dégage ne fasse pencher du côté du crime, des volontés déjà ébranlées et chancelantes, que l'occasion détermine.

D'ailleurs, je n'ai pas dit encore ce qui nous est révélé de plus scandaleux, et qui donne du régime une caractéristique religieuse aussi suggestive qu'inattendue.

Il paraît que de charitables personnes, qui ont vraiment de la bonté de reste, s'intéressent à Soleilland et lui expédient de France à la Guyane de l'argent, des douceurs, et, comme qui dirait, des friandises.

Ces personnes seraient des dames de la haute société protestante, qui auraient pris ce misérable sous leur protection, sous prétexte qu'il serait converti à la religion réformée et qu'il afficherait, là-bas, les dehors d'une piété qui ne peut être qu'une hypocrisie de plus ajoutée à ses forfaits.

En vérité, pourrait-on dire, est-ce que ces dames, si sensibles, n'ont pas de sujets plus dignes de leur mansuétude ? Lorsque tant de pauvres gens, qui, encore un coup, n'ont fait que leur devoir en ce monde, sont parfois si gênés et si près de leur faim, si assiégés d'embarras de tous genres et d'afflictions si souvent imméritées, il est quelque peu révoltant de penser que c'est au scélérat qui fut sans pitié, que va de préférence la pitié de ces étranges bienfaitrices.

Pour s'expliquer l'anomalie de cette bienfaisance un peu bien dévoyée, il suffit de se rappeler que la propagande protestante revêt ici toutes les formes et se sert de tous les moyens, pour s'infiltrer dans ce vieux pays catholique.

Un condamné à mort du nom de Peugnez, qui attendait à la Roquette la visite matinale de M. Deibler, n'avait-il pas imaginé de se convertir au protestantisme et de faire appeler sur-le-champ le pasteur protestant au lieu de l'aumônier catholique?

Sans doute, ce n'était, pas plus que chez Soleilland, la piété qui étouffait ce scélérat, non plus que le besoin de prier selon Calvin le Dieu que son crime offensait. Mais il avait certainement entendu dire, même dans son monde, qu'à défaut d'être juif, le protestantisme est une carrière qui, sous ce règne, mène à tout, procure toutes les faveurs et qu'en se faisant huguenot, même à la Roquette, personne n'oserait plus lui refuser sa grâce.

Ce fut trop tard, il eut le cou coupé.

De tout cela résulte l'impression dont chacun pourra se sentir animé, qu'il y a décidément quelque chose de détraqué dans le vieux bon sens français : qu'à voir ce qui se passe, aussi bien dans le domaine des choses que je viens d'écrire, que dans les autres, on se croirait, parfois, dans une maison d'aliénés.

Comment tout cela finira-t-il ? Par quel orage inopiné, par quel ouragan aussi soudain qu'imprévu, l'atmosphère d'insanités dans laquelle nous étouffons, sera-t-elle purifiée ? C'est le secret de l'avenir. Mais il est bien certain qu'on déraisonne beaucoup trop en France, dans toutes les classes de la société et que cela ne peut pas durer longtemps comme cela.

XXII

L'ÈRE DES SÉDITIONS

17 Mars 1909.

Après les instituteurs, les étudiants, les médecins, les électriciens, les inscrits maritimes, après les contribuables du Midi et peut-être d'ailleurs, les soldats du 17e, après tant d'autres rébellions, dont le dénombrement détaillé tiendrait plus que la colonne, voici les postiers et les télégraphistes en révolte.

C'est décidément l'ère des séditions.

Je n'irai pas jusqu'à prétendre qu'il nous soit bien agréable de ne pas recevoir nos lettres et de ne pas pouvoir expédier un télégramme, mais je sais beaucoup de Français, cependant hommes d'ordre et de bon sens, qui accepteraient volontiers de subir ce désagrément pendant quelques jours, s'il devait avoir pour conséquence de nous débarrasser de l'aimable oligarchie qui nous gouverne.

C'est dire assez clairement que beaucoup de Français deviennent aisément grabugistes, par haine de cette clique parasitaire de deux mille individus environ, qui constitue et représente le régime actuel.

Au surplus, si les agents des postes, en révolte depuis trois jours, ont quelques torts dans la forme, ils paraissent avoir raison au fond et leur mutinerie n'est pas sans motifs explicables.

Le principal de ces motifs est celui qu'on rencontre aujourd'hui dans presque toutes les séditions de petits fonctionnaires. C'est toujours le même, c'est-à-dire l'irritation causée par le favoritisme, qui sévit depuis dix ou douze ans avec une intensité qu'on n'avait jamais vue.

Il faut avoir coudoyé si peu que ce soit notre monde officiel, pour savoir ce qu'il est et de se rendre compte que ce monde est devenu une véritable caste, superposée à tout un peuple.

Celui-ci jouit bien de l'accès nominal à toutes les fonctious, soi-disant par le concours (et quels concours !). Mais cela n'existe, en réalité, que jusqu'à un certain degré de la hiérarchie, qui ne va guère au delà de sous-chef. Passé ce degré, tout ou presque tout est plus ou moins attribué à la caste, par privilège politique et même par privilège de naissance. Car chacun case ainsi, le mieux et le plus vite qu'il peut, au nom de la politique nécessaire, ses progénitures légitimes et illégitimes, ses collatéraux, ses parents pauvres, ses maîtresses et les amis de ses maîtresses, ses créanciers, ses fournisseurs, ses agents, ses sportulaires, ses réclamants de tout poil susceptibles de devenir des gêneurs.....

Les dix ou douze ministres et sous-secrétaires d'État qui, à chaque changement, se succèdent au ratelier de l'écurie ministérielle, traînent à leur suite, comme attachés de cabinet, les fils de juifs et les fils de huguenots qui sont faufilés dans l'intimité des ministres, pour le service de renseignements des papas. Ils absorbent ainsi, en chefs et chefs-adjoints, sous-chefs et sous-chefs-adjoints de leur cabinet et de leur secrétariat et des offices disponibles de leur département à la nomination du ministre, tout ce que les familles des sénateurs et des députés ont de jeunes gens à placer. Et il faut les placer avec le bouton, la plume de paon, le titre ou le rang qui convient à la situation du père, de l'oncle, du beau-père ou de « l'ayant droit ». Si bien qu'avant vingt-huit ou trente ans, tout ce monde parasitaire de petits carnassiers, nés et poussés à la ménagerie, est d'abord décoré (ce qui est la moindre des choses) mais nanti et pourvu d'une fonction rétribuée, sûre et de tout repos, permettant de parcourir à loisir, aux dépens du pauvre monde, une carrière exceptionnelle.

Telle est la vérité, même très atténuée.

Il faut se rappeler le mécontentement populaire que provoquèrent, sous l'ancien régime, les faveurs accordées par la reine Marie-Antoinette à des amies personnelles, comme Mmes de Lamballe et de Polignac, sous forme de pensions ou de dignités honorifiques. Que l'on compare donc ces très petites choses au favoritisme illimité de maintenant, à cette indécente et insatiable ruée de la chienlit officielle sur un budget annuel de quatre milliards! On se sent saisi d'inquiétude, à la pensée du sort qui attend au *dies iræ, dies illa,* la plupart des députés et des sénateurs du « Bloc », s'ils doivent en être châtiés comme le furent Mme de Lamballe et Marie-Antoinette elle-même.

Ce régime est d'autant plus sot et imprévoyant d'en agir ainsi avec ses fonctionnaires, qu'il sait, à n'en pas douter, que, sans eux, il ne pourrait pas tenir.

Quand un gouvernement a pour soi les sympathies actives du pays, l'assentiment manifesté de la généralité des citoyens, le dévouement et la fidélité des forces publiques, le concours effectif de ce qu'on appelle les Intérêts, les fonctionnaires n'y ont pas sujet d'être exigeants, parce que le salaire privilégié qu'ils reçoivent est presque supérieur au service qu'on attend d'eux.

Mais quand un gouvernement a, comme celui-ci, perdu les sympathies nationales; que l'assentiment des électeurs ne lui est plus donné qu'au prix d'expédients et de fraudes; que les corps constitués se moquent de lui, que son armée, sa marine, sa police, livrées aux plus détestables exemples d'indiscipline et de démoralisation, n'obéissent plus qu'à grand'peine, méprisant en leur for intérieur la bombance et l'imposture qu'elles protègent; que les Intérêts sont eux-mêmes, alarmés comme à plaisir, par d'incroyables sottises financières ou fiscales, c'est autre chose. Les fonctionnaires ont bientôt fait de concevoir cette idée simple, qu'étant le seul point d'appui d'un tel gouvernement, ils peuvent de lui tout prétendre et tout exiger.

Les agents des postes ne vont même pas jusqu'à cet excès, jusqu'à ce chantage. Ils disent qu'on leur a promis des garanties pour leur avancement régulier, et que ces garanties leur sont retirées, par des expédients de police tendant à restaurer contre eux le régime de la faveur. Ils disent que les proportions d'ancienneté et de choix, qui devaient être leur charte, ont été inappliquées ou méconnues, depuis deux ans déjà, et qu'on ne leur a donné, en échange, qu'un surcroît de travail. Bref, ils ont des sujets de plainte. Comme on ne veut rien écouter en haut lieu, pas plus ces plaintes-là que les autres ; qu'on y est grisé par une longue impunité et qu'on se fie à M. Lépine, seul, pour tout contenir et pour arranger à coups de poings tous les mécontentements, les agents des postes ont, sinon saboté, du moins lâché leur service.....

C'est bien fâcheux, assurément, mais, encore une fois, s'il est très ennuyeux d'avoir par hasard des lettres en retard et des télégrammes en souffrance, il est encore bien plus ennuyeux d'avoir sur le dos et à perpétuité un gouvernement comme celui-là. Il ne peut même plus se faire respecter ni obéir de ses fonctionnaires! De sorte qu'au lieu de révoquer les fonctionnaires, on se demande si vraiment il ne serait pas plus pratique, plus court et plus profitable de révoquer ce gouvernement.

Je dis cela, sans amertume ni arrière-pensée, car j'ai borné depuis longtemps mes vœux politiques à l'organisation rationnelle d'une république propre et habitable qui, nous délivrerait simplement — ce n'est pas beaucoup demander — des maniaques, des imbéciles et aussi de quelques canailles qui encombrent celle-ci.

Pourra-t-elle se maintenir, en face des servitudes effroyables qu'elle s'est créées et qui la débordent !

Au lieu de s'appuyer logiquement, naturellement, sur la nation elle-même, elle a entrepris, surtout depuis 1899, de s'imposer, bon gré mal gré, contre le gros de la nation, par le moyen d'organismes de combat, instituteurs, fonctionnaires, débitants, comités, délégués, syndicats, etc.

Or, ce sont précisément ces organismes surajoutés de renforcement ou de soutien qui sont aujourd'hui, sinon en révolte, du moins en humeur de révolte. Ils ont pris conscience que, sans eux, tout serait par terre et ils se font payer ce qu'ils valent. C'est bien clair.

Toute l'oligarchie de pacotille qui constitue le régime actuel et qui se chiffre par quelques centaines d'individus, dont chacun se sait à la merci de ce que je viens de dire, est donc forcément destinée à s'aplatir et à abdiquer, devant les exigences croissantes de ceux-là mêmes qu'elle a érigés en arbitres de son pouvoir.

Est-il un esprit sensé, pour dire qu'une situation si anormale puisse durer ? Elle est littéralement impossible et intenable pour un gouvernement, et je crois être fort modéré en disant : « S'il en est temps encore, faites-nous une république mieux ordonnée, ou sinon, personne, d'ici à peu, ne répondra plus de rien — pas même M. Lépine. »

XXIII

BIEN FRANÇAIS !

—————

24 Mars 1909.

Si quelque chose permet de saisir et de fixer le caractère des Français, comme le ferait un instantané photographique, c'est ce qui vient de se passer à propos des comptes de la Marine. La Cour des Comptes en examinant les budgets écoulés de ce ministère, y a découvert — non sans y épingler des remontrances — que le dernier ministre avait dépensé environ 1.000 francs de fleurs pour ses déjeuners et qu'il faisait blanchir aux frais de l'État le linge de sa maison !.....

Là-dessus, tous les journaux, interprètes et avant-coureurs d'une alerte de l'opinion, sont partis d'une subite et véhémente indignation, qui durerait encore, si la grève des P. T. T. n'était à l'improviste venue les en distraire.

Or, voilà dix ans et plus, car le mal remonte loin, que notre marine de guerre est administrée par des saltimbanques autrement calamiteux et livrée à des déprédations certainement plus criminelles que ces dépenses de fleurs et ces frais de blanchissage, sans que l'opinion ni les journaux qui sont censés la traduire en aient exprimé autre chose que des doléances assez précautionnées.

Et c'est bien là que se marque d'un trait distinctif et positivement séculaire le tempérament des Français de France.

Remarquez-le déjà, dans cette insurrection fuopinée des P. T. T., ce n'est pas, à proprement parler, le grief accumulé des revendications corporatives qui a fait déclancher le mouvement. C'est un mot impoli de M. Simyan, à l'adresse des dames et demoiselles du téléphone, et le fait qu'il leur parlait sans égards, le chapeau sur la tête. Quelqu'un a crié : « Chapeau ! » et la révolution a éclaté.

Je me rappelle, quand j'étais jeune journaliste en province, avoir combattu sans trêve ni repos un député de l'endroit. Il votait et pouvait voter à la Chambre les lois les plus funestes et les ordres du jour les plus irritants, sans que son crédit électoral en fût ébranlé ni amoindri d'une voix. J'avais beau diriger contre lui les critiques les plus acerbes et les plus raisonnables, ou que je croyais telles, rien n'y faisait. Il était toujours réélu, comme il voulait, comme dans un fauteuil. Un jour, cependant, ce député, qui était aussi conseiller général, s'avisa de déposer au conseil général, un petit vœu, un modeste petit vœu de rien, invitant l'administration à suspendre pendant un temps la pêche au brochet dite à l'amorce vive, c'est-à-dire avec un petit poisson vivant attaché à l'hameçon qui attire le vorace brochet et le fait s'y ferrer. Ah ! ce fut vite fini ! A partir de ce vœu, qui ne pouvait assurément causer à la société française ni à la France aucun des sensibles dommages que leur causaient

les lois et les ordres du jour de ce parlementair
inébranlable, sa fortune politique chancela et sa
majorité avec elle. Il ne fut bientôt plus rien, qu'une
épave roulée par le flot et qu'on plaignait de sa
disgrâce, tant elle paraissait puérile et imméritée.

Ce ne sont pas les théories subversives et d'ailleurs changeantes de M. Millerand, ni ses apostasies,
ni ses solidarités officielles avec M. de Galliffet,
fusilleur non repenti de ses vieux électeurs, qui lui
ont dérobé la faveur publique : ce sont les spooms
au vin de Samos.

M. Constans n'est pas tombé du pouvoir pour
avoir présidé à l'hécatombe ouvrière de Fourmies,
mais pour avoir manqué du sang-froid qu'on lui
supposait, en frappant M. Francis Laur.

Lors de la capitulation de Sedan, demandée ou
acceptée par Napoléon III, pour épargner la vie
d'une armée qui ne pouvait plus se défendre,
entourée qu'elle était par une artillerie prête à la
foudroyer, ce n'est pas tant le fait de cette capitulation sans précédent qui fit déborder à Paris la
colère publique, que l'image de Badinguet prisonnier, qui s'en allait dans un landau en fumant son
éternelle cigarette. La cigarette ici l'emportait sur
le désastre, dans la vision spontanée que s'en
représentaient les Français. Ils ne prenaient pas
le temps de réfléchir que même les condamnés à
mort, deux minutes avant d'avoir le cou coupé,
réclament la grâce de fumer une cigarette.

Aucune collectivité délibérante, depuis celle de la
Convention, n'a commis plus de méfaits et excité
plus de ressentiments que celle de nos députés et

de nos sénateurs. Le répertoire de leurs lois mauvaises ou mal faites, de leurs ordres du jour, de leurs résolutions irritantes ou vexatoires formerait un volume du plus révoltant intérêt. Cependant, il a fallu cette bagatelle des six mille francs d'indemnité supplémentaire, ce vote des quinze mille francs pas tête, pour décider instantanément l'indignation et la colère, qui demeuraient hésitantes et comme suspendues.

Il a fallu au vase comble cette goutte d'eau insignifiante pour le faire déborder.

Nos Français avaient supporté des déprédations de plusieurs milliards, ils n'ont pu supporter les quinze mille francs !

A tout instant, dans notre histoire politique, vous pouvez retrouver la trace de ce *leit motive*, de cette aile de moineau qui tout à coup décroche les avalanches.

Le 18 Août 1572, se célébrait à Notre-Dame le mariage d'Henri de Navarre, futur Henri IV, avec Marguerite de Valois, prochaine reine Margot. Vous pouvez penser s'il y avait affluence et si les reporters d'alors auraient pu se passer de l'un à l'autre pour les journaux du soir les « reconnu dans l'assistance..... »

Naturellement, tout le gratin de Paris et des Provinces était là, avec des cartes et des coupe-files délivrés par le Lépine du moment, tandis que les forces de police contenaient la foule massée aux abords de la cathédrale.

Or, il arriva que, la cérémonie à peine commencée, tous les mirliflors huguenots de la suite du marié affectèrent, comme le font nos Francs-Maçons de maintenant, de refuser d'entrer à l'église, et de se tenir à l'écart, sur le parvis et sur la place, en ricanant, en se fichant du monde, en haussant les épaules au passage des retardataires, qui accouraient à la messe pour n'en rien perdre, enfin, une attitude déplorable, pour des gens de cour supposés bien élevés.....

Six jours après, le 24 Août, la population parisienne, qui avait vu leur tenue indécente et en avait été fort choquée, les massacra sans plus dans les rues de Paris. Et cependant, elle avait supporté jusque-là, presque sans résistance, trente ans de conjurations, de désordres, d'exactions, de pillages, d'assassinats, de trahisons, et de guerres civiles, de la part de ces messieurs, dreyfusards du XVI° siècle.

Devant leur impertinence, ajoutée à tant de maux, cette population n'avait pu en supporter davantage. Au surplus, cette fureur si soudainement éclatée, pour un futile motif, se communiquant, comme par commutateur électrique, aux populations des Provinces, celles-ci en agirent de même, tant elles en avaient également plus qu'assez de tout ce qu'elles avaient essuyé de mauvais traitements.

Les frais de blanchissage du ménage Thomson, faisant de même déborder la coupe des colères nationales, nous reporte ainsi aux siècles révolus et renoue la chaîne atavique des mentalités françaises qu'on croyait éteintes.

Parlons franc ! Qu'ont dit nos maritimes frivoles Français, quand les sinistres de tous genres se sont multipliés, causant à nos escadres plus de ravages qu'une guerre ? Les malfaçons de chaudières, de tuyauterie, de blindage, d'artillerie, de poudres, de projectiles, etc., signalées et dénoncées comme le résultat de marchés fort suspects ou d'une inexcusable incurie, nous ont détruit plus de matériel et tué plus de monde qu'un combat naval : l'opinion s'en est-elle si profondément émue ? On a vu nos arsenaux, excités par la démagogie des ministres eux-mêmes, se déclarer en grève ou en mutinerie, tenir tête aux autorités, se refuser de concert au travail et à l'obéissance, laisser les profiteurs apostés de ces désordres intentionnels s'assurer de nos magasins et de leurs secrets. Les poudrières, explorées par des rôdeurs clandestins et d'ailleurs insaisissables, ont sauté derrière leurs corps de garde, derrière leurs sentinelles assaillies ou surprises. Les officiers des préfectures maritimes, des vaisseaux en rade, des divisions à la mer ont été dénoncés, bafoués, trahis par de mauvais sujets, introduits à dessein près d'eux et dans leurs équipages, pour cette surveillance oblique et répugnante, sans que ces officiers eux-mêmes aient solidairement concerté leur propre défense. Bien plus, ce qui ne s'était jamais vu, un traître s'est rencontré parmi nos officiers de vaisseau, un Juif, il est vrai, parent ou allié, nous dit-on, de l'autre officier juif également condamné pour trahison, ce qui semblait passer toute mesure. Est-ce que la révélation successive et le spectacle d'ensemble de ces faits, à la fois si criminels et si concomitants, ont secoué comme on l'aurait pu croire l'insouciance de nos Français ?

Et au bout du compte, lorsque la logique même d'un tel désordre a amené coup sur coup la destruction partielle de la flotte, les naufrages succédant aux explosions et les pertes d'équipages aux pertes de navires, est-ce que la révolte des Français a éclaté ? Est-ce que la foule s'est portée en armes au ministère de la Marine, ou à la Chambre, ou à l'Élysée, pour y réclamer justice et châtiment de tant de maux si étranges et si incompréhensibles ?

Sans doute, les Français ont supputé par la pensée les dommages de longtemps irréparables causés à nos escadres ; sans doute, ils ont suivi de cœur les funèbres cortèges allant ensevelir dans l'oubli les corps lamentablement déchirés de leurs pauvres matelots, assassinés à bord par des fournisseurs impunis ; sans doute aussi, ils n'ont pu se défendre de trouver tout cela fort triste et d'un assez mauvais son de cloche en cas de guerre. Mais la vérité est que rien de tout cela n'a fait éclater l'indignation publique, comme l'ont fait sur-le-champ les 1.900 francs de fleurs des déjeuners ministériels et les carottes de blanchissage des époux Thomson.

Pour les centaines de millions et la force navale engloutis au fond des mers, on dit simplement : « C'est dommage. »

Pour la capilotade affreuse et sans gloire des équipages, décimés par les canons défectueux, les poudres avariées et les obus maquillés des fournisseurs amis et maîtres des ministres, on dit : « Que » voulez-vous ? Ces pauvres gens sont bien à » plaindre ! »

Pour la déchéance de la France au cinquième rang des puissances navales, alors qu'elle occupait le second, on ne dit rien, ces considérations n'étant l'objet que de vagues doléances, exprimées çà et là par d'ennuyeux spécialistes.

Mais, pour les 1.900 francs de fleurs de Thomson et la lessive de ses draps de lit, portés indûment au carnet de la Princesse, ah ! pour cela, non, cela ne se passera pas ainsi, on ne peut pas supporter cela ! Aux armes, citoyens !

Voilà le caractère des Français. Il est tel depuis bien longtemps. On ne le changera pas. Peut-être vaut-il mieux, après tout, qu'on ne le change pas.

XXIV

ÉCHEC AU KAISER

31 Mars 1909.

Le conflit austro-serbe est provisoirement terminé. Il comporte de nombreux et substantiels commentaires. Un d'abord, en passant.

Les Juifs sont maîtres des journaux et maîtres des marchés de valeurs ; ils tiennent tout ensemble l'industrie du renseignement et le commerce des choses qui se vendent ou s'achètent sur renseignement. Avec cet outillage, rien n'est plus facile que de gagner de l'argent. Le mécanisme de la puissance juive consiste donc à se procurer, coûte que coûte, le renseignement vrai, et à accréditer le renseignement faux, de manière à égarer les gens et à les dépouiller à coup sûr.

Pendant les six mois que le manège inquiétant de l'Autriche et de la Serbie s'est prolongé, communiquant à l'Europe une sorte d'anxiété intermittente, qu'avez-vous vu ? Vous avez vu, chaque semaine, ou peu s'en faut, on pourrait dire presque chaque jour, les journaux juifs se jouer de l'opinion publique, annoncer que la guerre était inévitable, que les hostilités étaient même commencées et ils disaient à quel endroit. Puis, sur une note quel-

conque, émanée soi-disant de telle ou telle chan-
cellerie, où l'on coupait visiblement des cheveux en
quatre, tout était suspendu, détendu, rasséréné,
fini — pour recommencer le lendemain.

En langage de Bourse, cela voulait dire tout simplement que les Juifs, c'est-à-dire tels ou tels Juifs
chargés de mener le train, avaient telle position sur
certaines valeurs plus spécialement travaillées.

Au fond, ce qu'on appelle le génie juif est là. Il
est d'avoir compris que le mensonge est une force
qui peut rapporter beaucoup, au milieu d'une civilisation chrétienne où mentir est déshonorant. —
Alors, l'honneur pour vous, imbéciles, dit le Juif,
et l'argent pour moi.

Mais tandis que le Juif encaisse, fin courant, le
plus clair de la partie de bridge diplomatique qui
vient d'avoir lieu entre les deux triplices, nous ne
saurions non plus négliger d'apercevoir quelques-
unes des conséquences du réveil inopiné de l'Autriche.

M. de Bülow s'en félicitait, hier, au Reichstag,
comme d'un triomphe éclatant de la politique allemande. Je ne suis pas tout à fait de son avis et je
prie qu'on me permette d'en donner quelques
raisons.

Sans doute, l'Europe sort de l'imbroglio couverte
de ridicule. On n'imagine pas une Europe hérissée
de baïonnettes, bardée de canons et de soldats, se
montrant si pusillanime, en présence du chantage de guerre que l'Autriche lui a si clairement
monté, au point de mobiliser 300.000 hommes.

Mais ce triomphe même de l'Autriche est-il d'un

si joyeux présage pour la politique allemande proprement dite ? C'est la question même que je voudrais indiquer.

L'Europe se consolera vite de sa déconvenue diplomatique, elle en a vu d'autres. Ce qui est d'une portée autrement sérieuse, quoique plus lointaine, dans cette résurrection subite de la puissance autrichienne, c'est précisément la renaissance d'un dualisme austro-prussien, dans les États de l'ancienne Confédération germanique.

Jusqu'ici, depuis 1866 et surtout depuis 1870, la Prusse a régné seule et sans partage, sur tous ces pays de sang germain et de langue allemande. Elle y a cueilli ou décroché une couronne impériale. Elle a assis et consolidé son hégémonie incontestée sur toute l'Europe centrale. Le Saint-Empire, c'était désormais la Prusse. Peu s'en faut même que le Saint-Siège, délaissé par la France et si instamment courtisé par Guillaume II, n'ait été sollicité d'y donner une sorte de consécration. On a pu voir Guillaume II, camouflé cette fois en chevalier des Croisades, prendre à Jérusalem figure de Protecteur de la Chrétienté, comme de l'Islam.

Jusqu'ici, les États catholiques de l'Allemagne du Sud ont supporté la Prusse plus qu'ils ne l'ont aimée. M. de Bismarck a eu beau leur dire, avec l'esprit endiablé qu'il savait y mettre, que « la » Prusse est comme la flanelle ; ça gratte un peu, » ajoutait-il, mais c'est chaud et ça tient bien au » corps..... » ce langage d'hygiéniste ne les a jamais persuadés. Ils ont subi la Prusse, pour cette raison majeure qu'ils se trouvaient dépourvus de point d'appui pour s'en affranchir.

Que l'Autriche renaisse des cendres de Sadowa et il n'est pas dit que le vieux dispositif germanique ne polarisera pas à Vienne au lieu de polariser à Berlin.

De sorte que l'affaiblissement de l'hégémonie prussienne, si ardemment poursuivi par l'Angleterre, de concert avec la France, de concert avec la Russie, de concert avec la Jeune-Turquie, de concert même avec l'Italie, partie chancelante et peu sûre de la Triplice, se trouve en potentiel, comme disent les électriciens, inclus dans l'événement triomphal d'hier. C'est le ver dans la pomme.

Rien ne pouvait plus sûrement faire échec au Kaiser, sinon au comptant, du moins à terme, que le relèvement diplomatique et militaire de la monarchie autrichienne. Il n'y a pas en Allemagne place pour deux kaisers.

Or, depuis hier, il n'y a plus, en Europe, une puissance allemande, il y en a deux.

C'est un fait considérable. D'autant plus digne d'attention, que l'Europe et la France elle-même sont désormais averties, par quarante années d'études historiques et d'observations documentaires, que le véritable équilibre de l'Europe nouvelle, obligée de se resserrer devant l'invasion économique du Nouveau Monde, doit être changé. Il n'est plus dans les alliances et coalitions en diagonale, telles qu'on les trouve à tout instant dans les conceptions diplomatiques des Bourbons et des Napoléons, ou contre eux. Il est plus logiquement dans les vastes Syndicats ethniques et religieux des deux versants du partage des eaux.

On s'achemine à concevoir, comme résultant de la nature des choses, un consortium des États méditerranéens, s'opposant à la marche vers le Sud des États du versant septentrional. L'Autriche y peut jouer un rôle important.

On ne saurait nier que le monde latin, appelons-le de son nom, le monde catholique, a subi le terrible contre-coup des victoires protestantes de 1866 et de 1870. L'Autriche catholique a perdu pied en Allemagne, et elle s'est trouvée de plus livrée au dualisme hongrois, c'est-à-dire magyare, qui est à la fois calviniste et allemand.

Presque au même moment, la France, vaincue à son tour, a été destituée de la mission historique qui faisait d'elle la tête et le bras du monde latin. Elle s'est vu infliger, par l'astuce de M. de Bismarck et l'empressement des réformés français, un gouvernement protestant. Sous couleur de République, ce n'est pas autre chose qu'un gouvernement protestant qu'on nous a imposé, fait de singeries anglaises et d'esprit allemand, flanqué d'un côté par les Juifs, comme courtiers d'affaires, et de l'autre côté par des Francs-Maçons, comme courtiers électoraux.

C'est avec cet équipage que la France a dégringolé, comme en démence, de son rang de première puissance latine au rang subalterne de colonie anglaise et de vassale allemande, incapable de ressaisir son rôle dans le monde, ou d'en accepter un qui ne fût pas subordonné aux vues de Londres ou de Berlin.

On comprend, dès lors, qu'un relèvement de l'Autriche ne soit pas pour nous déplaire, s'il marque un temps d'arrêt dans cette course vers le déclin.

Les hommes d'État prussiens se seraient donc trompés, en se flattant que l'avenir, suspendu aux jours précaires de François-Joseph, leur donnerait, comme complément de leur empire, les provinces allemandes de l'Autriche, si l'on prenait soin d'assurer à celle-ci des compensations convenables du côté des Balkans et de l'Adriatique, où elle servirait d'entreposeur maritime aux produits allemands.

Par un retour de fortune, auquel les politiques prussiens n'ont pas pris garde, il se trouve que ces compensations, prises par avance, donnent lieu à une renaissance prématurée de l'ancienne monarchie autrichienne.

Même l'acquisition de populations slaves dans le faisceau austro-hongrois n'est pas une bonne chose pour l'Allemagne prussienne. L'introduction en surcharge de ces éléments anti-allemands n'est pas faite pour augmenter les chances du pangermanisme. Plus il y aura de Slaves en Autriche, moins la Prusse et ses satellites y compteront de sympathies actives ou d'occultes connivences. Il existe moins d'affinités entre les Slaves orthodoxes et les luthériens qu'entre les Slaves orthodoxes et les catholiques.

C'est donc, tous comptes faits, un assez mauvais calcul qui a conduit le cabinet de Berlin à entourer de sollicitudes diplomatiques et militaires l'effort tout à fait intéressant que l'Autriche vient d'accomplir, pour sortir du tombeau où Sadowa l'avait étendue, dans une léthargie voisine de la mort.

François-Joseph peut disparaître, on pressent que sa succession n'est plus à l'encan. Il s'est rencontré un homme d'État pour y pourvoir. M. de Bülow, s'il avait le compliment moins facile, aurait dû suivre à peu près ceci :

« L'effacement de l'Autriche ou sa dissolution, c'était le sceptre assuré pour longtemps aux Hohenzollern sur l'univers germanique. La résurrection de l'Autriche par un triomphe, avec des extensions slaves, c'est une menace atermoyée, mais probable, contre les Hohenzollern. Tous ce qui restaure l'Autriche fait échec au Kaiser. »

Quant à nous, on nous dirait en manière de prédiction, que Guillaume II, Empereur et Roi — I. R. comme il signe, dans son paraphe fiorituré de poète et d'imaginatif — finira roi de Prusse, comme devant, avec Anatole France installé à Postdam dans la chambre de Voltaire, que le pronostic n'aurait rien de particulièrement invraisemblable.

Depuis hier, cette chose est sortie du cycle de l'impossible.

XXV

Le Geste de Pie X

22 Avril 1909.

A l'époque déjà lointaine où M. Clemenceau n'était pas gâté par le vizirat et où l'on pouvait encore causer avec lui, comme avec un mortel accessible et inoccupé, il me disait :

« — Vous savez bien que les foules ne se déterminent pas par des raisons, mais par des sentiments. Si Jésus avait raisonné, il n'aurait converti personne. »

J'imagine que cette réflexion d'ailleurs judicieuse quoique libertine, a dû lui revenir en mémoire, quand il a lu, lundi soir, dans les dépêches du *Temps*, les quelques lignes émouvantes par lesquelles se trouve relaté le geste de Pie X à l'endroit du drapeau français, qui flottait dans Saint-Pierre de Rome en l'honneur de Jeanne d'Arc.

Ce baiser de l'auguste vieillard au drapeau de la Révolution, cette larme peut-être qui tomba de ses yeux sur l'étamine aux trois couleurs, symbole survivant de tant de gloires périmées, en diront plus assurément, pour remuer les cœurs, que n'ont dit les encycliques les mieux conçues et les mandements les mieux ordonnés.

C'est plus qu'un geste, c'est un acte ; c'est mieux qu'un acte, c'est un sentiment d'une allure superbe, dans cette mise en scène incomparable, qui tentera demain le pinceau des artistes.

Toute porte à croire que ce geste fut spontané, improvisé, inspiré par l'ambiance et par l'atmosphère, par la vibration intense du milieu, par cet impondérable fluide qui transporte et transfigure les hommes assemblés, par l'énorme pression sentimentale, à laquelle rien ne résiste, que développent en toute puissance certains états de l'âme humaine, juxtaposés en de certains lieux à de certaines circonstances.

Combien se marque ici la différence sensible des deux Pontifes que seront, dans le souvenir des catholiques, Léon XIII et Pie X.

Léon XIII, plus souple et plus avisé, a fait de la politique ; Pie X, plus rude et moins maniable, fait du sentiment. Si l'on en croit M. Clemenceau, c'est donc Pie X qui l'emportera.

Léon XIII, cependant, eût mérité de l'emporter ; car nul Pape jusqu'alors n'avait mieux pénétré la faiblesse intime de ce qu'on appelle en France le « parti républicain ». Nul n'avait mieux saisi, avec une sagacité plus aiguisée, que cette minorité de huguenots et de Juifs, agissant sous le masque de la Maçonnerie, par des sélections soigneusement circonscrites, serait déconcertée, noyée et à vau-l'eau, si elle venait à être submergée par l'afflux torrentiel du ralliement catholique.

C'était, on peut le dire, un trait de génie, mais de génie italien, plus ouvert que le nôtre aux conceptions politiques.

Le trouble, l'alerte, il n'est pas excessif de dire

l'anxiété du parti dit républicain furent positivement considérables, dès qu'il eut mesuré le péril que lui faisaient courir les directions données par Léon XIII aux catholiques français. Il suffit de se rappeler avec quelle grimace de réfractaires, avec quelle humeur de révolte et d'anathème les conjurés mieux avertis accueillirent M. Spuller, quand ce lourdaud, né quelque part en Bade, s'avisa d'approuver ingénûment à la tribune ce qu'il appelait « un esprit nouveau »..... Ce sont de ces minutes inoubliables, où un parti, même aussi fermé et aussi truqué que celui-là, livre tout son secret.

Inutile d'ajouter que, dans cette circonstance critique comme dans les autres, il ne fut pas tiré de cette alarme par son propre effort. De même qu'il avait été précédemment sauvé du boulangisme par les boulangistes, il fut pareillement sauvé du ralliement catholique par les catholiques eux-mêmes. Dépourvus, pour la plupart, de ce qu'on appelle le sens politique, comme, hélas, de celui de connaître et de soutenir leurs défenseurs, les chefs catholiques ne comprirent pas, comme il eût été désirable, ce que le Pontife attendait d'eux. Ils s'y comportèrent en bons esprits, mais, pour tout dire, au plein soulagement de leurs ennemis.

Pie X est d'une autre complexion. Autant son prédécesseur semblait un patricien, racé de finesse et de diplomatie, autant celui-ci décèle, sous une écorce demeurée plébéienne, les énergies un peu frustes et le verbe radical d'un démocrate de tempérament.

S'il avait été un politicien d'expédients, au moment où M. Briand, rapporteur de la Séparation, faisait le joli cœur pour le compte des consistoires protestants, Pie X eût fait chômer tous les sanctuaires de France dévolus aux inventaires. Le parti républicain ne se fût-il pas empressé de jeter du lest, puisque, même sans cela, il a dû suspendre les inventaires à la veille des élections générales ?

Pie X a préféré laisser enlever au clergé français deux ou trois cents millions d'édifices diocésains, avec lesquels on se flattait de le séduire, plutôt que de laisser imposer à l'Église de France une organisation protestante, imaginée par les protestants dont M. Briand, clérical à sa manière, n'a été que l'insidieux factotum.

Il importe peu à Pie X qu'un Viviani de passage, ministre du travail, pour s'allonger sur des chaises longues, se prélasse en cette posture dans ce qui fut l'austère salon de l'archevêché de Paris, où passait la silhouette émaciée du cardinal Richard, figure de primitif qui semblait descendue d'une des galeries du Louvre.

Pie X, en se refusant obstinément aux cultuelles a, d'ailleurs, sauvé certaines libertés françaises d'un inestimable prix. Que fût devenue la masse flottante des catholiques libres ou modérément pratiquants, si nombreux dans notre pays, s'ils avaient été pris et comme comprimés entre deux forces confessionnelles, c'est-à-dire la Maçonnerie judéo-protestante d'une part, et les associations cultuelles de l'autre ?

Non seulement les élections, la vie politique, la vie publique n'eussent plus été qu'un antagonisme violent et sans merci, entre ces deux ordres d'associations religieuses, peu à peu confédérées sur toute l'étendue du territoire et s'étendant jusqu'au dernier village, mais la vie ordinaire elle-même, les relations, les carrières, les mariages, les amitiés, tout enfin, quoi qu'on en puisse dire, eût dépendu de ces deux organisations concurrentes, de leurs sollicitations, de leur influence, de leur pression, de leur contrainte sur ce domaine intime et privé de chacun.

Pie X nous a épargné ce régime étouffant : que sa résistance en soit remerciée, autant que maudite la pensée jacobine qui tendait à l'établir !

Mais si Pie X apparaît ainsi sous certains aspects, comme le rude paysan de la Sabine que fut Caton, il n'est pas dépourvu du don sacré de la juste émotion.

De ce don si précieux, nous autres, pauvres commentateurs d'un jour, nous parlons à la légère, en boulevardiers ou en artistes ; mais M. Clemenceau, à moins qu'il n'ait changé d'avis, a raison de penser que la foule y est autrement sensible et qu'elle se détermine par les sentiments.

Si Pie X avait raisonné son geste, peut-être eût-il, de préférence, baisé l'étendard fleurdelysé, imité de celui de Jeanne d'Arc, qui se dressait à côté de son trône pontifical devant le maître-autel de Saint-Pierre. En étreignant spontanément sur son cœur le drapeau tricolore, qui nous dit qu'il n'a point senti retentir en lui quelque chose des aspirations d'une France nouvelle ? *Spiritus flat ubi vult.*

XXVI

GAMBETTA

De tout ce qui, ces jours-ci, a été dit de Gambetta, soit à Nice, par des orateurs officiels, soit dans les journaux, par des écrivains officieux ou indépendants, une moralité n'a point été déduite. Je voudrais la noter, avant que tout cela s'éloigne et soit recouvert par le flot.

Si, avec une claire vision des choses, Drumont a pu dessiner un Gambetta circonvenu et chambré par les Juifs et par les huguenots, donnant ici l'essor à une République de corruption et de coups de Bourse, l'essor aussi à une République protestante, ayant pris son mot d'ordre à Berlin, sera-t-il sans intérêt d'épingler à ce dossier une observation de pure politique ?

Et la voici :

De tous les éloges posthumes dont Gambetta a été l'objet, de toutes les louanges éplorées dont on a accablé sa mémoire, une conclusion se dégage, qui est grave contre la République parlementaire.

C'est que cet homme, certainement supérieur à son parti, par son éloquence tribunitienne, par son esprit politique, par des services éminents rendus à la République et au parti républicain lui-même, qu'il avait remorqué et tiré du néant de vagues brasseries, n'a cependant pas réussi à s'entendre avec notre espèce de Parlement, qui l'a renversé du pouvoir après quelques semaines de ministère.

Quoi de plus saisissant ?

C'est un fait capital, et un fait qu'on ne saurait contester, car il est indéniable.

Ne suffit-il pas à juger à la fois le régime et l'homme lui-même ?

Plus on décerne à Gambetta de qualités transcendantes et de vertus républicaines, plus on lui découvre de supériorités politiques, plus on s'efforce de grandir ses mérites d'homme d'État ou de lui en attribuer, moins le régime apparaît excusable d'avoir réduit un tel homme à l'impuissance et de n'avoir pas fait rendre à sa valeur le profit que la France était en droit d'en attendre.

Il n'est pas, que je sache, de procès plus accablant que celui-là, pour la manière de parlementarisme qu'on nous a fabriqué.

Le fait que Gambetta lui-même, malgré son ascendant personnel, malgré son talent, malgré ses vues politiques et l'entregent qu'il mettait à les soutenir, y est demeuré stérile et hors d'état de faire produire à cette pétaudière autre chose que des sottises, condamne le régime.

Ce ne sont pas là de frivoles propos. Gambetta en personne, on le sait, condamnait nos institutions, par les intentions non équivoques qu'il manifestait d'en améliorer la tenue et le recrutement.

N'est-ce pas de sa bouche qu'est tombé cet arrêt

qu'on ne pouvait rien faire de grand, ni même de bon, avec ces « Chambres de sous-vétérinaires » !

Encore, de son temps, trouvait-on dans les Chambres des hommes de haute valeur morale et d'une parfaite probité. La poussée patriotique qui avait spontanément enfanté l'Assemblée Nationale n'était point épuisée. Il lui restait ce qu'on appelle en physique de la vitesse acquise. Les membres mêmes de cette Assemblée survivaient en assez grand nombre dans les Chambres de 1876, de 1877 et de 1881, comme survivaient au Sénat, dans leur maturité vivace, les membres inamovibles élus selon les premières lois organiques.

Qu'est-ce que Gambetta eût pensé des Chambres qui sont venues après sa mort, au sein desquelles, en même temps que le recrutement en est devenu plus pitoyable, la cupidité, la concussion, la vénalité, en un mot la pourriture d'assemblée s'est si honteusement étalée !

C'est cependant pour avoir voulu prévenir ou réformer cela, en modifiant le mode d'élection des députés, que Gambetta a vu déchoir son crédit et se retirer de lui la confiance des prétendus républicains.

Il est mort à temps, pour ne point voir l'innommable régime auquel il avait donné d'être, en lui prêtant une parure nationaliste qui séduisait la France, en lui imprimant aussi, par ses propres illusions communicatives, le caractère aimable d'une République ouverte aux Français de mérite et de bonne volonté.

Il n'est donc pas, contre la République actuelle,

de témoin plus à charge que Gambetta lui-même. Si je voulais recourir aux procédés de rhétorique familiers aux orateurs dont Gambetta s'inspirait, je ferais se lever du tombeau son ombre accusatrice, pour prononcer ici le plus décisif des réquisitoires contre ce régime sans nom, dont la malfaisance est sans limite, dont l'hypocrite hommage assurément doit lui être odieux.

Mais si le régime est ainsi jugé, l'homme à son tour ne l'est pas moins, par la concrète éphéméride que j'ai rappelée.

Tant de qualités que l'on consente à reconnaître à Gambetta, il ressort bien clairement de son œuvre personnelle, vue d'ensemble en reculement, qu'il n'était pas du bois dont on fait les chefs d'État et que sa fonction dans le monde fut surtout et seulement d'y parler.

Voilà un homme, en effet, qui, à trente ans, a eu cette fortune incomparable de pouvoir faire l'apprentissage du Gouvernement. Il a fait cet apprentissage dans les circonstances où pouvait le mieux se révéler le génie politique d'un chef. Toute latitude lui était conférée, par les événements eux-mêmes et par la carence du pouvoir central prisonnier à Paris, de manifester les qualités maîtresses d'organisation et de commandement auxquelles se reconnaissent les conducteurs d'empires.

L'a-t-il fait, comme on le prétend ?

De tous les jugements portés sur cette période et sur l'homme qui la remplit de ses proclamations, le plus sûr n'est pas celui de ses collaborateurs ni de ses héritiers. Ils sont trop intéressés pour leur propre compte à exalter des efforts dont l'issue a cruellement démontré l'incohérente inanité. C'est au jugement de la France elle-même qu'il faut se référer.

Or, la France, c'est certain, a aimé Gambetta ; mais elle l'a aimé, en quoi elle a été juste, pour les intentions dont il a été animé, pour la mélopée héroïque dont ce boute-en-train méridional a bercé ses anxiétés et consolé ses accablements.

Elle ne pouvait pas, la pauvre France, aimer Gambetta pour autre chose. Les résultats positifs qui ont finalement soldé ses intentions et ses cantilènes se chiffrent par une province de plus que nous avons perdue, c'est-à-dire par la Lorraine ajoutée à l'Alsace, et par deux milliards de plus d'indemnité de guerre, c'est-à-dire par cinq milliards au lieu de trois — sans compter les vies humaines sacrifiées en pure perte et les énormes dépenses dont le fardeau nous reste.

Je ne réussis donc pas à voir en quoi l'activité de Gambetta nous a été profitable ni en quoi ce qu'on appelle l'honneur du pays fut mieux préservé, après la capitulation de Metz et de Paris, qu'après la capitulation de Sedan. Je tiens au contraire pour certain que le préjudice fut plus considérable à tous les points de vue.

Mais ce n'est pas mon avis qui importe.

La France a-t-elle été d'un autre avis ? C'est là l'essentiel.

Si la France avait jugé Gambetta différemment, nul doute, pour qui la connaît, qu'elle n'eût immédiatement élevé et promu ce héros aux pouvoirs nécessaires, pour vaquer aussitôt aux réparations nationales. Elle ne l'a pas fait, elle a été fort loin de le faire. Il a fallu des années, pour que la France se reprenne à attendre quelque chose de Gambetta. Lorsque cette reprise de sympathie et d'espérance s'est produite, cette fois, dans les sécurités de la paix reconquise et d'un régime à peu près régulier, et qu'elle est arrivée à son point d'épanouissement le plus pratique et le plus effectif, c'est-à-dire à l'avènement attendu d'un Ministère Gambetta, que s'est-il passé ? En quelques semaines, l'avortement le plus lamentable s'en est de nouveau suivi, nous léguant des anomalies constitutionnelles demeurées sans palliatifs et une promotion de politiciens inédits, qui ont causé à ce pays plus de ravages que plusieurs guerres.

Je crains que ce ne soit là un peu de la vérité de demain, si ce n'est déjà celle d'aujourd'hui.

Contrairement aux opinions reçues, il faut donc conclure que, malgré l'apprentissage qu'il avait fait du Gouvernement, pendant sa dictature improvisée de 1870, cette école, si coûteuse à la France mais si profitable à lui seul, n'avait pas suffi à communiquer à Gambetta le goût des hautes responsabilités ni les qualités spéciales qu'il faut posséder ici, pour y exercer un pouvoir utile et réparateur.

S'il avait d'incontestables dons, notamment celui du sens politique, des talents de nature à lui assurer un ascendant circonstanciel sur un pays où l'on aime la parole, Gambetta était cependant dépourvu du caractère et de la fermeté nécessaires à l'homme d'État, pour se fixer un but et pour, au-delà des contingences, l'atteindre.

La preuve la plus évidente en est précisément dans le fait qui sert ici de *leit motive*. Gambetta était, au fond, un plébiscitaire ; il était convaincu que le parlementarisme, tel que nos constituants orléanistes l'avaient organisé, était, pour la République, une pernicieuse anomalie. Il lui appartenait donc, une fois investi des suprêmes crédits dont le pays l'avantageait, de s'atteler, avec une opiniâtreté d'homme d'État que rien ne décourage et ne déconcerte, à la revision même de ces lois organiques.

Plutôt que de s'y consacrer, il a abandonné la tâche ; il a été, lui aussi, un déserteur du pouvoir, un démissionnaire, disons le mot, un lâcheur. Ce faisant, il a compromis jusqu'à cette revanche militaire qu'il croyait préparer, dont le premier gage ne pouvait être recherché ailleurs que dans l'organisation rationnelle d'une grande autorité directrice ayant derrière elle tout le pays.

Faute de cela, que Gambetta n'a pas su créer, on peut dire que l'Alsace-Lorraine a été perdue une seconde fois !

De sorte que, tant comme dictateur de salut public que comme dictateur civil, au sens le plus élevé du mot dictateur, Gambetta n'a rien produit. Son nom ne s'attache à aucun de ces bienfaits positifs auxquels est réservée la gratitude des peuples.

Et s'il faut ajouter quelque chose de plus, Gambetta est jugé par ses épitaphes.

Alors que, pour louer les héros de l'action, un

nom, une date suffisent aux marbres immortels, pour louer Gambetta, il a fallu que de fastidieux compilateurs retirent du fatras refroidi des verbalités éteintes des fragments désormais illisibles de ce qui fut la musique d'un instant.

XXVII

Le Statut des Fonctionnaires

5 Mai 1909.

L'un des maux les plus lancinants des sociétés modernes s'appelle de son vrai nom l'incertitude du lendemain.

Des Français de toute condition, qui étaient sans fortune personnelle, avaient résolu le problème social de l'incertitude du lendemain, en se faisant fonctionnaires..... ou congréganistes.

Ce n'était pas toujours la vocation ni la piété qui poussaient nombre de familles paysannes à faire de l'un de leurs enfants un « cher frère » ou une « chère sœur ». C'était l'*anankè* social de l'incertitude du lendemain.

Sans doute, la vie en communauté, assujettie à une règle de stricte observance, ne pouvait être que fort modeste, frugale, privée de certaines joies du monde ; mais encore était-on assuré d'y être nourri, logé, vêtu, et d'y subsister honnêtement, entre créatures du même esprit, généralement fort gaies, parce que le souci de l'existence sociale ne leur était plus de rien.

Ce genre de socialisme, de communisme inoffensif

ayant disparu, sous les coups illogiques des socialistes, il reste d'être fonctionnaire.

Être fonctionnaire, c'est également s'assurer
contre les risques du lendemain. Si l'on n'y est pas
nourri en commun, encore y est-on souventes fois
vêtu, je veux dire revêtu d'un uniforme à flatter un
orgueil ordinaire. Même y est-on fréquemment logé
dans les nombreux édifices publics. Une forêt
croissante de tuyaux de cheminées, sortant de la
toiture des palais de nos rois, est là pour attester
le nombre croissant de familles qui désormais y
résident.

En tout cas, être fonctionnaire, c'est être assuré
de toucher, à la fin de chaque mois, une somme
d'argent libératoire, susceptible de pourvoir aux
besoins primordiaux de la vie sociale, ce qui est à
la fois énorme et essentiel.

Et, en plus de ces inestimables apaisements,
comme pour couronner sans effort une vie paisiblement écoulée, une pension de retraite, insensible-
ment capitalisée, selon des règlements établis au
profit du bénéficiaire, lui permet d'entrevoir l'arrivée de la vieillesse, avec moins de désespérance
que le commun des hommes et presque avec quelque plaisir.

Comment s'étonner que la plupart des Français,
du moins ceux d'entre eux qui sont des Celtes épargneurs, non piqués du génie d'entreprise et bornant
leur ambition terrestre au petit lopin patrimonial
avec 2.400 francs et la retraite, agrémentés d'un
ruban honorifique, se soient précipités, eux et leurs

enfants, sur cette si commode solution, on peut dire élégante, du problème social.

Leur bon sens leur a indiqué cette voie comme la meilleure, et, dans leurs rapports politiques avec les huit ou neuf cents distributeurs de fonctions qui peuplent les Chambres, ils en ont fait, comme de juste, une condition *sine qua non* de leur suffrage politique.

Résultat : un million de fonctionnaires, ou peu s'en faut (sans compter les soldats ni les marins), et quatre milliards de budget annuel, sans compter les budgets des départements ni des communes, qui s'ajoutent au budget de l'État.

Les fonctionnaires, néanmoins, se plaignent de leur sort.

D'abord, le renchérissement général de la vie matérielle et l'accroissement progressif des besoins de chacun font que la somme d'argent mensuelle destinée à y satisfaire est devenue insuffisante. Ils réclament donc de l'augmentation.

Ensuite, ils se sont aperçus que les huit ou neuf cents chiens de chasse qui, sous les noms fallacieux de députés et de sénateurs, sont institués pour quêter et rapporter des fonctions, se sont mis à chasser pour eux-mêmes et pour leurs petits, accaparant sans vergogne les meilleurs morceaux et ne laissant plus au pauvre monde que des épluchures. D'où colères, et colères justifiées contre le népotisme et le favoritisme.

En outre, ils ont eu à souffrir des détestables pratiques de nos maîtres, en matière de police. Ils se sont vus dénoncés, traqués, disgraciés, frappés parfois cruellement, pour crime d'opinion, pour crime d'hérésie, comme au seizième siècle. On ne leur a pas dit : « La messe ou la mort ! » mais exactement de même : « Pas de messe ou pas d'avancement ! » On a ressuscité contre eux l'abus pharisaïque du billet de confession, mais de confession protestante ou maçonnique, ce qui est tout un. On les a plus ou moins molestés pour délits confessionnels.

Enfin, à ces Français demeurés munis du droit de vote, qu'on a retiré aux soldats, on a comme imposé une servitude électorale : celle de voter pour les candidats ministériels, sous ce prétexte que c'est le Gouvernement qui paie ces fonctionnaires, comme si le Gouvernement les payait avec son argent et non pas avec le nôtre.

Ces quatre griefs ainsi réunis, sans parler de ceux que j'oublie, constituent la contre-partie assombrie du métier des fonctionnaires ; c'est le revers de la médaille, dont je retraçais tout à l'heure les harmonieux contours.

On voudrait maintenant concilier cet assemblage un peu heurté de privilèges et d'obligations, de droits et de devoirs, dans une charte équilibrée qui s'appellerait le Statut des fonctionnaires.

Mais voici un autre achoppement, et celui-ci est bien fait pour retenir notre attention.

« Sans doute, disent les fonctionnaires, un Statut qui garantirait tous nos droits, en échange des obligations spéciales que doivent accepter tous les employés de services publics, ne peut pas nous déplaire. Mais qui garantira la garantie ? Nous n'avons aucune confiance dans l'espè e d'hommes à qui nous avons affaire et qui nous gouvernent. Toute cette caste de sénateurs et de députés, grisés par la toute-puissance, ne nous inspire qu'une très médiocre sécurité. Nous les avons vus tant de fois manquer à leurs engagements, violer ou détruire les lois qui les gênaient, tenir pour lettres mortes les chartes et les constitutions! Notre Statut, une fois accepté par nous de la meilleure foi du monde, ne nous servirait probablement à rien — qu'à aller perdre notre temps au contentieux du Conseil d'État, pour voir indirectement maintenir, neuf fois sur dix, le pouvoir discrétionnaire. Alors, nous aimons mieux le droit commun, c'est-à-dire la possibilité plus efficace qu'il nous offre de nous défendre, au moyen de la coalition et de la grève.

Que répondre à cela ? Peu de chose, sinon qu'il faudrait songer sérieusement à modifier le régime.

Il est bien certain que l'espèce d'hommes dont le parti gouvernant est composé, par suite de sa propre sélection et de son propre recrutement, donne beaucoup à réfléchir.

Il est non moins certain que ce parti a violé, avec un sans-gêne inouï, presque toutes les lois qui contrariaient dans l'instant ses intérêts ou ses vengeances.

Est-il un traité qui lui ait paru respectable, et dont on puisse dire qu'il l'a vraiment respecté, aussi bien dans l'ordre intérieur que dans l'ordre international ?

Les officiers français avaient une charte, un

Statut : est-ce qu'on l'a respecté ? On l'a violé pour favoriser les uns et porter préjudice aux autres.

Les religieux avaient un Statut : est-ce qu'on en a tenu compte ? On ne leur a même pas laissé de domicile ni de moyens d'existence !

Le Concordat était un traité synallagmatique, conclu entre deux parties également signataires et réciproquement engagées : est-ce que l'existence de ce traité a fait naître le moindre scrupule chez les maniaques qui nous gouvernent et arrêté leurs déprédations ?

Même les engagements de droit commun et d'ordre commercial n'ont pas été l'objet de plus de précautions.

On a vu un légiste, un avocat, un défenseur professionnels des intérêts civils et commerciaux, une fois à la tête du Gouvernement, perdre à ce point la notion du tien et du mien qu'il est allé jusqu'à confisquer des marques de fabrique !

Évidemment, M. Waldeck-Rousseau n'a pas confisqué la marque « Ménier », vu que ce fabriquant de chocolat le promenait sur son yacht. Mais il a confisqué sans plus de droit la marque de « la Chartreuse »; en attendant que d'autres politiciens, qui se promèneront sur le yacht des Chartreux, confisquent à leur tour la marque « Ménier » et les marchandises en magasin, sans que celui-ci ait davantage à s'en formaliser.

On a vu le même légiste envahir et dépouiller, avec des forces de police considérables, des journaux comme la *Croix*, qui sont des entreprises commerciales comme les autres, sous prétexte que ces journaux n'étaient pas de son opinion ou de l'opinion de la majorité.

— Zuze un peu, dirait le Marseillais, s'il n'avait pas été un légiste, défenseur du droit de la veuve et de l'orphelin !

Mais que dis-je, un légiste ? N'a-t-on pas vu la plus illustre Compagnie judiciaire, chargée par son institution même de veiller au maintien de la lettre des lois, dénaturer elle-même un texte qui la gênait ? La Cour de cassation s'est-elle donc lavée du reproche d'avoir faussé, en faveur de Dreyfus, l'article 445 ?

Alors, quelle valeur voulez-vous donc que les fonctionnaires attachent à un Statut, qui leur est proposé par des législateurs aussi peu scrupuleux ?

Autant, dans un pays où tout se passe entre honnêtes gens, soucieux du respect de la loi, une charte de genre aurait du prix, parce qu'on serait sûr de la voir observée, autant dans ce pays, où tout se passe entre conjurés de la plus hasardeuse provenance, s'étant assurés entre eux de l'impunité de leurs méfaits, il est inutile et presque dangereux de se lier, parce qu'on est seul lié.

Voilà, sans doute, pourquoi les fonctionnaires pensent du fameux Statut qu'il est, comme le sonnet d'Oronte, bon à mettre au cabinet.

XXVIII

Où les Ministres s'expliquent

10 Mai 1909.

Un journal du matin vient de jouer un bien vilain tour au ministre des T. P. P. T. T., lisez des Travaux publics, postes, télégraphes et téléphones.

En 1904, alors qu'il n'était pas ou n'était plus ministre de rien, M. Barthou a publié une consultation magistrale, sur l'application de la loi du 21 Mars 1884, dite des syndicats, aux fonctionnaires, aux employés et ouvriers des services publics.

Par cette consultation, M. Barthou reconnaît à ces derniers, je veux dire aux employés et ouvriers de l'État, des départements et des communes le droit de se syndiquer exactement comme tous les autres employés et ouvriers de l'industrie privée. Il leur reconnaît donc implicitement le droit de défendre leurs intérêts par la coalition et la grève.

Mais voilà M. Barthou devenu ou redevenu ministre, ce qui est d'ailleurs son occupation favorite et son sport de prédilection. Sous son ministère, les employés et ouvriers des services publics dont l'administration lui incombe se syndiquent et se mettent en grève. Et le même M. Barthou, dans un discours affiché à nos frais (ci 40.000 francs), vitupère avec véhémence les malheureux employés et ouvriers des postes, qui n'ont fait que suivre ses conseils ; il les menace de révocations en masse ; il les révoque ; si on ne le retient, il les fera fusiller.

Conclusion : ce Rabagas des Basses-Pyrénées est donc un impudent farceur, qu'il faut s'empresser de jeter dehors du ministère, si l'on veut rétablir un peu d'ordre et de moralité dans les services publics ressortissant à son portefeuille.

M. Barthou, cependant, n'est pas sans pouvoir fournir une défense.

Il peut dire que son collègue, M. Briand, est exactement dans le même cas. M. Briand, en effet, a contribué pour une notable part au lancement et à la diffusion des ignominies antimilitaristes et antipatriotiques. Il a été l'avocat d'élection des détracteurs de l'armée et de la patrie. C'est lui qui, dans l'Yonne, avait plaidé pour l'apôtre du « drapeau dans le fumier ». Et il n'a pas plaidé comme un chien qu'on fouette, en avocat d'office, mais (c'est lui qui l'a dit) en avocat parfaitement solidaire de cœur et d'esprit avec l'inculpé, partageant ses idées, regrettant même de n'être pas de ce chef inculpé avec lui. M. Briand a même particulièrement invité les employés de l'État à joindre leur rébellion à celle des autres corporations ouvrières, leur faisant présager que la révolution sociale en serait plus assurée, plus prompte, plus décisive..... Et M. Briand est Garde des sceaux !

En cette qualité, c'est lui qui fait poursuivre, juger, condamner, incarcérer les infortunés disciples de ses propres doctrines. Mais il est juste d'ajouter qu'avant d'être Garde des sceaux on avait trouvé excellent de lui confier l'instruction publique, la direction suprême de l'enseignement à donner aux jeunes Français !

En conséquence, M. Barthou peut dire : « Comparez mon cas à celui de mon collègue M. Briand, vous apprécierez que je suis une rosière béarnaise, à côté de ce Rabagas bas-breton, qui est un bateleur encore plus sinistre que moi. »

Mais M. Briand lui-même serait-il sans défense ? Ce serait mal connaître l'ingéniosité de sa faconde.

M. Briand vous dira qu'il a pour collègue à la Guerre, département autrement important en fait que celui de la Justice, un particulier qui s'est fait également connaître par les actes d'indiscipline militaire les plus caractérisés et les plus condamnables. Ils lui ont valu sa mise en réforme et sa radiation des cadres, — ce qui ne l'a point empêché de devenir ministre et de représenter, rue Saint-Dominique (Ouvrez le ban !) cette discipline nécessaire qui fait la force des armées et sans laquelle il n'y a pas de défense possible..... (Fermez le ban !)

« Que M. Barthou soit un farceur, dira M. Briand, je le veux bien ; que je sois moi-même un autre farceur, je n'y ferai nulle objection ; mais convenez que M. Picquart, par un *q*, pour ne pas le confondre avec notre laborieux collègue de la marine, est un autre farceur d'une espèce encore plus dangereuse, puisque c'est lui qui est chargé de nous préserver des risques d'invasion.

» Les galéjades auxquelles M. Barthou et moi avons pu nous livrer, ajoutera M. Briand, si graves qu'elles paraissent, sont d'ordre intérieur ; elles ne troublent que le ménage de la maison ; tandis que l'élévation au ministère de la Guerre d'un individu comme Picquart, officier révoqué pour indiscipline et faute contre l'honneur, passé subitement en quelques heures de la position de lieutenant-colonel en réforme au grade de divisionnaire, et de ce grade invraisemblable au commandement de toute l'armée est à la fois un tel défi et un tel exemple de démoralisation, qu'on ne peut mesurer les conséquences qu'il en faudra supporter, quand cette funeste semence lèvera dans l'armée comme elle a levé ailleurs. »

En conséquence, M. Briand peut conclure à son tour : « Comparez mon cas à celui de M. Picquart, vous apprécierez certainement que je suis dans l'espèce un bien petit criminel. Par surcroît, on peut m'accorder d'avoir quelque talent, par quoi je me fais pardonner. Tandis que je vous défie de trouver même circonstance atténuante à M. Picquart, par un q, qui, en dehors du seul coefficient d'indiscipline qui l'a porté au pouvoir, n'a aucune valeur militaire. »

Mais M. Picquart lui-même sera-t-il donc sans excuse ?

M. Picquart vous dira, ce qui est vrai, qu'il n'était pas dans la politique et qu'il n'y connaissait rien. On ne peut donc pas lui reprocher d'avoir intrigué au Parlement, pour se faufiler, comme MM. Barthou, Briand et nombre d'autres, dans une combinaison ministérielle.

« Reprochez-moi, si vous voulez, dira-t-il, d'avoir

accepté une situation d'État disproportionnée avec mon mérite ; mais ne me reprochez pas de l'avoir demandée, ni voulue, ni recherchée, car je n'y songeais pas.

» Et d'ailleurs, depuis que j'y suis, voyez si je m'y montre modeste, effacé et comme inexistant ! Dans l'armée, nous ne pouvons pas avoir l'intraitable toupet qu'on étale dans le civil. J'ai beau être ministre, je ne me sens pas le chef de mes chefs, de ceux à qui j'ai obéi ou désobéi et qui m'ont connu sous la peau.

» Un jour, en gare de Châlons-sur-Marne, j'ai rencontré le général Bailloud. Il descendait du train qui venait de Nancy, je descendais du train qui venait de Paris et j'allais, moi, comme divisionnaire intérimaire promu de la veille, aux manœuvres du camp de Châlons. Je me suis avancé vers Bailloud la main tendue. Il a arrêté mon effusion par un « Bonjour, monsieur » qui m'a suffi. J'ai compris que je ne serais pas encaissé. Tout ce que j'ai pu faire, quand je suis devenu ministre, a été de retirer à Bailloud son commandement de Nancy, pour un discours patriotique trop effervescent, et de l'envoyer à Montpellier, puis en Afrique. Voilà tout.

» En définitive, concluera M. Picquart, si mon élévation au ministère de la Guerre est, comme vous le croyez, un scandale, encore plus grand que celui de M. Briand, de M. Barthou, de M. Clemenceau lui-même, prenez-vous-en à M. Clemenceau qui m'a choisi, au président de la République qui m'a nommé. L'un et l'autre peuvent vous certifier que je n'ai fait aucune démarche pour cela, et que je suis même resté totalement étranger à l'article du *Temps* qui, le soir de ma nomination, fut chargé de vaseliner pour l'opinion cette couleuvre difficile à avaler. »

Et M. Picquart a raison, comme M. Briand a raison, comme M. Barthou a raison.

S'ils sont là, eux et les autres, et s'ils y font tout le mal que leur présence seule y occasionne, par la contradiction on peut dire immorale qui résulte de leurs antécédents et de leur situation, ce n'est pas entièrement de leur fait.

La responsabilité en incombe au pitoyable signataire des décrets qui réside à l'Élysée.

C'est lui qui nomme ces ministres ; c'est lui qui ratifie ces choix tour à tour grotesques ou scandaleux ; c'est lui qui confère l'existence légale à ces aberrations, à ces monstruosités, dont se meurent à la fois la République et le pays !

C'est en vain qu'une fiction constitutionnelle n'imputera qu'une responsabilité fictive au président de la République, sous prétexte que ses décrets sont contresignés. Il n'a qu'à ne pas signer les décrets, ils ne seront pas contresignés.

Il ne faut pas que M. Fallières s'y trompe, non plus que le retiré des affaires qu'est M. Loubet. La France, dans la crise inédite qu'elle commence à traverser, finira par écarter la précaire et fragile fiction, derrière laquelle s'abritent trop commodément les auteurs réels de tant de maux déjà essuyés et de tant de ravages encore possibles.

Le besoin d'incarner en quelqu'un les mécontentements et les colères, à force de s'égarer en pure perte sur deux ou trois cents ministres changeants et insaisissables, qu'a égaillés le régime, finira par désigner, comme le coupable en chef, celui qui les nomma tous, celui dont chaque signature de Ponce-Pilate représente un dommage pour ce pays.

XXIX

A chaque jour suffit son Juif

19 Mai 1909.

A chaque jour suffit son Juif.

C'est ainsi qu'il faudra modifier, si cela continue, le judicieux proverbe qu'à chaque jour suffit sa peine.

Il y a huit jours, n'avais-je pas à commenter le rôle plus que singulier du Juif Louis Dreyfus, député de Florac, dans la première grève des postiers ?

Une semaine ne s'est pas écoulée, qu'un nouveau scandale amène au pilori antisémite un autre Juif, du nom de Marix (??), officier d'artillerie, comme Alfred Dreyfus, ce qui est bien flatteur pour l'artillerie. Celui-ci est pareillement accusé d'avoir trafiqué pour argent de choses que notre civilisation chrétienne, évidemment arriérée et réactionnaire, n'a point entendu jeter dans le commerce.

Celui-ci n'a point vendu les mystères du 120 court, ni les secrets du frein hydropneumatique, pour la bonne raison que ces articles, un instant fort demandés, avaient déjà été vendus par l'un de ses plus illustres coreligionnaires.

Mais, le génie juif étant infatigable à inventer des

choses qui puissent s'acheter, celui-ci vendait des grâces ou des commutations de peine aux condamnés de droit commun, des sursis d'appel aux réservistes tire-au-flanc, des non-lieu aux déserteurs, des acquittements ou des évasions aux prévenus et condamnés militaires.

Il était, d'ailleurs, admirablement situé pour pratiquer son commerce. La haute et clairvoyante confiance du ministre de la Guerre l'avait appelé, près du premier conseil de guerre de France, aux fonctions de capitaine-rapporteur, qu'il avait précédemment exercées, sans doute avec la même aisance, au conseil de guerre d'Amiens.

Entre temps, cet officier juif avait, à la demande et certainement à la satisfaction d'un autre ministre de la Guerre, rédigé des fiches dénonciatrices contre ses camarades du 2e corps d'armée. Et, de cet acte de basse félonie, que notre morale assurément rétrograde persiste à taxer de déshonorant, lui Juif et lui officier français, quoique Juif, avait encore su tirer profit.

A cela il a dû d'obtenir la garnison de Paris et, à Paris même, un de ces postes de non-combattant, un de ces postes de tout repos, d'où l'on peut rendre au gouvernement des services de choix, qui rapportent d'autant plus qu'ils ne coûtent à leur estimable titulaire ni une goutte de sang, ni une minute de courage, ni même une ombre de capacité.

Au surplus, et ceci juge une institution, ce répugnant scélérat était, comme par hasard, membre du Cercle Mascuraud et grand dignitaire de la Maçonnerie.

Tel est le numéro inédit que, dans son loto de

portière, la chronique de ces derniers jours a extrait du sac de pourritures qui constitue la substance du régime actuel.

N'attendez point de notre didactique antisémitisme qu'il se répande en archaïques invectives contre cet autre Juif.

On se trompe, quand on s'imagine que nous voulons aux Juifs mal de mort, pour le seul fait de leur malfaisance intrinsèque. Ils sont comme cela. C'est leur fonction de vendre ce qui ne se vend pas dans les sociétés civilisées. C'est leur valeur propre et essentielle de commercialiser des choses qui, dans la conception aryenne, ne sauraient avoir de l'argent comme contre-partie.

Ils vendent la patrie ou les secrets utiles à sa défense ; ils trafiquent de la justice ou des décisions qu'elle a rendues, exactement comme s'il s'agissait de diamants sur papier ou de guanos sur territoires antarctiques.

Tout leur est marchandise. La dignité, le devoir, la conviction, l'intégrité des hommes, la vertu, l'honneur, la pudeur des femmes, la souffrance du prolétaire et son aspiration vers la justice, la conscience du juge, la discipline du soldat, la fidélité du prêtre, l'indépendance de l'écrivain, la sûreté du dépositaire, la résistance des individus ayant qualité ou des corps constitués ayant pouvoir, tout cela, au regard du Juif, a une cote certaine et inéluctable, un cours variable et quotidien, à l'instar du Rio, de la De Beers ou de la Rente espagnole.

Ce Juif du Cherche-Midi, qui tenait boutique de

grâces et de sursis au Cercle Mascuraud et sur les
sommets vénérés du Grand-Orient, n'est au total
qu'un misérable petit Juif. Il ne vendait que des
pacotilles de bazar, pour des prix infimes de 500 à
5.000 francs. Pour connaître et apprécier le Juif
dans sa beauté souveraine, il faut viser plus haut,
au delà des cercles Mascuraud, au delà du Grand-
Orient, au delà des lamentables Parlements pour
rire et des grotesques chefs d'État pour pleurer.
Il faut embrasser ces régions encore inexplorées
où plane le Juif de la grande espèce, qui vend des
patries entières, des millions d'hommes pour des
milliards de francs, qui affame tout un continent
pour lui fournir à 20 francs plus cher le blé qu'il a
accaparé, qui révolutionne tout un empire pour lui
placer un emprunt, qui déchaînera demain la
guerre universelle, pour y écouler des stocks mono-
polisés de vivres, de cuirs, de vêtements, d'armes ou
de métaux.

Vous comprenez que ces Juifs-là, cosmopolites
par essence, ne s'amusent pas à vendre des grâces
de prison à des troupiers en goguette. La moindre
de leurs opérations est d'égorger un pays selon le
rite *kasher*, aux fins de recueillir dans leurs caisses
un peu de l'or vermeil qui coule de la blessure.....

Quand M. de Rothschild fut mandé à Ferrières,
pour y discuter avec M. de Bismarck à quel chiffre
serait fixée l'indemnité de guerre et qu'à vue de
pays on se décida pour cinq milliards, comme
M. de Rothschild discutait en mauvais français,
en français tudesque de Francfort :

— « Allons, Monsieur le baron, lui dit brusquement M. de Bismarck, assez de façons, parlons allemand ! »

A cause de cette anecdote qui se trouve relatée, dans les mémoires laissées par Frédéric III, ce livre est devenu introuvable.

Le capitaine juif des cercles Mascuraud, qui, par surcroît d'honneur, préside avec majesté aux destinées de la Maçonnerie, n'en est pas encore à discuter avec M. de Bülow quelle saignée on pourra pratiquer sur les 38 millions de Français que M. Picquart, également du Cherche-Midi et ami de Dreyfus, aura exposés à payer une nouvelle rançon.

Ce capitaine s'est borné, somme toute, aux petits métiers de sa tribu. Il a fait commerce de ce qui était à sa portée, à sa disposition, ou à la disposition de gens, qui n'avaient rien à lui refuser, puisque, comme dignitaire du Grand-Orient, il commande aux fonctionnaires du régime. Il a fait ce que son instinct de Juif lui a suggéré.

Le Juif vend tout, il est créé et mis au monde pour cela. Il ne faut donc pas l'introduire là où il y a des choses sacrées, ou secrètes, ou précieuses qu'on ne veut pas vendre. C'est le bon sens même qui l'ordonne.

Pourquoi, encore maintenant, dans aucune armée européenne, hormis l'armée française, a-t-on refusé d'admettre les officiers juifs, ou du moins ne les a-t-on admis qu'avec d'infinies précautions et, en tout cas, jamais à l'état-major général ? Parce que l'Europe n'est pas descendue à ce degré de crétinisme qui distingue nos gouvernants, de vouloir que, par la seule vertu de la déclaration des Droits de l'Homme, le Juif ne soit pas le Juif, c'est-à-dire un type d'humanité hors d'état de s'incorporer à nos sociétés, sans les corrompre et les dissoudre.

A l'exposition qui se tient actuellement aux Champs-Elysées des souvenirs de la Révolution et du Premier Empire, on pouvait voir sous une vitrine un registre des comptes personnels de Napoléon, entièrement de sa main, ce qui était assez visible aux difficultés de l'écriture. J'y ai relevé, entre autres détails, et par trois fois sur les deux pages qui y étaient étalées, ces mentions : « Au Juif un tel, pour renseignements, 2.000 francs. » Si on avait tourné les pages suivantes, on aurait trouvé sans doute bien d'autres traces de cet emploi judicieux des fonds secrets.

Napoléon avait cependant beaucoup fait pour les Juifs, pour leur statut social et la liberté de leur culte, introduit dans son Concordat sur un pied d'égalité. Cela ne l'aveuglait pas au point de ne pas prendre le Juif pour ce qu'il est.

Bismarck non plus ne s'aveugle pas. Quand on lui propose d'expédier des espions en Pologne, il répond avec sa netteté coutumière : « Je n'en ai pas besoin, j'ai mes Juifs ! »

Il faut, je le répète, que la France soit tombée aux mains de la bande de crétins qui nous gouverne, pour voir autour de chaque ministre, et même de chaque haut fonctionnaire, l'escouade de petits Juifs qui y est apostée, pour savoir à point nommé tout ce qui est profitable, et l'escouade de petits huguenots qui y est de relève, de son côté, pour y faire les affaires du parti protestant.

De sorte que ce n'est même pas aux Juifs qu'il faut légitimement en vouloir d'être le fléau social qu'ils sont ; c'est aux imbéciles de gouvernants qui ne nous en défendent pas. Et s'ils ne sont pas des imbéciles inconscients, ils sont alors d'abominables complices des ruines atermoyées qui menacent la société et la Patrie.

En définitive, ce capitaine Marix (??), frère d'armes du Kapitaine Dreyfus et du lieutenant Ullmo, ne s'est pas nommé lui-même rapporteur du conseil de Guerre de Paris, pas plus qu'il ne s'est nommé lui-même au 33e grade de la Maçonnerie.

Quelqu'un l'a choisi, et l'a choisi pourquoi ? sinon parce que Juif et, comme Juif, ennemi-né de nos choses françaises et de nos qualités nationales.

Celui ou ceux qui l'ont choisi ont donc fait envers nous et contre nous, envers le pays et contre le pays, envers les choses respectables que ce Juif a vendues et à leur préjudice, une œuvre d'ennemi et non pas de gouvernant.

Et, comme, depuis vingt-cinq ans, le parti dit républicain ne fait que cette œuvre-là ou qu'il la tolère ; qu'il en a fait une politique de défi et de provocation, il ne devra pas s'étonner, si la colère du pays, désabusée de cette œuvre infâme de dénationalisation systématique, s'abat sans pitié sur tous ceux qui en auront été responsables.

Et ce sera justice, comme disent les huissiers.

XXX

Travail de Police

21 Mai 1909.

La manière du Gouvernement, à l'endroit des séditions de fonctionnaires, a fini par se préciser.

Ce n'est ni la « manière forte » ni la « manière douce », c'est la manière accoutumée, à laquelle ce déplorable régime a invariablement recours, c'est-à-dire la manière policière, qui est le véritable ressort de ce règne de Société secrète.

Il faut entendre cette manière un peu différemment que ne le fait le public, qui en est encore sur ce point aux conceptions les plus enfantines et pour qui le vulgaire « mouchard » résume toute la police.

Instruisons la démocratie.

Sans doute, la police, on peut en être certain, a glissé de l'argent et faufilé nombre de ses agents dans tous les compartiments du mouvement syndical. Spécialement, dans les corporations et fédérations les plus disposées à l'agitation et les plus portées aux voies de fait, soyez-en sûrs, la police a du monde.

Il faudrait être destitué de tout sens commun, pour supposer, par exemple, qu'après la première grève des P. T. T., si fortement démonstrative, si grosse de motifs à réflexion, en ce qu'elle a surpris tout à coup et sans vert le Gouvernement et la police elle-même, celle-ci n'a pas complété aussitôt les mesures qui lui sont familières, aux fins d'être mieux renseignée, sur les résolutions ou dispositions des divers groupes d'employés, et aux fins aussi d'agir sur leurs délibérations secrètes, par des agents *ad hoc*. C'est l'*a b c* du métier de la police.

Au-dessus de cette besogne élémentaire, qui consiste à introduire « le mouchard », le vulgaire et classique « mouchard », il y a des opérations plus relevées et plus importantes.

La police a besoin, non seulement de se faire renseigner, mais aussi de pratiquer des sélections d'hommes. Elle est tenue de distinguer, dans le personnel déterminé sur lequel elle opère, les individus qui valent quelque chose de ceux qui ne valent rien ; les individus qui sont achetables de ceux qui ne le sont point ; et parmi les achetables, de distinguer encore si c'est par la flatterie, par l'argent, par l'ambition, par la réclame, par les honneurs, par les femmes, le jeu ou les autres passions qu'on peut les acquérir ; et parmi les non-achetables, ceux qui peuvent avoir un passé à faire oublier, des antécédents regrettables, des tares personnelles ou des secrets de famille, au moyen desquels il serait possible d'exercer sur eux une contrainte, un chantage, une pression décisive, susceptible de les neutraliser, d'abattre leur énergie ou leur ascendant.

Tout cela n'est encore qu'exploration préalable et simple renseignement.

L'œuvre de la police va maintenant consister à faire placer en tête des mouvements ou des associations qui sont à surveiller et à vaincre, non pas les individus de véritable valeur, mais les autres ; non pas les non-achetables, mais les autres ; non pas les réfléchis, mais les bavards ; non pas les concentrés, mais les violents, ceux qui parlent à tort et à travers, en semant les énormités qui effrayent et les utopies qui découragent ceux qu'elles n'enivrent pas.

Et cela, qui est déjà de l'ouvrage fort avancé, n'est encore que peu de chose.

Maintenant, il faut que la police divise pour que le Gouvernement règne. Il faut qu'elle divise la masse en groupes concurrents, et les individus eux-mêmes en personnalités rivales et défiantes.

L'œuvre du policier avisé consiste donc à briser, à fractionner l'unité de pensée, l'unité de but, l'unité d'action, pour affaiblir l'ensemble du mouvement ou de l'association, et à exciter les unes contre les autres les individualités qui seraient l'une ou l'autre capables de les ressaisir.

Pour cette besogne, cette fois infâme et dégradante, de médisance et de calomnie, que de collaborateurs involontaires et inconscients la police ne rencontre-t-elle pas ! D'autant plus actifs et d'autant plus précieux qu'ils ne se rendent nul compte du mal qu'ils font ni du préjudice qu'ils propagent ! Et naturellement, quelle est, pour le policier, l'arme la plus à portée de sa main, la plus tentante, la plus facile à manier, celle qui porte à la fois les coups les moins évitables et les plus empoisonnés ? C'est précisément de désigner, comme étant de la police, l'homme qui n'en est pas, tandis que lui, qui en est, se soustrait ainsi aux investigations et garde sa liberté de manœuvre.

Il se peut toutefois que, nonobstant ces trames et ces manigances, le danger redoutable subsiste ; que le mouvement à refouler ne soit ni atteint ni déconcerté : la police n'est pas pour cela au bout de ses moyens.

Il lui reste les moyens de force, c'est-à-dire les diverses variétés de coups d'État, par lesquels, en tournant ou violant les lois ordinaires, on s'autorise soi-même à appréhender au corps les groupes ou les individus pour les réduire à l'impuissance, par la mort, la captivité, l'exil, le bannissement..... ou la misère.

L'argent, les séductions, les calomnies n'ayant pas réussi ou totalement réussi à abattre une opposition gênante, il n'y a plus qu'à la prendre au collet, dans la personne de ceux qui exercent sur elle un ascendant, qui lui communiquent la vibration, la pensée, la direction, la cohésion, le mouvement, la vie.

Cependant, direz-vous, si ces meneurs, ces chefs et leurs acolytes ne sont point dans le cas d'avoir enfreint une loi pénale quelconque, comment les frapper ?

Qu'à cela ne tienne, la police va encore y pourvoir. C'est elle qui va forger le prétexte. De là, dans ce domaine si vague de la sûreté de l'État, les complots postiches et les séditions artificielles, les émeutes pour rire et, puisque notre sujet même nous invite à le dire, les grèves en simili, du genre de celles que nous avons sous les yeux.

Celles-ci, j'en répondrais, n'ont été inventées que pour y trouver le prétexte de purger l'administration des postes de tous les éléments militants.

En abattant les cadres, par des révocations en masse, on se flatte que le troupeau des résignés se remettra sur ses mangeoires et se laissera docilement passer au cou le licol du Statut des fonctionnaires.

Tel est, en résumé et en raccourci, le système de Gouvernement de ce qu'on appelle le parti républicain.

On ne voit pas très bien en quoi il se distingue des autres régimes de police, ni en quoi, par exemple, les Commissions mixtes lui étaient inférieures, sinon qu'il ajoute à leur conception un accent d'abominable hypocrisie, qui ne laisse pas d'être encore plus répugnant.

Peut-on sérieusement contester que la seconde grève des P. T. T., ou du moins la tentative qui en a été ébauchée, revête un caractère des plus suspects?

Depuis l'apaisement de la première grève, le Gouvernement était son propre prisonnier, prisonnier des paroles publiquement échangées, de la fausse bonhomie qu'il avait affectée, pour se tirer d'une affaire imprévue, qu'il ne savait et ne pouvait résoudre que par une capitulation.

Il semble donc que, renseigné par ses préfets et par ses députés, sur la très fâcheuse impression causée à la province par ses temporisations de la première heure, le Gouvernement ait eu à cœur de reconquérir son crédit sur l'opinion, en organisant de ses propres mains le scénario d'un coup d'autorité.

Se venger de son premier échec et en prévenir le retour, par un coup de police, qui fournirait un prétexte d'épurer le personnel des P. T. T., est l'explication la plus vraisemblable et sans doute la plus fondée de ce qui s'est passé.

Aussi, a-t-on vu les plus sourdes et les plus lancinantes excitations provenir du Gouvernement lui-même, à l'adresse des agents des postes, cependant rentrés dans le devoir sur la foi des traités.

Et ces provocations se sont produites, on l'a vu, avec une insistance graduelle et progressive, à mesure qu'on approchait de la rentrée des Chambres.

Le Gouvernement, qui tenait tout préparés ses Conseils de discipline, s'est dit qu'avec quelques décharges rapides et vite oubliées, jetant par terre trois ou quatre cents agents des plus énergiques, on materait du coup les forces syndicales, chargées de figurer cette grande démocratie qui..... que..... dont..... enfin quoi ? la grande démocratie des résignés, comme devant !

Tout cela est, disons-le, profondément injuste et profondément dégoûtant.

Mais cela achève de démontrer que le prétendu parti républicain est hors d'état de vivre honnêtement avec les forces démocratiques, dès qu'elles gardent leur sève et usent de leurs droits.

Il ne peut cohabiter avec elles qu'en les desséchant de leur sève la plus vivace et la plus précieuse, par des expédients de police, en truquant leurs libertés et en les privant de leurs droits, par d'autres expédients non moins pitoyables, non moins dignes de mépris.

C'est en vain que ce parti voudrait nous faire accroire qu'il est l'ordre contre la révolution, et qu'à ce titre on doit le soutenir.

Il n'y a qu'une objection à cela et elle est grave : c'est qu'il n'est pas l'ordre.

Voilà, au contraire, trente ans qu'il est le désordre, en même temps qu'il est la honte et la déchéance de ce pays.

C'est lui qui est la révolution, mais la révolution dans la boue, sous la protection de l'étranger.

C'est tout différent.

XXXI

LA JOURNÉE DE L'ACADÉMIE

28 *Mai 1909.*

Drumont n'est pas élu, M. Lenôtre non plus, M. Boutroux non plus : c'est M. Marcel Prévost qui l'est. Le roman élégant et grivois l'emporte sur l'histoire et sur la philosophie. L'Académie est coutumière de ces caprices : il faut, à l'occasion, savoir les lui passer.

Ce qui est plus imprévu, dans son vote d'hier, c'est le peu d'opportunité qu'on serait tenté d'y apercevoir.

L'Académie avait presque toujours montré ce qu'on pourrait appeler le tact des circonstances. Lorsqu'elle ne se déterminait pas par la supériorité intrinsèque des mérites qui briguaient l'honneur de son choix, elle se déterminait du moins par des coïncidences de faits et de personnes, qui lui permettaient d'imprimer à ses suffrages la signification et la portée d'un magistère des esprits.

Rien, d'ailleurs, ne paraissait plus légitime, encore que cela fût parfois désagréable à certains pouvoirs, que la direction donnée de haut, par une telle compagnie, à l'intelligence et à la culture françaises.

L'Académie, au surplus, semblait s'attacher à ne demeurer étrangère à aucun des nobles mouvements de ce pays, de quelque nature que les événements vinssent les lui présenter. Elle savait choisir, au moment voulu, l'homme académisable qui les personnifiait le mieux. Il lui est souvent arrivé d'élire, en dehors des belles-lettres et dans le champ si vaste des autres activités humaines, des hommes qui pouvaient à juste titre se sentir effrayés par la traditionnelle tâche de composer un discours de récipiendaire.

Le nombre d'hommes politiques que compte aujourd'hui cette classe de l'Institut, qui n'est pas celle des sciences politiques, est là pour témoigner qu'elle sait aussi, à ses heures, faire de la politique, qu'elle en fait très volontiers et ne s'interdit nullement d'exprimer avec opportunité le sentiment qui l'anime.

C'est ainsi que l'Académie française a contresigné l'alliance franco-russe en nommant M. Hanotaux ; qu'elle a rendu hommage à certains beaux débats parlementaires en nommant M. Ribot. N'a-t-elle pas sanctionné les plus beaux accents de la protestation catholique en nommant M. de Mun, après avoir nommé M. Etienne Lamy ? Ne s'est-elle même pas ouvertement associée, en nommant M. Deschanel, à un genre politique quelque peu inédit, qu'on pouvait appeler la politique des espérances ?

De tels précédents, que j'abrège, car on sait qu'il y en a beaucoup d'autres, ne nous autorisaient-ils pas à penser que Drumont, en dehors de tous les mérites reconnus et incontestés, qui ouvrent aux écrivains les portes de l'Académie, était aussi et plus que tout autre l'homme de ce moment ?

L'Académie, que nous appelons française avec une si juste fierté, est-elle donc insensible à tout ce qui s'est découvert à la charge des Juifs depuis vingt ans et plus ? Ne sait-elle rien de ce qui se passe encore maintenant, de ce qui se dit, de tout ce qui nous est révélé chaque jour d'incroyables ignominies, ayant invariablement pour auteurs des Juifs, et toujours des Juifs ?

N'avait-elle pas, en élisant Drumont, une manière éloquente et simple de faire savoir à la France qu'elle ressentait, pour sa part, l'outrage fait à ce pays, à mesure qu'on découvre à ses yeux ébahis de quelle ingratitude est payée son hospitalité, et par quelle série déconcertante de turpitudes et de trahisons la communauté juive a répondu à ses lois émancipatrices et à ses procédés fraternels ?

A l'heure où toute la vieille moralité française chancelle, ébranlée dans ses fondements par cette poussée sismique des scandales juifs que chaque matin nous apporte, nous sommes tenté de regretter que l'Académie française n'ait pas estimé à propos de faire ce qu'elle avait si justement fait dans tant d'autres circonstances, c'est-à-dire d'honorer de son libre suffrage celui qui avait prévu tous ces maux et qui, en les prévoyant, avec une lucidité d'historien, dans la langue la plus claire qu'on puisse lire, avait donné à la France la possibilité de se les épargner.

On peut, je crois, exprimer ce regret sans rien

perdre de son équanimité. Et ce n'est pas, que je sache, diminuer les mérites personnels de M. Marcel Prévost, de penser qu'il n'était pas précisément l'homme de ce jour de honte et de colère, qui semblait plutôt réservé par le sentiment public au couronnement de la *France Juive* qu'au couronnement des *Demi-Vierges*.

Il faut en conclure que la puissance du Juif est encore bien plus extraordinaire qu'on ne le suppose, puisqu'elle semble avoir fait reculer les plus fières traditions de l'Académie, au point d'interrompre les précédents si caractéristiques que je me plaisais à rappeler.

Sans doute, on nous dira que Drumont, s'il est à la fois un grand écrivain et un grand journaliste, est encore trop militant et trop sur la brèche, pour que l'Institut n'ait pas éprouvé quelque scrupule de s'engager à sa suite et de faire sur son nom une véritable manifestation d'antisémitisme.

On peut déjà répondre à cela que M. Maurice Donnay avait à son actif un certain *Retour de Jérusalem*, qui a chaudement contribué à la diffusion de l'antisémitisme, et dans un public nouveau, celui qui ne lit pas les livres et qui va de préférence au théâtre.

M. Maurice Donnay n'était donc, du moins en cette matière, qu'un disciple de beaucoup de talent du maître que nous aimons. Les Juifs ont, d'ailleurs, donné à fond pour empêcher l'élection de M. Donnay. Ils sont allés dans l'invective et la perfidie jusqu'à lui imputer d'être lui-même d'origine juive et de renier son berceau. L'Académie a passé outre et elle a bien fait. Elle n'en a eu qu'un bel esprit de plus, comme elle aurait eu un grand esprit de plus, si elle avait élu Edouard Drumont.

Il faut donc renoncer à l'objection et se rabattre, non sans quelque mélancolie, sur l'autre explication, qui ne laisse pas de nous grandement affliger, à savoir que l'Académie est peu à peu, elle aussi, gagnée par l'esprit juif.

On se tromperait de croire que cet esprit spécial réside seulement dans le négoce. Il réside aussi et surtout dans cette lente et subtile corruption qui attaque la mentalité d'un pays, en flattant de préférence ses vices et ses instincts les plus licencieux. La dépravation, propagée par les tableaux de luxure, qui font désormais la fortune d'innombrables publications, est une œuvre essentiellement juive. « L'école charnelle », pour employer un mot de Buchanam, est une école où les Juifs sont passés maîtres. La plupart des romans, depuis un quart de siècle, sont composés avec une préméditation perverse, pour donner à ceux qui les lisent des sensations aussi approchées que possible du vécu et du ressenti. L'art descriptif est poussé dans ce genre jusqu'à suppléer aux réalités. Si ce genre très demandé a trouvé beaucoup d'imitateurs, on ne saurait contester qu'il a été en grande partie lancé et développé par les Juifs. « Pendant qu'ils liront cela, semblaient-ils dire de nous, ils ne s'occuperont pas de ce que nous faisons par ailleurs. »

Les écrivains les plus responsables de cette dépravation ne sont pas ceux qui ont jeté sur le marché de grossières pornographies, mais ceux qui les ont rendues plus élégantes et plus présentables, en y consacrant un véritable talent ; ceux qui ont fait des Fragonards de cabinets particuliers, au lieu de pocher à la diable des images d'Epinal.

M. Marcel Prévost n'est-il pas un peu de ceux-là, et l'Académie qui vient de le consacrer sien, au rebut d'un philosophe de la valeur de M. Boutroux, au rebut d'un narrateur incomparable comme M. Lenôtre, au rebut enfin, d'un sociologue, d'un historien et d'un penseur comme Drumont, ne se sent-elle pas un peu confuse d'avoir conféré son illustre patronage à un auteur dont la création principale et le chef-d'œuvre le plus connu furent une trouvaille assez lascive d'un ragoût plus que pervers ?

Dans notre enfance, quand on avait parlé à demi-mot de Paul de Kock, on avait dit l'extrême limite de notre licence. La vérité est que ce brave Paul de Kock, à qui M. Chaumié, l'ancien garde des sceaux, ressemble comme un frère, avec ses joyeuses laitières qui se roulaient sur l'herbe en montrant leurs jarretières, et ses étudiants en goguette amoureuse, pourrait passer, par comparaison, pour un moraliste gaulois de l'esprit le plus sain et le moins corrupteur.

Chez celui-là, l'esprit juif n'avait point encore pénétré. Il n'avait point ce « faisandé » que les auteurs juifs, aussi bien les écrivains que les musiciens, ont mis à la mode.

M. Marcel Prévost fut, à l'Ecole Polytechnique, le camarade d'Armand Sylvestre. Tous deux quittèrent, dès leur sortie de l'Ecole, les carrières scientifiques pour la littérature. Mais Armand Sylvestre, dans son genre, s'y montra, si je puis dire, un Paul de Kock supérieur ; tandis que M. Prévost se laissait contaminer par le virus juif, qui l'a conduit tout droit au Dreyfusisme — car l'Académie vient aussi de consacrer entre temps cette lamentable erreur des « intellectuels », sur laquelle tombe chaque jour la lumière plus intense et plus crue des révélations qui se succèdent.

Drumont peut, certes, se consoler d'un échec qui n'atteint ni lui, ni son œuvre, quand les événements, qui se pressent et se multiplient pour lui donner raison, lui apportent une part d'immortalité moins conventionnelle que celle dont l'Académie est la dispensatrice.

XXXII

LE JUIF DUPONT

2 Juin 1909.

Comment diable un Juif a-t-il pu s'appeler Dupont ?

C'est la question que chacun se pose et c'est, en effet, l'une des notations curieuses de ce temps, cependant si fertile en curiosités que la copulation inattendue de ces mots qui jurent d'être accouplés.

Dupont est un vieux nom de paysan français comme Duval, Dupré, Dumont, Dubois, Dupuy, Durand, Dumoulin, Duchemin, etc., tous empruntés à des signes topographiques de nos villages, comme Duchêne, Delorme, Dupin, Dufrène, etc., furent empruntés à des arbres du terroir, qui ne croissent pas en Palestine.

Tous ces noms-là, qui pullulent dans les Bottins et les annuaires de notre pays, sont des noms de toute petite bourgeoisie rurale, élevée peu à peu à la grande bourgeoisie urbaine. Tous ces noms-là ont été aux croisades, comme simples soldats. Certainement, parmi les gens qui, de Vaucouleurs à Chinon et de Chinon à Reims, tinrent au passage l'étrier de Jeanne d'Arc, et encore que ce soit un Juif qui garde la maison de Domremy, il doit y avoir beaucoup de Dupont et de Duval et de Dupin et de Duchêne.....

Par quelle étrange métamorphose de linguistique, le nom d'une des douze tribus d'Israël qui dut originairement être celui du Juif de la Marine recruté par Thomson, a-t-il pu permuter avec celui de Dupont ?

La chanson de Mac-Nab, qui fut l'un des succès du Chat-Noir, nous revient forcément à la mémoire :

> Faut-il que son orgueil soye profonde
> De s'être f...tu un nom comme ça !
> Peut donc pas s'appeler comme tout le monde ?

La trouvaille du Juif Dupont serait ici d'avoir voulu s'appeler comme tous les Français et la question se pose de savoir s'il y faut voir un acte suspect d'astuce judaïque ou un acte louable d'assimilation.

La question s'est posée en Allemagne, au début du XIXe siècle. L'une des répercussions de la Révolution française en Europe centrale fut d'y émouvoir les colonies juives, parquées jusqu'alors dans les ghettos des grandes cités allemandes.

Les Juifs demandèrent à participer à la vie commune et à bénéficier comme en France du Statut social de tous les citoyens.

Ce ne fut pas sans de grandes objections, d'ailleurs assez fondées, que cette aspiration fut accueillie. Un édit prussien de 1801 ou 1802 entre dans cette voie, mais impose aux Juifs pétitionnaires, comme premier gage de leur assimilation, l'obligation de changer leurs noms.

C'est même à cette législation bienveillante que beaucoup de Juifs allemands doivent les noms de villes et les noms de bêtes dont ils sont aujourd'hui titulaires.

Le Caillaux de l'époque mit un tarif gradué aux noms que les Juifs pourraient s'approprier. Les beaux noms composés, tels que Rosenthal (champ de roses), Blumenthal (champ de bluets), Rothschild (écu rouge), etc., furent taxés à mille thalers.

A cinq cents thalers, on fixa les noms de ville, tels que Ratisbonne, Copenhague, Francfort, Kœnigsberg, Brunswick, Worms, Coblentz, Anvers, Cologne, Trèves, Mayence, Landau, etc., suivis des noms de villes de l'ancien continent, depuis Reims, Lyon, Caen, Carcassonne, Toulouse, etc., jusqu'à Lisbonne.

Le législateur dut aussi se préoccuper, comme de juste, des Juifs qui étaient pauvres. Je veux dire ceux qui n'avaient pas encore eu le temps ni l'occasion de faire une colossale fortune et qui n'avaient pas le moyen de se payer un nom sélect, ni même un nom quelconque. A ceux-là, on donna toute licence de prendre à leur gré les noms de bêtes, tels que Wolf (loup), Hirsch (cerf), Beer (lièvre), etc., qui émaillent à présent l'armorial du Tout-Paris et qui figurent en bonnes places aux galas politiques de l'Opéra, d'où les Français de France se voient désormais le plus souvent exclus.

Toutefois, Dupont n'est ni un nom de ville, ni un nom de bête. De même que Jacques Bonhomme est le nom légendaire du laboureur français, Dupont est le nom tout aussi symbolique du petit bourgeois français. Et, encore une fois, on n'aperçoit pas les lien historique ni occasionnel, qui ont pu transmuter en Dupont le nom du Juif que M. Thomson avait choisi pour son chef de cabinet, de préférence à tant d'autres excellents sujets du plus pur sang de France, que les cadres de la Marine offraient au choix de ce ministre.

Je dirai même que le fait spécial d'être, de préférence à tous les autres Français, choisi par les ministres républicains, pour occuper un poste de choix est tellement caractéristique, qu'il dénonce le Juif *ipso facto*, même quand il est dissimulé sous les noms d'emprunt de notre vocabulaire patronymique.

C'est ainsi que, voulant rechercher, parmi les milliers de Durand de l'administration française, quels sont les porteurs de ces noms qui sont juifs, il nous a suffi de relever, dans leurs états de services respectifs, la mention signalétique de *chef de cabinet* ou *d'attaché au cabinet* ou de *secrétaire particulier* de tel ministre, pour avoir de suite le signe particulier qui ne laisse aucune incertitude sur l'identité du personnage.

Par exemple : Il y a, en France, treize magistrats du nom de Durand. Mais il y en a un du prénom de Félix, né à Alger, le 18 juin 1854, qui se trouve avoir débuté dans la carrière par être *secrétaire particulier du garde des sceaux* et avoir ensuite été *chef de cabinet du ministre de la Justice.*

Il nous a suffi d'aller aux sources pour découvrir que ce magistrat, du nom de Durand, n'est autre que le descendant du Juif ben Zemach Draue, dont Abd-el-Kader n'eût certes point à se louer.

Je veux bien que ce Juif soit magistrat et qu'il

s'efforce d'être bon magistrat, s'il se peut. Mais les gardes des sceaux qui l'ont choisi spécialement comme *secrétaire* et comme *chef de cabinet* pourraient-ils nous dire, en vertu de quel pacte secret, en vertu de quel inexplicable privilège, ils ont choisi ce Durand-là, qui est Juif, de préférence aux douze autres Durand, qui ne sont pas sans doute moins dévoués à la France et ne sont pas Juifs ?

Certainement, c'est un des mystères les plus inquiétants de ce régime. On est conduit à se demander si notre personnel politique, qui ne se montre à nous qu'encadré de Juifs de cabinet et de huguenots de secrétariat, est à ce point aveugle ou à ce point prisonnier !

Un petit fait, qui n'a l'air de rien, m'a personnellement beaucoup et définitivement frappé.

On me proposa un jour de prendre pour mon secrétaire un jeune Juif, qui se contenterait, me disait-on, d'un fort modeste émolument, pour tenir ma correspondance et faire les petits travaux de recherches et de documentations qu'un journaliste ne peut pas toujours faire par lui-même. Je déclinai la proposition, non sans souhaiter au jeune postulant de trouver bientôt la position qu'il désirait..... Quelle ne fut pas ma surprise, très peu de temps après, d'apercevoir ce jeune Juif dans les couloirs de la Chambre où il circulait comme un familier, et d'apprendre qu'il était devenu *secrétaire particulier du ministre des Affaires étrangères* ! ! !

Encore une fois, qui ou quoi avait pu déterminer ce ministre à choisir ce jeune Juif pour son secrétaire particulier, c'est-à-dire pour le confident inévitable et obligatoire de ses projets, de ses démarches, de ses négociations, des choses les plus secrètes de son département et de son travail politique et personnel ?

Ce ministre pourrait-il nous dire en vertu de quelle étrange sélection à rebours, au lieu de choisir pour son secrétaire particulier un des excellents sujets français de très bonnes familles françaises, qui sont dans les cadres de son personnel diplomatique, il a choisi de préférence ce petit Juif, qu'aucune distinction apparente ne paraissait désigner à son choix ?

Cet épisode n'est pas exceptionnel. Il est ordinaire. Dupont n'est que le dernier en date. A chaque ministère et à chaque ministre, vous le constaterez. Il fait partie du régime.

Partout où un secret est à surprendre, le Juif est embusqué, comme il est embusqué partout où, grâce à lui, l'opinion peut être fabriquée.

Il est extravagant et à peine croyable qu'après les expériences mortifiantes, douloureuses, réitérées de Reinach, de Cornélius Hertz, d'Arton, de Dreyfus (et de ses complices non poursuivis mais également Juifs), d'Ullmo, de Marix, de Dupont-Dreyfus, qui ne sont que des prologues, il se trouve encore des ministres républicains pour ne pas prendre les précautions élémentaires que la prudence commande à tous les gouvernements.

———

XXXIII

LE TESTAMENT CHAUCHARD

9 Juin 1909.

Il est entendu que chacun peut faire de son argent ce qui lui plaît. User et abuser de la chose est, selon la loi civile, la définition même de la propriété. On ne saurait donc contester à qui que ce soit l'entière liberté de disposer à son gré de sa fortune, et bien mal avisé serait le censeur, qui voudrait trouver à redire à des dispositions n'ayant d'autre juge que celui qui les fait.

Cependant, précisément parce que cette liberté reste entière, ne permet-elle pas d'apprécier, par l'usage même qui en est démontré, le caractère, la complexion, l'intelligence de celui à qui elle est tout d'abord pleinement reconnue ?

Ces réflexions nous sont naturellement suggérées par le testament de feu Chauchard, qui fait depuis vingt-quatre heures l'objet des commentaires de tout Paris.

Quand je dis « le testament », je ne dis même pas le terme exact. Le testament, nous ne le connaissons pas dans sa teneur ; nous n'en connaissons que les dispositions principales, communiquées aux journaux par une note qui est un pur chef-d'œuvre de présentation.

Il faut connaître notre métier, pour savoir ce qu'on peut faire absorber d'énormités à l'opinion publique, à la condition de les lui présenter selon les préceptes de l'art.

La note testamentaire relative à feu Chauchard prendra place parmi ce qui a été fait de mieux en journalisme depuis un quart de siècle. Rien que cela justifierait amplement les deux ou trois millions légués à notre excellent confrère M. Gaston Calmette ; et nous sommes justement fiers, en espérant que l'exemple n'en sera pas perdu au *Figaro* ni ailleurs, de voir l'un des nôtres recevoir enfin de sa copie le vrai prix qu'elle vaut.

La note débute par le don à l'État de « l'incomparable galerie », où papillotent en feux d'artifice les signatures les plus célèbres. Puis, par une série de notes complémentaires et de corollaires vertigineux, rédigés et piqués avec une entente magistrale de l'effet à produire, la galerie Chauchard, que M. Henri Rochefort, familier de la maison, estimait quatorze millions, de l'aveu de son propriétaire, arrive à valoir trente millions, puis quarante, puis soixante, puis pour le moins le tiers de la fortune totale du donateur, dont au surplus on ne nous dit pas le chiffre.

Et « pour aider à l'installation de ces merveilles », ajoute la note, M. Chauchard laisse encore deux millions. N'en jetez plus, de grâce ! Le Louvre en est confus.

Tout cela, pour faire passer les legs suivants qui sont un peu moins reluisants et au milieu desquels s'estompe et disparaît l'amie qui est instituée légataire universelle.

Il est certain que l'autre Louvre celui des magasins, la maison-mère, celle qui, par son travail de ruche, a enfanté la possibilité de ces merveilles, puisque merveilles il y a, est moins bien traité.

Trois millions aux 4.000 employés du Louvre paraîtront disproportionnés. Quand on songe que M. Chauchard a dû son immense fortune précisément au labeur anonyme de ces milliers de braves gens qui, du matin au soir, sont affairés vers la plus-value journalière de leurs rayons respectifs, on estime en général que le peu qui leur fait retour est assez maigre.

Au moment où les rapports de la main-d'œuvre et du capital apparaissent de plus en plus tendus et en voie d'un partage plus équitable des bénéfices, la modicité de la disposition prise en faveur de ses collaborateurs par M. Chauchard (qui justement n'a pas d'héritiers légaux ni réservataires pour y mettre obstacle), n'est pas pour légitimer l'épithète de « grand philanthrope » que lui décernent des légataires mieux partagés.

L'opinion publique eût été croyons-nous un peu plus satisfaite si M. Chauchard avait suivi les traces des Boucicaut. Dans la même partie, ayant exploité le même filon commercial, ils ont d'abord songé à assurer la fortune et l'indépendance des ouvriers qui avaient fait la leur.

Mais ces commentaires ne sont qu'une ombre légère au décor du testament, à côté du morceau de résistance auquel s'accroche aujourd'hui la malignité publique.

Je veux parler du legs aussi considérable qu'imprévu de quinze millions fait par M. Chauchard à la famille Leygues.

Évidemment il y a là un cas psychologique d'une rare intensité. M. Georges Leygues n'est pas, que je sache, parent à aucun degré de M. Chauchard ; il n'est pas son allié par mariage ; il n'était pas son ami intime ni ancien, plus que ne l'étaient les quelques familiers qui fréquentaient l'hôtel de la rue Velasquez ou le château de Longchamp. Il est donc simplement le ministre qui a ouvert à M. Chauchard l'accès des grandes dignités de la Légion d'honneur et il est manifeste que M. Chauchard lui en a gardé une reconnaissance extraordinaire.

M. Chauchard a été fait chevalier de la Légion d'honneur le 12 Juillet 1880, officier le 16 Mars 1885, et jusque-là, ces distinctions n'ont rien que de très naturel, décernées à l'un des plus notables représentants du grand commerce parisien. Il a fallu l'arrivée de M. Loubet au Ministère de l'Intérieur, en 1892, pour que la cravate de commandeur fût offerte à M. Chauchard. Non plus au titre commercial, mais à titre « de services exceptionnels, pour » secours multipliés à des Sociétés de bienfaisance » et de secours mutuels ». Et l'on assure que M. Chauchard avait couché M. Loubet sur son testament pour la somme de six millions, en même temps qu'il arrose de cinq cent mille francs l'hospice de Montélimar.

Arrive le Ministère Waldeck-Rousseau, de néfaste mémoire, dans lequel M. Georges Leygues avait accepté, avec l'empressé concours de M. Lintilhac, le Ministère de l'Instruction publique et des Beaux-Arts. Cette fois, M. Chauchard est promu grand-officier le 14 Décembre 1900, au titre de « collectionneur », et M. Georges Leygues en demeure couché pour quinze millions sur le précieux document.

Enfin, le 5 Août 1907, sous le consulat de M. Clemenceau et de M. Briand, le souverain cordon rouge, qui barre la poitrine des héros et des potentats, échoit à M. Chauchard qui, au mois d'Août de l'année précédente, avait déposé chez Me Jousselin le legs ou la donation de sa galerie de tableaux en faveur du Louvre.

Cette simple chronologie des décrets et des ministres, qui ont successivement élevé M. Chauchard aux plus hautes dignités de l'Ordre national, indique suffisamment que cet homme, d'ailleurs méritant, a été infiniment sensible à ces distinctions. La vanité de ces hochets, qui coûtent si peu à ceux qui les donnent, était en réalité son ressort directeur.

Peut-on douter que, du moment où l'on avait saisi chez lui ce faible, on lui aurait fait donner toute sa fortune ? Molière semble prévoir M. Chauchard, quand il fait dire à M. Jourdain :

— « S'il va jusqu'à l'Altesse, il aura toute la » bourse ! »

De ce chef, voilà M. Leygues, cadet de Gascogne, naguère aussi besoigneux que vert galant, promu d'un seul coup au rang de gros capitaliste. Il entre en concurrence avec M. Jean Dupuy, pour devenir le syndic de faillite de la République, à moins que ce legs quelque peu écrasant ne devienne fatal à sa carrière. On aurait vu des choses plus singulières.

J'admire, d'ailleurs, avec quelle remarquable supériorité, que je ne cesserai de proclamer en faveur de la clairvoyance israélite, le jeune Juif qui est devenu l'an dernier le gendre de M. Georges Leygues, semble avoir eu le pressentiment de la fameuse libéralité qui allait combler la famille de son beau-père.

Certes, les chroniqueurs du temps présent, ses historiographes et ses moralistes ont raison. S'ils saisissent à point nommé l'épisode Chauchard, comme l'un des traits caractéristiques des mœurs du Bas-Empire où nous sommes descendus, c'est leur droit. Les délateurs maçonniques, les affranchis levantins devenus ministres, les proxénètes et les matrones, habiles à prévenir ou à dissiper les fruits de la maternité, préjudiciables au luxe effréné des femmes, les agences quasi-officielles de prévarication, où l'on tient, pour tant de sesterces, comptoir de jugements et de clémences mercenaires, tout cela, fatidique avant-coureur de la dissolution des sociétés, Juvénal le fustigeait déjà il y a deux mille ans. Et voici venir les flagorneurs de vieillards, captateurs d'héritages, pour lesquels sa Némésis ne fut pas plus indulgente.

Au total, le testament de M. Chauchard, même arrangé pour l'opinion avec toute la parure que M. Gaston Calmette sait mettre aux souscriptions du *Figaro*, est l'œuvre d'un caractère fort médiocre et d'une intelligence assez circonscrite. Il fera pour les progrès de l'anarchie sociale, qui nous déborde, plus que ne font les grèves les plus menaçantes et les plus désordonnées.

Un capitaliste d'extraction fort modeste, qui fait faire pour sa propre dépouille un cercueil de 48.000 francs, les incrustations et les ciselures que personne ne verra plus, puisqu'il sera enfermé à jamais dans un tombeau ; qui se fait ensevelir dans un linceul d'or, vêtu d'un gilet de cinq cent mille francs, et convoyer dans Paris étonné par une cavalcade Louis XV, portera sûrement devant l'univers prolétarien ce témoignage que la fortune n'échoit pas toujours aux meilleurs types de l'humanité. Je crains que ces travers, cependant bien innocents, d'un capitaliste fastueux, ne soient pas aussi aisément pardonnés par tout le monde que. par nous-mêmes.

XXXIV

LA FAILLITE DE L'EUROPE

10 Juin 1909.

D'affreux renseignements nous sont parvenus sur les massacres d'Arménie. Des lettres, venues d'Adana, relatent quelques-unes des atrocités commises contre la population chrétienne de cette malheureuse ville d'Asie Mineure.

Il faudrait tout citer. A choisir entre ces monstrueux tableaux, on hésite, la pudeur vous arrête et l'on ne sait lequel reproduire, qui serait le plus convaincant, parce que le plus horrible.

Au hasard, citons celui-ci :

« Dans une ferme, ils (les massacreurs turcs)
» avaient surpris toute la famille Burdikian, com-
» posée du mari, de la femme, de deux enfants
» mâles et d'une fillette de six ans. La femme, âgée
» de vingt-huit ans, s'était jetée à leurs pieds en
» criant pitié. Ils avaient souri et lui avaient
» répondu :

» — Nous aurons pitié, nous aurons pitié, tu
» vas voir !

» Puis, ayant lié le mari au pied d'un lit, ils

» avaient pris la femme, l'avaient mise complè-
» tement nue, et, avec trois gros clous, l'avaient
» clouée au mur, un clou pour chaque main, un
» pour les pieds. Avec la pointe d'un yatagan, ils
» avaient tatoué sur son ventre un des symboles
» chrétiens ; puis, tandis que, folle d'épouvante,
» elle se taisait et regardait de ses yeux écarquillés,
» ils avaient conduit le mari devant elle au milieu
» de la chambre, l'avaient déshabillé, l'avaient
» enduit de pétrole et l'avaient allumé comme une
» torche. Le corps avait pris feu gaiement en gré-
» sillant, les cheveux avaient fait une flambée, la
» chair s'était calcinée et détachée avant qu'il ne
» mourût..... Eux, ils dansaient et chantaient,
» autour du bûcher humain, les hymnes chrétiens.
» Les enfants pleuraient dans un coin, la femme
» regardait du haut de son mur, les bras ouverts,
» tout son jeune corps offert, avec son ventre
» sanglant, devenu tabernacle.

» Puis, on lui avait coupé les seins et forcé les
» enfants à sucer cette chair saignante ; on lui
» arracha les ongles, on lui coupa les doigts, lui
» trancha le nez, lui brûla les cheveux.

» Enfin, sous ses yeux d'agonisante, on scia la
» tête aux enfants mâles, on violenta la fillette, puis
» on leur enleva le foie et le cœur, que l'on mit dans
» la bouche de la mère en criant :

» « Sainte Vierge Marie, sauve-les ! Viens, des-
» cends ! Ne vois-tu pas qu'ils meurent ? C'est
» leur cœur, tu sais, que tu manges, le cœur de tes
» fils, tes fils si chers, que tu aimais tant, si jolis,
» si blonds !..... »

» On l'acheva à coups de hache. »

Je le répète, ce n'est qu'un des épisodes de la démoniaque tragédie dont Adana et quelques autres cités arméniennes ont été le théâtre.

Partout ailleurs, le même sadisme de cruauté se reproduit, avec d'effroyables variantes et d'invraisemblables détails, à faire frissonner d'épouvante les lecteurs les plus avertis de ce que la faune humaine peut encore contenir de férocité primitive.

Mais, cela étant connu, que penser de l'Europe, de cette Europe civilisée, humanitaire, livrée à l'idéologie des fraternités de races, qui supporte de telles barbaries sans y mettre le holà, sans chercher à les réprimer, sans même menacer de les châtier à coups de canons?

Que l'Europe soit partagée en deux ou trois groupes de puissances et que, figée dans ce dispositif, elle croupisse immobile, l'arme au pied, elle n'en est pas moins en état de faillite, au regard de la civilisation générale. Celle-ci ne connaît et ne peut connaître ni triplice ni triple entente, ni rien, que le révoltant spectacle dont l'une et l'autre triplices consentent à rester les spectatrices.

Déjà, dans l'affaire austro-serbe, la faillite fut lamentable. Le droit international le plus évident, le plus clairement exprimé qui fût, par des traités solennels, s'est trouvé ouvertement violé : et l'on a vu cette Europe armée jusqu'aux dents, par crainte d'avoir à s'en servir, se vider dans son armure.

Maintenant, c'est le droit naturel, le droit éternel de toutes les créatures humaines, inscrit d'office au code de toutes les nations policées, qui est également rejeté, par la pusillanimité de l'Europe, dans les reculements millénaires, où s'entredévorent, sur des charniers de cauchemar, des bêtes d'Apocalypse.

Ironie ! Ironie irrésistible des aberrations contemporaines ! Ah ! le bon M. Carnegie qui, avant de nous donner cinq millions, pour pensionner nos héros, en avait donné sept, pour édifier à La Haye le Palais de Justice des peuples !

A quoi sert-il, ce palais, je vous prie, s'il tolère, sans mot dire, de telles barbaries et s'il ne juge, comme on l'a vu récemment par le différend franco-allemand, que des litiges déjà aplanis ?

N'est-ce point de ce Tribunal amphictyonique du monde civilisé qu'aurait dû partir l'ordre immédiat de mobiliser sur-le-champ toutes les gendarmeries, pour arrêter dans leur fureur et punir sur leur propre fait, les auteurs de tels crimes de lèse-humanité ?

Civilisation chrétienne, solidarité maçonnique, humanitarisme socialiste, des milliers de victimes succombent, zébrées de coups de yatagan, qui se réclament de votre protection, tendent vers vous leurs bras de suppliciés, des bras qui déjà ne sont plus que des moignons sanglants, et vous demeurez insensibles, inertes, expectants !

Pour quelle cause enfin sortiront ces millions de soldats et ces milliers de canons et ces Leviathans de la mer, qui ne connaissent plus de distances, pour quelle cause, si ce n'est pour celle-là ?

Et n'est-ce point aussi le moment de demander

au gouvernement des « Jeunes-Turcs », qu'on nous représente comme des hommes de progrès, imprégnés de libéralisme occidental, comment il se peut que des atrocités pareilles puissent se reproduire, sous le régime de « liberté » qu'ils disent avoir établi dans l'empire ottoman ?

En quoi ce régime diffère-t-il de celui qu'on reprochait naguère à Abdul Hamid ? On pend, sur les places publiques de Constantinople, à des potences perfectionnées et portatives, des centaines de malheureux, dont le crime est de n'avoir pas l'opinion politique des Jeunes-Turcs. Mais à Adana et dans toutes les cités arméniennes de l'Asie Mineure, à quelques heures des garnisons turques et des cuirassés ottomans, on massacre par milliers (quinze mille, ont écrit les évêques chaldéens) des créatures humaines, dont le seul crime est d'invoquer Jésus au lieu d'Allah !

Comment une telle boucherie a-t-elle pu se consommer, au vu et au su du gouvernement turc, sans que les puissances aient fait entendre à celui-ci les protestations qui précèdent les châtiments militaires ?

Toute la répression s'est bornée, à ce qu'on assure, à une quinzaine d'exécutions, parmi lesquelles on a encore trouvé moyen de pendre six ou sept Arméniens, qui se trouvent ainsi également massacrés par leurs soi-disant protecteurs.

C'est ici peut-être qu'on peut le mieux apprécier combien la France d'autrefois manque à l'humanité, et quel vide sa déchéance aux mains d'ignobles mercantis a laissé dans la conscience universelle !

Je ne sache pas que la France de jadis eût toléré
nulle part dans le monde un tel repaire de bêtes
fauves, sans y dépêcher ses missionnaires et ses
artilleurs.

A défaut de ses artilleurs, encore sont-ce ses
missionnaires et ses Sœurs de charité qui, au péril
de leurs vies, ont sauvé et recueilli, à Adana même,
des milliers de victimes.

Sous la fusillade, ces simples de cœur, qui ne
connaissent de toutes nos vaines philosophies que
le *Pater Noster* et l'*Ave Maria*, sont allés chercher
par centaines des réfugiés qui ne pouvaient plus se
défendre, pour les mener, groupe hagard d'épouvante, comme un troupeau sous l'orage, dans un
édifice plus abrité contre les assauts des assassins
et des incendiaires. Neuf des leurs, dit le corres-
pondant, sont tombés en route, sous les balles, mais à
à ce prix, plus d'un millier de ces pauvres gens ont
pu échapper à l'infernale torture.

De tels faits, à l'honneur de sauveteurs faibles
et isolés, rendent plus légitime l'accusation portée
contre l'Europe d'avoir déserté son rôle de gendarme,
d'avoir fait faillite à la civilisation.

XXXV

Le « Kulturkampf »

20 Juin 1909.

Poursuites contre Mgr Marty, évêque de Montauban ; poursuites contre Mgr Duparc, évêque de Quimper ; poursuites contre Mgr Laurans, évêque de Cahors ; poursuites contre Mgr Andrieu, cardinal-archevêque de Bordeaux.....

A l'instar de M. de Bismarck, M. Briand entreprend donc ici de ressusciter le *Kulturkampf*.

C'est en laïque et non pas en clerc qu'il nous incombe d'apprécier la voie où le Gouvernement s'engage.

En thèse générale et historiquement parlant, elle n'est pas bonne, car toutes les entreprises de ce genre ont échoué.

Alors même qu'elles étaient conçues et maniées par des hommes d'État de premier ordre et par des puissances autrement redoutables que les ministres falots et décriés d'aujourd'hui, elles se sont terminées par un avortement.

Quand la Révolution, Napoléon Ier, M. de Bismarck et le Gouvernement anglais lui-même ont été obligés de battre en retraite, n'est-il pas un peu bien présomptueux, de la part de M. Briand, de croire qu'il y sera plus avisé et plus victorieux ?

M. Briand ne fera, je suppose, rien de plus que n'a fait la Révolution.

Celle-ci a non seulement voulu imposer à l'Eglise catholique un statut civil, contraire à sa hiérarchie et à sa discipline, mais elle a confisqué tous ses biens, dépossédé son clergé, interdit la célébration de son culte, proscrit et massacré ses prêtres. La Révolution est-elle donc pour cela venue à bout de l'Eglise ? Il n'y paraît point, puisque l'Eglise est toujours là, tandis que la Révolution n'est plus qu'un souvenir, un sujet d'études, tout au plus un levain de fermentation.

Le cas de Napoléon Ier est un peu différent. La Révolution s'était proposé de détruire le catholicisme en France ; Napoléon, au contraire, l'avait rétabli, avec la dignité, les dotations et aussi les obligations que son sens élevé du Gouvernement lui démontrait nécessaires. Il se flattait cependant qu'ayant ainsi restauré la religion catholique, il était fondé à attendre d'elle un service de retour et de réciprocité. Il prétendait donc la subordonner à ses vues politiques, soumettre les évêques et le Pape lui-même à ses directions temporelles et à ses desseins. Les évêques étant considérés par lui comme des Préfets d'une police morale qui devaient être à ses ordres, comme les autres préfets, il attendait d'eux qu'ils apportassent au régime impérial le soutien docile et permanent de l'autorité de l'Église sur les âmes.

Certains prélats se montrèrent peu maniables et la rude main de l'Empereur s'abattit, elle aussi, sur eux et sur leurs prêtres. « Il faudra bien, s'écriait-il, devant le clergé parisien, que les prêtres obéissent à la puissance civile ! »

Quand une telle parole est dite par un homme de la taille de Napoléon, elle a certainement une autre portée que lorsqu'elle tombe de la bouche des ministres d'un jour dont nous savons la fragilité. Néanmoins, malgré son autorité toute puissante, malgré la raison d'État qui lui servait d'excuse, encore qu'il fût allé dans ce système de coercition jusqu'à cette extrémité d'emprisonner le Pape lui-même, après avoir infligé à cet auguste vieillard les plus irrévérencieux traitements et les plus doulou-reuses mortifications, Napoléon fut obligé d'y renoncer. Il n'est plus et l'Église demeure. C'est donc qu'elle est capable de supporter des épreuves assurément moins redoutables, de la part d'agres-seurs plus débiles et plus éphémères.

Pour M. de Bismarck, le cas est encore différent, mais la conclusion ne l'est pas.

M. de Bismarck conçoit et réalise, par le fer et le sang, on ne le sait que trop, l'unité de l'Allemagne, sous l'hégémonie de la Prusse protestante. Il fonde l'empire allemand. Cependant, il s'avise que l'unité politique de l'empire n'est que précaire, si l'unité religieuse y fait défaut. Il entreprend donc de sou-mettre aux directions protestantes les populations catholiques du nouvel empire, les évêques de Pologne, de Bavière, des pays rhénans.

On le connaît assez pour savoir que rien ne

l'arrêtera dans l'exécution de son dessein. Les prisons germaniques se refermeront sur les archevêques traînés aux prétoires et condamnés par des juges à la dévotion du chancelier.

Ce régime de contrainte, qui porte le nom de *Kulturkampf*, a beau se prolonger, la résistance des évêques et des populations catholiques ne fait que s'en accroître et y puiser une nouvelle autorité morale dont l'Europe elle-même s'émeut.

A son tour, M. de Bismarck s'aperçoit qu'il fait fausse route ; il est contraint de réfléchir et de reculer, sinon d'aller à Canossa faire sa soumission au Saint-Siège. Finalement, les catholiques allemands, réintégrés dans la plénitude de leurs franchises concordataires, non seulement triomphent de la persécution, mais acquièrent au Reichstag, en majorité protestant, une influence politique considérable et dans certains cas prépondérante.

Est-ce que M. Briand se croit plus fort que M. de Bismarck ?

Mais voici que l'Angleterre elle-même a voulu, dans ces dernières années, entreprendre de soumettre les enfants catholiques à l'enseignement protestant de l'État. Un bill, qui porte le nom anglais « d'education-bill », prétend imposer, comme ici, aux familles catholiques, d'envoyer leurs enfants aux écoles de l'État, pour y recevoir l'enseignement qu'il plaira à l'État de leur donner.

En Angleterre, on le sait, les questions de libertés publiques ne sont pas, comme chez nous, traitées par l'indifférence. Aussitôt, une formidable ligue des familles catholiques s'organise dans tout le

Royaume-Uni, pour le refus de l'impôt. Le Gouvernement tient tête. Il décerne trente-six mille contraintes, fait prononcer des milliers de condamnations, emprisonner treize cents personnes, pour refus d'acquitter leurs contributions. Nul ne cède, parce que les droits de la conscience religieuse sont de leur nature intraitables et intransigeants, hors des compétences d'aucune loi civile. A la fin, c'est le Gouvernement qui fléchit et, comme les élections générales surviennent, le ministère qui avait lancé « l'education-bill » est battu et renversé.

M. Briand se croit-il mieux outillé que le Gouvernement britannique ?

M. Briand et les sectes huguenotes dont il est l'instrument ne peuvent escompter ici qu'une seule chance de succès : c'est la mollesse, pour ne pas dire la défaillance, des catholiques français, dont la résignation est si souvent excessive que contre eux on peut tout se permettre.

Mais il n'apparaît pas toutefois que les évêques soient enclins à leur donner cet exemple, ni à se laisser intimider par les menaces de poursuites et les comparutions comminatoires devant les juges et les tribunaux.

Alors, qu'espère-t-on de ces parodies judiciaires et à quoi vont-elles aboutir ?

Il n'y a pas de droit contre le droit, a-t-on dit. A plus forte raison contre le sens commun.

C'est outrager le sens commun encore plus que le droit, de prétendre interdire aux évêques, chargés d'âmes, et gardiens de la foi catholique, de donner aux familles, par la voie des mandements et de la chaire, les conseils ou les injonctions que suggèrent la défense de la foi et la préservation des enfants, tant pour le choix des écoles et de leurs maîtres, que pour le choix des livres qui y sont en usage.

Tout le monde aurait donc le droit de stigmatiser un mauvais livre, une mauvaise école, un mauvais maître, un mauvais enseignement, excepté l'évêque dont c'est la fonction et la raison d'être ? C'est insoutenable.

Le parti républicain, qui, à le regarder sous la peau, n'est pas autre chose que le parti calviniste, se propose de protestantiser les jeunes Français, par le déloyal subterfuge de l'école d'État, des maîtres qui y enseignent et des livres qui y sont mis en usage, lesquels sont pour la plupart choisis par des pasteurs huguenots.

Et l'on s'étonne que les évêques ne se prêtent pas à cet indigne escamotage de l'esprit des enfants, par l'imposture de la neutralité !

Ils ne s'y sont pas prêtés en Allemagne ni en Angleterre, ni aux États-Unis, qui sont des pays protestants ; ce n'est pas pour s'y prêter dans un pays catholique !

On les a séparés de l'État pour qu'ils soient libres. On leur a rendu leur liberté, pour qu'ils en usent.

Dans cette défense contre le *Kulturkampf* français, les évêques n'ont pas seulement pour eux les précédents : ils ont le bon sens et ils auront l'appui moral même des esprits indépendants et des libres penseurs dignes de ce nom.

XXXVI

L'enlèvement de Fallières

23 Juin 1909.

J'avoue que j'ai tressailli, dimanche soir, quand j'ai appris à l'improviste qu'on avait supplié M. Fallières de ne pas venir au Grand-Prix d'Auteuil, de peur d'y être enlevé par les lads insurgés et les parieurs en révolte.

Je me suis remémoré de suite tous les enlèvements célèbres, à commencer par celui de Proserpine, et, mon émotion s'étant graduellement apaisée, j'ai fini par me dire qu'après tout, si les lads anglais nous avaient enlevé M. Fallières, d'ailleurs avec les précautions maternelles qu'on met au transport des chevaux de prix, il n'y aurait rien eu de changé en France, il n'y aurait eu qu'un fonctionnaire de moins.

Réflexion faite, je ne vois même pas pourquoi M. Fallières ne se prêterait pas de lui-même à cette fin romanesque d'une présidence qui est vraiment un peu terne.

Il serait convenu entre les conjurés qu'il ne lui serait fait aucun mal et qu'on lui assignerait, comme à Abdul-Hamid, une résidence agréable, au bord de quelque lac d'Écosse, voire même au bord de la mer.

On pourrait même lui faire garantir son traitement, par une combinaison de pari mutuel, lequel ajouté aux revenus du Loupillon, lui constituerait une liste civile fort convenable.

Tout serait ainsi réglé le mieux du monde et pour lui et pour nous.

Lui n'aurait plus à affronter l'ennui des voyages protocolaires, plus de discours à subir non plus qu'à répondre, plus de cérémonies soporatives où, sur le siège le plus en vue, il faut vaincre, en dépit qu'on en ait, les incoercibles lourdeurs d'un sommeil de plomb.

Nous, nous profiterions de cette vacance présidentielle, pour découvrir un président un peu plus actif, un peu plus vigilant, un peu moins fermé aux compréhensions des désordres grandissants qui se dessinent en France et en Europe, enfin un président qui préside, ce qui est la moindre des obligations de sa charge,

De sorte que si les lads anglais veulent organiser cette petite fête pour le Grand-Prix, je ne connais pas, en dehors de M. Lépine et de M. Hennion, beaucoup de Parisiens disposés à mettre obstacle à leur ténébreux dessein, ni à leur en vouloir outre mesure, s'ils réussissent à le mettre à exécution.

Mais j'oubliais les gens du monde.

Plutôt que de troubler le Grand-Prix, ceux-ci préfèrent garder M. Fallières. Ils ont, d'ailleurs, jusqu'ici, gardé tous les Fallières, plutôt que de laisser toucher à leurs plaisirs.

La plume de Drumont a bien souvent, depuis quinze ans, gourmandé leur frivole indifférence, au regard des maux qui menaçaient la religion française, la famille française, la société française, la patrie française elle-même.

Voici qu'ils s'émeuvent enfin, mais ce n'est qu'au sujet des désordres qui ont jeté sur la grande journée d'Auteuil une perturbation inattendue.

Cette fois, l'avertissement leur a été plus sensible. La question sociale, qu'ils feignaient d'ignorer, leur est apparue dans sa brutalité impertinente, sous la forme d'une sédition de garçons d'écurie.....

Le *Figaro* n'a pas consacré moins d'une page et demie, avec un article directorial en tête, à cette émeute de palefreniers, cependant bien inoffensive et bien légère, si on la compare à tout ce qui s'est commis en France de bien plus grave.

Et en plus de ces dix colonnes significatives, il faut voir, dans les journaux qualifiés de mondains, avec quelle importance nos gens du monde dont on a recueilli l'opinion parlent de cette rébellion.

Ils font penser au petit dialogue de Louis XVI avec le duc de Liancourt, le lendemain de la prise de la Bastille :

« — C'est donc une émeute ? », interroge le roi, un peu surpris de ces nouvelles, alors qu'il avait noté sur son agenda : « Chassé à Marly et pris du petit-lait. »

» — Non, sire, répond Liancourt, c'est une révolution. »

C'en est une aussi, d'une gravité imprévue, si la haute société est maintenant gênée dans ses plaisirs. C'est son point faible. Pataud a découvert le défaut de la cuirasse. On s'était presque diverti dans les

salons des fantaisies de Pataud d'éteindre l'élec-
tricité ; le *high life* s'en amusait encore. Mais retarder
les courses, holà ! cela n'est plus tolérable ! Chassez
les congrégations, fermez les sanctuaires, emparez-
vous de tous les enfants de France, pour les façonner
au protestantisme, livrez à tous les nomades juifs,
pour qu'ils les vendent, les secrets de la défense
nationale, laissez se vaporiser ou s'engloutir on ne
sait où les douze milliards de la Marine, tout cela
n'est rien, si le *starter* peut donner le départ à
l'heure dite.

C'est, d'ailleurs, un fort élégant amusement que
les courses de chevaux et une source de bénéfices
consolants pour le commerce de luxe, qu'on aurait
grand tort de négliger. Mais enfin, ce n'est qu'un
amusement assez dispendieux et quelque peu
démoralisateur, pour les petits employés qui, régu-
lièrement, y perdent leur traitement ou leur salaire.

A ce titre, il ne saurait primer, dans la pensée des
moralistes même les moins puritains, les intérêts
autrement attachants qu'une haute société n'a pas
le droit de méconnaître, sans courir à son suicide.

« Ceux qui n'ont pas vécu dans la société d'avant
» la Révolution, disait Talleyrand, n'ont pas connu
» la douceur de vivre. » Il aurait pu ajouter que la
Révolution elle-même n'avait pas tout à fait inter-
rompu le cours de ces plaisirs. Le jour où parvint à
Paris le manifeste de Brunswick, qui inaugurait
une guerre de vingt ans et sonnait le glas de cinq
cent mille hommes, la recette des théâtres ne baissa
pas de cinquante sous. Sous la Terreur, on dinait
tout de même au cabaret avec de jolies filles, après

avoir acheté le journal du soir qui donnait la liste des trente ou quarante guillotinés de la journée, et l'on disait «ce pauvre un tel », en ajoutant du sucre sur les fraises.

Il y a donc une immunité spéciale et en quelque sorte sacramentelle en faveur du plaisir parisien, qui rend plus insupportable et plus sacrilège la sédition des lads employés dans les écuries de courses. Si les grèves s'étendent à cela maintenant, c'est la fin du monde !

Et c'est une des raisons, non la moindre, qui doit faire désirer, même aux sportsmen les plus distingués, l'enlèvement et la disparition de M. Fallières.

Ce gros homme de province ne comprend rien au Paris qu'il gouverne, s'il ne fait pas diligence pour mettre un terme aux sourdes conspirations des lads, des jockeys et des bookmakers.

Il lui est loisible de laisser piller les usines de Méru par la Jacquerie du Beauvaisis, comme sous Charles V. Il peut laisser les ouvriers catholiques de Mazamet incendier les maisons des drapiers protestants, comme sous François II. Il n'y a aucun grave inconvénient à ce que les terrassiers livrent une bataille rangée aux sergents de la ville, dans les rues mêmes de Paris, comme au temps des Armagnacs et des Bourguignons. Les évêques peuvent être traînés devant tous les tribunaux de France, pour s'y entendre condamner à des peines variées, comme sous Robespierre, cela peut encore aller sans crise. Le Parlement peut chanter l'*Internationale* et la *Carmagnole*, comme les Girondins chantaient « Mourir pour la Patrie », ce n'est que de la musique de chambre. L'armée française peut être désorganisée par la Maçonnerie et conduite au combat par quelque Soubise ou quelque général Rossignol, cela n'a pas d'importance. Toute la flotte peut faire le plongeon, éclairée par le *Sully*, la *Vienne*, l'*Iéna*, le *Farfadet*, et, sans avoir combattu, rejoindre au fond des flots le *Vengeur* de Villaret-Joyeuse, cela s'arrangera. Mais M. Fallières ne sait pas le premier mot de son métier de roi, s'il laisse porter le moindre préjudice aux couturiers juifs, aux restaurants de nuit, aux règlements du pesage, au canter des favoris et à la discipline de l'hippo-drome.

« L'ordre sur la pelouse, j'en réponds ! », est le seul message présidentiel qui vaille aujourd'hui la peine d'être écrit.

Si M. Fallières ne comprend pas cela, qu'on l'enlève ! A nous le Cheik-ul-Islam pour signer sa déposition !

XXXVII

LE PAUVRE HOCHE

30 Juin 1909.

Heureusement qu'il est en bronze, le pauvre Hoche, sur son piédestal solitaire, au milieu de la nécropole royale de Versailles, qui garde on ne sait quelle mélancolie désolée des âges disparus dans la nuit révolutionnaire.

S'il n'était pas en bronze, le pauvre Hoche, nul doute qu'avec l'un des jurons familiers aux hommes de la Révolution, dont Napoléon lui-même émaillait fréquemment la solennité des protocoles, il enverrait se promener ailleurs qu'aux alentours de sa statue tous les enfileurs de balivernes, qui, sous prétexte d'honorer sa mémoire, viennent chaque année se contempler le nombril et se célébrer euxmêmes.

On peut même ajouter, selon l'expression bien parisienne : « Qu'est-ce qu'ils prendraient pour leur rhume », les enfileurs de balivernes, si l'homme qui a dit *res non verba* n'était pas *nickelé* ou coulé dans l'airain !

Cette année, en dehors des autorités civiles de Seine-et-Oise, naturellement appelées à présider la cérémonie, les deux bonimenteurs qui ont dégoisé aux pieds de Hoche ne sont rien moins que Dreyfus — Dreyfus Ferdinand, qu'il ne faut pas confondre avec Alfred, celui-ci étant mamamouchi honoraire, l'autre n'étant encore que sénateur — et Pichon, le Pichon, le petit Pichon, que M. Clemenceau a casé aux Affaires étrangères, pour avoir une créature à lui à ces affaires-là, comme il a dans Georges-Mario Picquart sa créature aux affaires de la Guerre.

Le Grand-Prix qui se courait à Longchamp, le même jour que Hoche était célébré à Versailles, a rejeté au second plan les harangues adressées au général républicain. Il n'empêche que des fragments de ces compositions nous ont été conservés et, les ayant dégustés, on demeure confondu de la ténacité des paradoxes que les orateurs officiels continuent à débiter, comme un fumeux breuvage, sur la Révolution et sur ses héros désormais mieux connus.

Ni M. Pichon, ni M. Dreyfus (Ferdinand), ne paraissent se souvenir que Hoche, le général Hoche, l'excellent républicain Hoche, pacificateur de la Vendée, défenseur des lignes de Wissembourg, chef de l'expédition d'Irlande contre l'Angleterre, a été enfermé aux Carmes, par ordre du Comité de Salut Public, pour y être, comme les camarades, condamné à mort et conduit à la guillotine.

Avant que le vieil immeuble des Carmes, où siège maintenant, rue de Vaugirard, l'Institut Catholique, disparaisse sous la pioche des liquidateurs, escortés des coreligionnaires de M. Dreyfus, acquéreurs, comme devant de ces nouveaux biens nationaux, que M. Dreyfus fasse donc une visite à cette vieille maison.

On lui montrera la petite cellule de dix pieds carrés ou Hoche fut écroué comme suspect, en compagnie de Mme Joséphine Tascher de la Pagerie, veuve Beauharnais, que devait épouser quelque temps après son camarade Bonaparte. Celui-ci était d'ailleurs retenu lui-même, comme suspect, dans quelque geôle du Var, pour le récompenser d'avoir si intelligemment participé à la reprise de Toulon aux escadres anglaises.

Le fait est si connu, si notoire, que M. Dreyfus ne saurait l'ignorer. N'a-t-il pas ouï parler des chroniques galantes, qui nous ont révélé que Hoche, grâce à cette prison des Carmes, où l'on faisait vite connaissance, eu égard à la brièveté de la vie, fut l'ami très heureux de Mme de Beauharnais, et qu'ainsi la République et l'Empire avaient, du fait de Hoche lui-même, quelques points communs ?

Au surplus, si M. Dreyfus veut pousser plus avant son excursion à la prison des Carmes, il pourra mieux apprécier ce qu'il faut penser du passage de son boniment où il nous fait part de cette étrange nouvelle, que la Révolution aurait inauguré la liberté de conscience.

Quel crime avaient donc commis les malheureux prêtres qui furent massacrés dans le préau de cette prison, aux journées de Septembre, et dont le sang s'aperçoit encore sur les murailles ?

Avaient-ils commis d'autre crime que de penser et de prier autrement que les calvinistes qui, à la faveur de la Révolution, venaient de s'emparer des pouvoirs politiques ?

Il faut consulter sur ce point les mémoires du terroriste Prud'homme, l'auteur fort connu du *Journal des Révolutions de Paris :*

« Le ressentiment long et profond du protestan-
» tisme, qui paraissait assoupi, se réveilla tout à
» coup en 1788..... Le moment terrible des ven-
» geances arriva ; la secte eut des démêlés parti-
» culiers partout où elle était établie......, Parmi les
» massacreurs de Septembre, aux portes des prisons
» de Saint-Firmin des Carmes et autres lieux, où
» étaient renfermés les prêtres catholiques, se
» trouvèrent plusieurs assassins du Midi et protes-
» tants ; quelques-uns laissèrent échapper ces mots
» en frappant leurs victimes : *Souviens-toi de la*
» *Saint-Barthélemy !* »

Et Prud'homme ne s'en tient point à cette grave déposition. Il apprécie la secte :

« Ce qui la rendit si souvent odieuse, écrit-il,
» c'est que les ennemis de la France et surtout
» l'Angleterre, furent continuellement ses alliés
» fidèles, instigateurs de ses troubles intérieurs.....
» Les protestants n'auraient pas voulu abolir la
» monarchie, mais obtenir un monarque sectateur
» de leur faction ; ils aidèrent à la destruction de la
» noblesse et du clergé. Rabaut Saint-Etienne dit
» des prêtres, à l'occasion du décret sur les biens
» du clergé : *Enfin, nous les tenons, ils ne peuvent*
» *plus nous échapper (1) !* »

---

(1) Voir Prud'homme, *Histoire impartiale des Révolutions,* t. IV, chap. III.

M. Dreyfus (Ferdinand) a donc mal choisi son moment, pour venir, avec le nom malheureux qu'il porte, aux pieds de la statue de notre pauvre Hoche, dont la précieuse vie ne fut sauvée qu'au 9 Thermidor, nous parler de la liberté de conscience inventée par la Révolution.

Jamais la liberté de conscience n'est plus en péril que lorsque le parti dit républicain, autrement dit calviniste, est au pouvoir, et son règne prolongé est une douleur pour tous ceux qui pensent.

Il faut tout l'aplomb israélite, pour oser nous raconter ces calembredaines, à l'heure même où les protestants, de mèche avec les Juifs, recommencent précisément, avec le même cynisme, le coup des biens du clergé, les uns pour les exproprier par la voie législative, les autres pour les acquérir par la voie des liquidateurs.

« Nous les tenons », s'écriait Rabaut Saint-Etienne, le patriarche huguenot du Gard. M. Briand, flanqué du petit huguenot Méjéan, qui a profité de cela pour se faire nommer directeur des cultes, juste au moment où l'État ne connait plus les cultes, a pu dire de même : « Nous les tenons ! »

Il ne tiendra rien, pas plus que les autres, parce que ce qui est anormal et contre la nature des choses ne saurait durer.

La faction calviniste acoquinée avec la faction juive, sous la raison sociale du « parti républicain » ne tiendra pas plus la France que leurs prédécesseurs du même acabit ne l'ont tenue.

On peut tenir la France pendant des siècles, quand on s'identifie à elle, à son esprit, à sa manière d'être, et qu'heureux ou malheureux, on vit de sa propre vie. Mais quand on s'abandonne à cette entreprise insensée, de vouloir que la Révolution française soit ici l'ère nouvelle de la domination des étrangers, la main-mise sur la France, son exploitation par une poignée de Juifs et par quelques milliers de huguenots, satellites impénitents, les uns des intérêts anglais, les autres des intérêts allemands, on se prépare de bien mauvais jours.

Ah ! il est dommage que Hoche soit mort et que sa statue seule nous reste.

C'est à lui, certainement, à lui républicain français, de notre sang, de notre caractère, que très volontiers nous nous adresserions, pour le prier de bouter dehors toute cette bande de mercantis et de prédicants, échappés de Francfort et de Genève, qui, s'affublant ici du masque républicain pour tromper la démocratie, nous traînent honteusement depuis quarante ans aux pieds de l'étranger, en échange des ignobles bénéfices que l'étranger leur garantit.

A cette prière d'une âme française, le bronze immobile doit autrement tressaillir qu'aux flagorneries du Dreyfus Ferdinand.

Et cela nous remet en mémoire la belle image d'Hugo parlant de l'aïeul de bronze imploré par ses fils :

> Tout à coup — rien n'est plus formidable
> Que l'immobilité faisant un mouvement —
> Le farouche sépulcre est vivant par moment
> Et le profond appel de l'homme le secoue,
> Don Jayme ressentit un frisson sur sa joue
> Que, dans l'ombre, d'un geste auguste et souverain,
> Caressait doucement la grande main d'airain.

Sans vouloir nous flatter outre mesure, nous avons des raisons de penser que la caresse de Hoche ne serait pas pour la joue de M. Dreyfus Ferdinand.

XXXVIII

LA CORRIDA

30 Juin 1909.

Ne trouvez-vous pas que toutes les interpellations sur la politique générale du Gouvernement ont de grandes analogies avec les courses de taureaux? C'est la *corrida del muerte*.

D'abord, le public y vient beaucoup plus volontiers qu'à toutes les autres discussions d'affaires, fussent-elles les plus importantes, pour les intérêts matériels ou moraux qui s'y trouvent mis en question.

La dilapidation d'un budget de quatre milliards, la ruine de leurs moyens de défense, le renversement de quelque tradition respectable, le sort de leur religion, la mainmise sur l'éducation de leurs enfants, etc., n'intéressent les Français et spécialement les Français du Tout-Paris que très médiocrement. Tandis que la vue d'un ministre étripé et piétinant ses propres entrailles, tels les malheureux chevaux qui sont livrés aux fureurs du taureau, plaît de suite et tout autrement à la manière forte de leur sensibilité.

Pour ce spectacle-là, on se dispute les cartes d'entrée. Quelles soient à l'ombre ou au soleil, tout le monde en exige et la questure est sur les dents. Les femmes surtout en sont très ardemment quémandeuses. C'est le moment de se rappeler, si l'on veut les combler d'aise, qu'on a dîné chez elles et qu'une politesse en vaut une autre.

Aller avec un immense chapeau s'empiler dans une étroite tribune de la Chambre, pour voir les ministres saigner sous la pique, regimber sous les banderilles et tomber à genoux, le mufle dans la poussière, avec un mètre d'acier à poignée rouge enfoncé au bon endroit, est le régal superlatif, bien supérieur à tous les five o'clock de pâtisserie et de galanterie de toute Parisienne délicieusement cruelle qui veut être dans le mouvement.

Cette tauromachie parlementaire a ses amateurs, ses connaisseurs, et, comme on dit en Espagne, ses *aficionados*.

Si l'Espagne s'enorgueillit des *prima spada* que lui fournissent et Cordoue et Séville, écoles les plus réputées, notre recrutement de gladiateurs n'est pas moins entouré de faveur ni de sollicitude.

A cela près qu'ils ne portent point de culottes brodées ni de vestes lourdement brochées d'or, costume qui n'avantagerait pas M. Jaurès, qui messiérait à la plupart et dont s'offusquerait l'austérité calviniste du parti républicain, nos orateurs connaissent tous les jeux de la cape et de la muleta, et je ne sais pas pourquoi, les jours d'interpellation, on ne mettrait pas à la Chambre, derrière le bureau du président, un petit orchestre qui jouerait *Carmen*.

Cependant, le *matador* se fait rare. L'homme qui,

pour finir, tue le taureau et fait le tour des arènes, en recevant des oranges, des cigares, des chapeaux, des espadrilles..... et la mission de constituer un nouveau ministère, n'existe plus au Parlement.

Il y a des années comme cela. La Comédie-Française a eu des périodes où elle ne comptait que des maîtres, suivies d'autres périodes où elle n'offrait, sur ses affiches chamois, que des fonctionnaires d'une moyenne honorable, à peine étoilés d'un nom plus applaudi.

La Chambre est comme la Comédie, ou, si l'on préfère, elle a ses crus, comme les vignobles ; elle a ses législatures de marque, comme le Médoc et les Clos-Vougeot. Toujours est-il qu'on n'y tue plus le taureau et que, de ce chef, la corrida n'est plus *del muerte*, mais purement landaise ou de simple Camargue. Ayons le courage de nos vices, c'est beaucoup moins amusant.

Des discours, des discours, et rien que des discours, sans que le résultat en soit autre chose que néant, ni que la situation générale en soit modifiée d'un iota ; ce sont de pâles corridas.

Les interpellateurs ont beau y mettre, qui de la passion, qui de la finesse, qui de la puissance, hausser le ton, sertir dans les plus virulentes apostrophes les imputations les plus déshonorantes, lancer les javelots les plus incisifs ou brandir les tomawacks les plus contondants, les pointes émoussées ne pénètrent plus, les massues n'assomment plus rien.

Une pantomime des Hanlon-Less, qui fit rire tout Paris, représentait un clown qui jouait imperturba-

blement son même air de violon, encore que toute
la troupe s'ingéniât à faire choir sur sa tête chauve
des tuiles, des poutres, des troncs d'arbres sécu-
laires, des rochers, des maisons entières..... Le Gouvernement, chauve aussi, évolue sous les moellons
détachés de son propre édifice, exactement comme
s'il était en caoutchouc.

Tout ce qui, naguère, aurait pu émouvoir l'opinion publique et, par la crainte de l'opinion publique, les majorités parlementaires, est désormais
sans portée, sans force et sans vertu.

Dites tout ce que vous voudrez, vrai ou faux,
c'est tout comme.

> Quand ils parlent ainsi d'espérances trompées,
> Leurs déclamations sont comme des épées,
> Elles tracent dans l'air un cercle éblouissant.

mais c'est tout ce qu'elles tracent et, à l'inverse de
ce qu'en disent et Musset et sa rime obligée,

> Il n'y pend plus jamais quelque goutte de sang.

L'attelage à grelots de mules empanachées,
chargé d'emporter en fanfare les cadavres des
ministres, comme un trophée de l'interpellation, n'a
plus à se déranger pour nettoyer l'hémicycle. Le
taureau en sueur rentre changer de chemise, pour
aller dîner en ville, jusqu'à la prochaine course.

Est-ce un bien, est-ce un mal ? Voilà encore une
question archaïque, dont le Français de nos jours
est aussi peu soucieux que possible, et il espère bien,
mon ami, que vous n'allez pas le *raser* avec cette
scholastique de séminaire et ces considérations d'un
autre âge.

Faites-lui, non pas de la morale, dont il n'a cure, mais des faits qui l'intéressent et qui comportent par eux seuls une morale qu'il tire lui-même.

Rassasié de discours analytiques et tels qu'en aucun temps on n'en fit de meilleurs, le Français blasé d'éloquence réclame de l'action.

Ne dites plus rien, employez votre phosphore à enfanter de l'action et vos muscles à la réaliser.

Un type comme Wilburg Wright, qui ne prononce pas dix paroles par jour et ne répond que par monosyllabes au flot des bavardages, mais qui, par ses propres moyens, réussit à se maintenir et à voler comme un oiseau mécanique à 50 mètres au-dessus de nos têtes, a tué pour un temps tous les discoureurs, fussent-ils Démosthène, Cicéron, Mirabeau, Gambetta, Gauthier de Clagny, Jaurès et même notre ami Déroulède, — et cela aussi concourt à détruire le parlementarisme, puisque *parler* n'aboutit plus à rien.

Avez-vous remarqué que les P. T. T. et les C. G. T. et autres associations à majuscules, qui sont désormais innombrables, ont cessé d'être redoutables, dès qu'elles se sont manifestées en palabres de réunions et d'assemblées, dans les hippodromes et ailleurs ?

Elles étaient l'action, l'action tour à tour féconde ou terrifiante, mais généralisatrice de choses concrètes, sur lesquelles le reste du monde pouvait parler. Dès qu'elles se sont mises à parler elles-mêmes, à enfiler des phrases, des logomachies, des histoires, adieu les grandes puissances et bonsoir chez vous !

Le Parlement aura cette déveine que, si l'on ne

fait plus qu'y parler, si bien qu'on y parle, même nos jolies mondaines à immenses chapeaux et à robes gaînées dédaigneront ce champ de courses.

Du moment que la corrida se passe en compliments et en ordres du jour « purs et simples », sans la moindre action exercée ou produite ; que les picadores sont en carton peint ; que les banderilleros sans conviction ne plantent que des accessoires postiches ; que le sang délavé se transforme en fadasse salive ; que les obus y sont, comme dit M. Clemenceau, « chargés de pommade » et que le matador tant attendu, tant désiré, demeure invisible ou inexistant, le Parlement lui-même ne fera plus recette et le parlementarisme disparaîtra de l'affiche, comme une comédie démodée de 1835.

XXXIX

Le Jubilé de Calvin

7 Juillet 1909.

Je suis surpris que la Chambre des députés, tout au moins une importante délégation de ses membres, une délégation non moins importante du Sénat, le Grand-Orient maçonnique, qui est le vestiaire du protestantisme, où l'on dépose ses vieux pardessus religieux, le président de la République en personne et le ministère tout entier, à commencer par le président du Conseil, ne soient pas en ce moment à Genève.

On y célèbre, depuis le 2 Juillet, le Jubilé de Calvin, à l'occasion du quatrième centenaire de sa naissance.

Toute l'aristocratie calviniste d'Europe a été conviée à ces fêtes austères, qui ne dureront pas moins de huit jours. Leur programme assez chargé comporte la pose de la première pierre d'un monument commémoratif de la Réformation.

Parmi les divertissements, je relève au programme la représentation d'une tragédie en cinq actes de Théodore de Bèze, intitulée le *Sacrifice d'Abraham,* et la double audition d'une cantate, due pour le poème à M. le pasteur Rœhrigh, et pour la musique à M. O. Barblan, organiste à la cathédrale.

Ce sont des récréations plutôt sévères. Mais elles n'en conviennent que mieux à la mémoire de l'homme profondément antipathique que fut Jean Calvin, né à Noyon, en Picardie, le 10 Juillet 1509, fils du secrétaire de l'évêché et curé défroqué, comme M. Combes.

Si l'on veut avoir une idée de ce que fut la République de Genève, codifiée et gouvernée par Calvin, il faut lire la remarquable étude qu'un jeune et courageux historien, M. Charles Merki, vient de publier sur l'*Amiral de Coligny* et sur la Réforme elle-même, après l'ouvrage fort intéressant qu'il nous avait déjà donné sur la *Reine Margot et la Fin des Valois.*

Ni la figure de l' « amiral », qui fut encore moins marin que son coreligionnaire M. Pelletan, ne commanda de sa vie aucun bateau, même de pêche, et ne connut le port du Havre que pour le vendre aux Anglais, ni la figure de Calvin qui mourut à Genève, en 1564, de la maladie alors à la mode, que son jeune disciple, Johannes Hœrennius, témoin de ses derniers moments, a définie en latin : « *turpissimo et fœdissimo morbo* » ne gagnent à être connues.

J'aurais même souhaité d'assister à quelques conférences du Jubilé, pour apprendre des admirateurs de Calvin, mieux informés que moi, de quels bienfaits l'humanité est redevable à cet homme funeste.

Il disait lui-même : « J'apporte, non la paix, mais

» la guerre. » Erasme, notre bon et judicieux Erasme, qui avait vu Calvin opérer en Suisse, l'appelait « la peste de la Gaule ». Papire Masson, en 1580, écrivait « qu'il eût mieux valu pour la » France que Calvin ne naquît point, tant il avait » causé de maux à sa patrie ». Richelieu, dont l'opinion a bien quelque valeur, écrivait à sa nièce, la duchesse d'Aiguillon : « Si l'on avait empoi- » sonné Luther et Calvin, lorsqu'ils commencèrent » à paraître, on aurait épargné de grands maux » à la religion et beaucoup de sang à l'Europe. »

Calvin, d'ailleurs, se souciait peu de sa patrie. En manière d'envoi à François Ier de son livre sur l'*Institution Chrétienne*, Calvin écrit cette dédicace, relevée par M. Dupuis, de la *Revue d'Action française* : « Ne pensez point que je tâche à traiter ici » ma défense particulière, pour obtenir mon retour » au pays de ma naissance, auquel je porte telle » affection d'humanité qu'il appartient ; toutefois, » comme les choses sont à présent disposées, je » ne souffre pas du grand deuil d'en être privé. »

Avec moins de mesure, Calvin s'exprime sur les Jésuites, dont l'ordre venait d'être créé, le 15 Août 1533, à la chapelle de Montmartre, par le jeune Ignace de Loyola et ses six compagnons, étudiants de l'Université :

« Quant aux Jésuites, qui nous sont surtout » contraires, écrit Calvin, il faut les tuer, ou, si » cela ne peut commodément se faire, les chasser, » ou tout au moins les écraser sous les mensonges

» et les calomnies. » (Cité par Aug. Nicolas (1852), cité par Alzog, *Histoire de l'Eglise*, T. III, p. 304.)

On ne connaît communément, parmi les victimes de Calvin, que Michel Servet, brûlé vif en 1553, à qui la ville de Paris a octroyé une statue. Il en est nombre d'autres, parmi lesquelles Nicolas Gentilis, Jacob Grünet, le conseiller Ameaux, Nicolas Antoni, le chancelier Crell, Félix Manz, Funck, Henning, Brabant, son propre médecin, Jérôme Bolsec, obligé de s'enfuir à Lyon, tous torturés par l'inquisition genevoise, brûlés, noyés, décapités, en un mot mis à mort, pour avoir osé contester l'orthodoxie de « Monsieur Calvin », de « Monsieur », commé on disait à Genève, où personne n'osait enfreindre les fameuses « *Ordonnances ecclésiastiques* », chef-d'œuvre de jacobinisme clérical, par lesquelles tout est « défendu » dans la cité républicaine.

Mais abrégeons.

Ce qui me confond, c'est que nos pouvoirs publics, si parfaitement imprégnés de calvinisme, ne soient pas présents à Genève, pour y célébrer leur Pape, initiateur posthume de la République qu'ils nous ont fabriquée.

Ce serait de l'ingratitude ou du respect humain, de la part de nos gouvernants, que de s'abstenir d'honorer leur père commun, celui qui, véritablement fonda, non pas la République, fort heureusement inventée avant lui, mais le parti dit républicain, qui est bien le parti le plus assommant que la terre ait jamais connu.

On parle souvent des « vieux partis »; les orateurs officiels s'abandonnent volontiers à des considérations méprisantes sur ce qu'ils appellent « les anciens partis » !..... Hélas, les pauvres gens sont à cent lieues de se douter que le seul « vieux parti » qui subsiste en France, celui qui n'a pas changé d'un *iota* depuis le XVIe siècle, qui en est resté au même état d'esprit, aux mêmes errements, au même programme, aux mêmes moyens et aux mêmes procédures, momifié dans ses haines atrabilaires, inaccessible à l'évolution, imperméable aux progrès de l'expérience humaine, est précisément le parti dont ils sont, le parti dit républicain, autrement dit le parti huguenot.

J'ai l'apparence de faire du paradoxe. Soit. Paradoxe, mais non pas erreur. Paradoxe aujourd'hui, vérité de demain. Il n'y a qu'à regarder.

Ce parti a beau être au pouvoir, on dirait toujours qu'il y campe ; il s'y démontre et s'y tient comme s'il était resté l'opposition hargneuse qu'il a toujours été.

Il a beau s'être emparé du gouvernement, par la grâce efficiente des armées allemandes et le précieux concours de M. de Bismarck, qui savait ce qu'il faisait, ce parti s'y comporte exactement comme une conjuration du XVIe siècle.

Que dis-je ? Il est et demeure en permanence une conjuration. Il l'est par la défiance invétérée qu'il a de la France française et du Suffrage universel lui-même. Il l'est par le reflet que projette sur lui la société secrète qui le fait mouvoir. Il l'est par la discipline de brigands à laquelle il a plié ses affiliés. Il l'est par l'organisation toute presbytérienne qu'il s'est donnée. Il l'est par les pratiques

quasi sacerdotales d'anathème et d'excommuni-
cation dont il use envers ses dissidents ou ses com-
tradicteurs. Il l'est par les mots troublants et signi-
ficatifs dont il se couvre et qui écartent toute vel-
léité d'indépendance d'esprit ou de liberté de pensée.

Il l'est même physiquement, par son type anthro-
pologique de puritain anglais et de marchand de
bibles polyglottes. Regardez Brisson : Il a toujours
l'air de revenir de l'enterrement de Cromwell.

Par le « tracassin » religieux qui l'obsède à toute
heure et qui commande toute sa politique, il est le
vrai et peut-être le seul *parti clérical* de ce pays,
et il n'en est que plus insupportable.

Ce retentissement atavique lui vient du sombre
théocrate de Genève et de ses sectateurs, qui n'ont,
pour la plupart, qu'une idée dans leur étroite cer-
velle : l'idée religieuse.

Sa place serait donc aujourd'hui à Genève.

S'il n'y est pas, je disais tout à l'heure que ce
pouvait être par respect humain ; je me trompe.
C'est par tactique qu'il s'abstient d'y paraître,
pour ne pas compromettre son incognito par cette
démarche. Il ne veut pas qu'on sache qu'il est le
parti de Calvin. Le mot « républicain » est le masque,
pour donner le change à l'idéalisme français, mais
Calvin est le visage et il veut qu'on l'ignore.

Le fond des choses françaises se résume, depuis la
guerre de 1870, par cette formule qui finira par
crever les yeux des plus aveugles : La France est
aux mains du parti calviniste, qui est de cœur et
d'esprit anglo-allemand, et qui gouverne de compte
à demi avec la faction juive.

Il en est ainsi, parce que l'Allemagne d'une part et l'Angleterre de l'autre veulent qu'il en soit ainsi. Et ce dispositif n'est aujourd'hui dérangé que par l'antagonisme économique survenu depuis un quart de siècle, entre les deux puissances protestantes, qui ont établi et maintenu ici ce gouvernement d'occupation.

C'est bien là ce qui justifie l'éclosion en France d'une doctrine et d'un parti nationalistes.

On a discuté, naguère, si le mot de *nationaliste* est de M. Barrès ou de moi, vaine priorité. Ni M. Barrès ni moi ne l'avons inventé. Nous l'avons recueilli au douloureux vocabulaire des nations opprimées par une faction étrangère à leur esprit.

XL

LA CHUTE DE CLEMENCEAU

21 Juillet 1909.

Quo modo cecidit potens ? s'écria Fléchier, sur le cercueil de Turenne. Comment tomba cet homme puissant ?

Il tomba hier soir, en fin de séance, en fin de session, alors que tout semblait lui promettre encore de longs mois et que, fort de sa propre durée, il avait affecté, huit jours avant, de la promettre aux autres.

L'enquête sur la Marine allait se clôturer par un ordre du jour pur et simple. Et remarquez, en passant, combien ce « pur et simple » avait de ragoût, quand on pense qu'il s'agissait de passer l'éponge sur la perte de dix milliards, engloutis on ne sait où, comme les matelots du poète,

Dans une mer sans fond, par une nuit sans lune.

Lorsque, sur je ne sais quelle critique de M. Delcassé, président de l'enquête, qui semblait viser un peu plus le ministère actuel que les ministères passés, M. Clemenceau a lâché un de ces brocards dont il n'est point avare et que son tempérament primesautier ne sait pas retenir.....

En une seconde, assurément en moins de temps qu'il n'en faut pour le dire, un duel à mort s'est déchaîné entre ces deux hommes qui se haïssent. On a eu la sensation immédiate d'une lutte de mâtins qui cherchent à s'étrangler sur des détritus, et dont les fureurs percent subitement le silence de la nuit.

Une passe d'armes à dents serrées, concentrée et virulente, où les deux combattants se sont jeté à la figure les mots sanglants de Lang-Son et de Fachoda ou d'Algésiras..... On a voté on ne sait pas quoi, des priorités, des histoires, des bêtises, et en un quart d'heure, le temps du pointage, le ministère défilait pour la sortie, sans avoir daigné, autrement que par un geste, prendre congé de la Chambre ahurie et du public stupéfait.

M. Clemenceau tombe, somme toute, pour avoir fait un mot. Après en avoir tant fait, que supportaient avec plus ou moins de placidité les individus moyens et médiocres du milieu parlementaire, il a vu se dresser tout à coup, dans la subite rancune d'un scrutin passionnel, tous ceux qui avaient essuyé les étrivières d'un esprit trop parisien pour s'attacher de cœur une assemblée de province.

Décidément, la chute de Picquart, un Quatorze Juillet, sur le front de bandière de l'armée en gaieté, devant le Tout-Paris matinal assemblé pour le regarder faire son Franconi, était symbolique. Si la libre pensée n'a pas oblitéré chez M. Clemenceau la superstition atavique du Breton, il aurait dû se méfier, car Picquart était sa créature et c'était un lambeau de son histoire qui était inopinément jeté à terre, sur l'herbe de Longchamp, par la galipette fantaisiste d'un cheval imprudemment éperonné.

C'est aussi pour avoir éperonné mal à propos M. Delcassé que l'autre ruade s'est produite, qui a désarçonné le maître après le disciple, le chef de file après le sous-verge. La réplique des choses de ce monde, alors même que nous vivons dans la maison à l'envers, a toujours sa logique.

Et voilà, au surplus, un premier effet de la feuille de présence.

Il faut dire, en effet, qu'une centaine de députés, qui se moquent certainement de la Marine comme un poisson d'une pomme, étaient déjà partis en Danemark et autres Scandinavies, pour y célébrer les bienfaits de la paix universelle.

Après les assurances que le ministère leur avait données, de la certitude de leur réélection, tous avaient allègrement filé, laissant les autres se débrouiller dans la gabegie navale, devenue le cadet de leurs soucis. Patatras ! l'imprévu, qui préside en permanence aux invraisemblances françaises, fait que leur cabinet s'écroule, sur d'acrimonieux souvenirs de guerres malheureuses, tandis qu'ils vont sabler l'hydromel avec les pacifistes norvégiens.

Impossible aux camarades d'utiliser, pour sauver le ministère, les boîtes de bulletins disponibles. La nécessité de la présence réelle s'y oppose. Pour voter, il faut être là et avoir signé. La mesure adoptée samedi soir est appliquée depuis quelques heures. Résultat : chute d'un ministère qu'on croyait désormais inébranlable. Tout se tient.

Quant à la marine, elle n'en vaudra ni plus, ni moins, c'est-à-dire rien. Mais la chute de M. Clemenceau entraine celle de M. Picard, et la chute de M. Picard, c'est la chute du respectable paravent qui devait couvrir les prévaricateurs de la Maçonnerie de l'X, presque aussi funeste aux affaires françaises que la Maçonnerie du triangle ou de la constellation des ⸫.

L'impôt sur le revenu est également à vau-l'eau, dans la personne de son désagréable thuriféraire, M. Caillaux, à qui ce coup de théâtre enlève le temps de convertir le Sénat à cette séduisante ineptie.

Le rachat de l'Ouest, dû aux vindicatives récriminations de M. Barthou, reste également en panne, avec toutes les difficultés insolubles que M. Prevet avait dénoncées et qui lui ont coûté son siège de sénateur.

Quant à nos affaires extérieures, comme sous ce régime de lumière c'est par une série ininterrompue de points d'interrogation que nous avons coutume de les ignorer, cela ne nous changera pas beaucoup de ne rien savoir du sort qui leur est réservé par le départ de M. Pichon.

Mais une question se pose qui est autrement adéquate au régime : c'est celle de M. Simyan.

M. Simyan a eu cette fortune invraisemblable de représenter un principe. Les deux principes qui, au dire des penseurs et des philosophes, depuis l'origine du monde, régissent l'humanité sont le principe de liberté et le principe d'autorité. M. Simyan, à qui ses bons parents n'eussent point prédit une telle destinée, était l'un d'eux. Il le représentait, et cela vous avait une autre allure que de représenter une simple circonscription de Saône-et-Loire. A présent que faire de Simyan ? Il ne peut pas s'en aller, sans que le principe d'autorité semble fléchir, car des choses aussi essentielles à l'existence des États ne sauraient être tributaires d'un incident de séance, où deux leaders ayant bec et ongles se mangent le nez avec les vieilles histoires de Lang-Son et de Fachoda.

Simyan n'a rien à voir à ces chroniques du temps passé. Il surplombe, il plafonne, il est bien plus que député et sous-secrétaire d'État : il est une allégorie intangible, à laquelle nul ne peut toucher sans déchaîner une explosion libératrice jusque dans les profondeurs des P. T. T.

Et déjà, c'est la moralité vécue de la séance historique, tous les télégraphes et téléphones de France, à peine deux minutes après que le ministère était renversé, se transmettaient de l'un à l'autre, jusqu'à la dernière bourgade, avec une crise de joie délirante, la chute de Simyan.

Et maintenant, l'heure est venue de se rappeler le mot de Catherine de Médicis : « C'est bien taillé, mon fils, mais il faut coudre. »

M. Clemenceau parti avec son équipe, qu'est-ce que va faire le pauvre homme de l'Élysée, subitement troublé dans sa digestion d'hier au soir, par l'arrivée inattendue des ministres démissionnaires ?

La logique du parlementarisme, sa règle, sa loi, voudraient que M. Fallières fît de suite appeler M. Delcassé.

Mais M. Fallières aimerait mieux démissionner à son tour que de s'exposer à un froncement de sourcils de Guillaume II. Il n'aura ni assez d'énergie ni assez de dignité pour réparer l'outrage inoublié que l'Allemagne a infligé à la République et aussi à la France, en imposant, en 1905, le renvoi de M. Delcassé.

Ce serait pourtant la meilleure manière de prouver au monde que si la France veut la paix, elle entend néanmoins être maîtresse chez elle ; qu'elle y est libre et non pas subalterne.

XLI

JOURS DE CRISE

23 *Juillet* 1909.

Ce n'est pas dans le train de la vie ordinaire qu'il faut voir fonctionner le parti dit républicain. C'est lorsqu'il lui arrive un coup de Trafalgar, comme celui de mardi soir, qui renverse inopinément les marmites des escouades, qu'il est vraiment plus intéressant à observer.

Pour ce parti-là, la vie de tous les jours est assurée par les bureaux. La bureaucratie sauve tout. C'est elle qui permet à n'importe qui, échappé l'an dernier du café du Commerce ou de quelque officine de province, d'être indifféremment bombardé à n'importe quel ministère. Sans la bureaucratie qui est derrière lui et qui, vu le service essentiel qu'elle rend, constitue la base du régime, il est bien évident que, malgré leur intelligence naturelle et même un petit stage à la commission du budget, sept ou huit ministres sur onze donneraient le spectacle du plus complet bafouillage.

Mais la vie ordinaire étant suspendue par la chute des ministres, le parti est alors livré à lui-même et il évolue pour ainsi dire en liberté.

Aussi, a-t-il pris souci d'imprimer même à ce

dérèglement une sorte de règle, pour ne pas dire de cérémonial.

Toute crise ministérielle a son *processus*, son rite, ses sacrements, on pourrait dire sa liturgie, tant les formules qu'on y emploie sont consacrés.

La machine est réglée par journées, comme la mobilisation. C'est, d'ailleurs, à l'instar de la mobilisation même, le passage du pied de paix, qui est le pot-au-feu quotidien des deux Chambres, au pied de guerre, qui est pour six ou sept cents individus la curée ouverte et l'assiette au beurre posée sur le tapis.

Si le premier jour se passe en explosions de joie, de rage ou de surprise et appel des deux présidents, le deuxième jour se reconnaît et se signale à l'odeur de benzine, de camphre et de naphtaline, qui se répand dans les milieux parlementaires.

Cette odeur provient des redingotes, sorties dès le matin par les bonnes ménagères, pour être aussitôt revêtues par les députés et sénateurs qui s'attendent à être appelés à l'Elysée, ou chez celui d'entre eux que l'Elysée aura chargé de recruter une équipe.

Dans la vie ordinaire, le membre du parti dit républicain est en veston ou en jaquette. Ce parti ne goûta que fort médiocrement, encore qu'il fût hautement symbolique, le port de la blouse par Thivrier et le port du burnous par le musulman franc-comtois Grenier, qui, fidèle observateur du Coran, se lavait consciencieusement les pieds sur les berges de la Seine, avant d'entrer à la séance.

Par contre, ce bohème de Pelletan, à qui la marine est en partie redevable des maux qui l'ont ravagée, n'a connu sa première redingote que quelques jours après son entrée en fonctions. Elle lui allait, d'ailleurs, presque aussi bien qu'à M. de Lanjuinais, qui ne quittait jamais la sienne.

Survienne une crise, les deux ou trois cents ministrables dont elle déchaîne aussitôt les nobles ambitions se mettent donc en tenue, dès le matin du deuxième jour, et courent chez les reporters de leur connaissance, pour les prier d'introduire leur nom dans les combinaisons.

C'est l'un des moments où les journalistes officieux font leur placement de père de famille pour la récolte des rubans. Il importe peu que ces excellents confrères soient plus ou moins familiers avec l'orthographe. Il n'est pas nécessaire d'être docteur ès belles-lettres pour fourrer dans un journal, sous la rubrique « La Crise »: *On parle de M. Quincampoix pour les finances.*

Le seul, à vrai dire, qui en ait parlé, est M. Quincampoix lui-même. Mais comme tout est possible, M. Quincampoix devra décorer son obligeant introducteur au plus prochain Quatorze Juillet, à moins qu'il ne soit le dernier des ingrats, ou que ses croix disponibles ne soient toutes absorbées par la demi-douzaine de petits Juifs et de pasteurs huguenots dont il aura, par ordre ou par cécité, composé son cabinet.

Le troisième jour de la mobilisation républicaine est marqué par un autre rite que personne n'a jamais pu s'expliquer et qu'on n'expliquera probablement jamais.

C'est l'obligation pour le Président de la République de consulter M. Léon Bourgeois.

M. Léon Bourgeois a beau demeurer étranger aux discussions parlementaires, ne jamais paraître à la Chambre ni au Sénat, qu'il a préféré à la Chambre parce qu'on y est plus tranquille ; il a beau être en voyage aux extrémités de l'Europe ou être, dans quelque retraite, absorbé par l'âpre composition de quelque solennelle rengaine sur la solidarité, il n'est pas de crise ministérielle qui puisse se passer de la consultation de ce docteur inoccupé, qui fait l'effet d'une espèce de Cheik-ul-Islam *in partibus*, sans l'avis duquel aucun nouveau sultan ou pacha ministériel ne saurait être intronisé.

C'est d'ailleurs à cet esprit aussi faux que séduisant que nous avons dû le calamiteux ministère Waldeck-Rousseau. On a fait revenir M. Léon Bourgeois de La Haye pour donner l'onction du sacre à cet effroyable cabinet de malfaiteurs publics.

Et voici qu'on attend de nouveau M. Léon Bourgeois pour dénouer la crise actuelle.

Cette fois, il était en Suède ou en Norvège, en Prusse ou en Hollande, fort éloigné des luttes de son parti, des convulsions de la Chambre au sujet des malversations de la marine, totalement désintéressé des affaires politiques, des combinaisons et des potins. Il n'importe !

On a dû chauffer des paquebots et des trains spéciaux pour ramener, bon gré mal gré, cet indispensable pontife.

Il n'a cependant jamais donné, dans les hautes fonctions qu'il a successivement désertées, que la mesure d'un esprit didactique et pusillanime, enfilant avec un agréable timbre de voix toutes les billevesées du jargon maçonnique. Mais, que voulez-vous ? Le rite est de ne rien faire sans M. Léon Bourgeois. Je n'apprécie pas, j'observe.

Si la crise ne se résout pas après la consultation des deux présidents et l'arrivée du train ou du bateau qui ramène M. Léon Bourgeois, c'est-à-dire invariablement le troisième ou quatrième jour, toutes les convoitises en éveil qui consentaient à attendre sont débridées. Alors *va te faire fiche*, comme on dit chez nous, les impatiences et les goinfreries ne connaissent plus de frein. La crise peut durer trois semaines et même trois mois, car il n'y a plus de raison pour que Tartempion, qui n'a aucun titre, le cède à Quincampoix, qui n'en a pas d'avantage, et Quincampoix à Lustucru, qui serait bien en peine de définir les siens, sinon qu'il est « un vieux républicain » et que les jeunes ont le temps d'attendre.

C'est le moment où les cochers de fiacre et les chauffeurs d'auto-taxis élèvent leur tarif, à cause des innombrables courses que les deux ou trois cents ministrables doivent faire du matin au soir et du soir au matin, pour tâcher de réunir onze participants qui consentent à ne pas s'entre-dévorer dans un cabinet dit homogène.

Le graphique des allées et venues nécessitées par les combinaisons ministérielles, calculé algébriquement sur la base de onze portefeuilles pour trois cents personnes ayant les mêmes droits, a été tenté par des ingénieurs et des mathématiciens distingués, sous la direction de l'Académie des Sciences et du Bureau des Longitudes : cela a donné une épure absolument inextricable et une équation au Nᵉ degré radicalement insoluble.

Quelques membres de la Section des sciences politiques ont même dû intervenir, pour avertir leurs savants collègues que le régime républicain actuel n'ayant rien de commun avec le régime parlementaire et n'ayant même de nom dans aucune langue, il était plus sage à eux de renoncer à ces calculs.

XLII

LE COMPAGNON BRIAND

28 Juillet 1909.

J'ai désiré avoir dans ma collection de choses vues la première du compagnon Briand, ses débuts comme Président du Conseil, comme chef du Gouvernement français.

C'est une fantaisie de collectionneur qui est heureusement peu coûteuse. Elle ne m'a coûté que de supporter, dans l'étroite tribune réservée aux malheureux journalistes, une compression de plusieurs atmosphères et une chaleur à faire éclore des œufs d'autruche.

A ce prix, qui était abordable, je sais maintenant ce qu'est notre premier ministre.

C'est un enfant que M. Rouvier a eu de M. Méline, un soir de Quatorze Juillet qu'on s'enivrait de boire à la République idéale.

A cause de la naissance irrégulière et clandestine de cet enfant, ses parents n'ont pu l'élever eux-mêmes. Ils l'ont fait élever chez les anarchistes. Oh ! une brave famille d'anarchistes, qui ne se doutaient point de la haute naissance de l'enfant qui leur était confié, et à qui ils pourront toujours dire, comme à Joas, revêtu de la pourpre royale :

Vous souvenant, mon fils, que caché sous ce lin,
Comme eux vous fûtes pauvre et comme eux orphelin.

Mais on a bien raison de soutenir que l'hérédité est une loi positive, inéluctable, en ce que les caractères des ascendants se retrouvent tôt ou tard dans leurs rejetons.

M. Briand a exactement débuté comme l'aurait fait à sa place son auguste père. Il a parlé de lui-même, de sa vie passée, des ronces qu'il traîne au talon, des difficultés que la démocratie rencontre aux entrées de carrière, des compromissions auxquelles la pauvreté oblige les plus beaux caractères..... C'était du Rouvier tout craché. Mais du Rouvier amenuisé, édulcoré par l'influence maternelle de M. Méline, dont la coiffe de vieille dévote se profilait dans la pénombre.

Alors que Rouvier se carre et bourlingue à la tribune, avec des attitudes bourrues de pirate barbaresque, prêt à faire sauter la cambuse, M. Briand, qui est beaucoup plus menu et plus fluet, ne se frappe les péctoraux que des deux doigts chargés de bagues avec lesquels il prend de l'eau bénite.

Il s'accuse néanmoins, comme Rouvier, ou plutôt il va au devant des accusations, préférant les formuler lui-même. Il s'offre aux expiations, il les sollicite, il les provoque, mais il y sous-entend cette menace qui est du Rouvier de derrière les fagots : « Que celui qui n'a jamais fauté ose m'administrer le premier bulletin bleu ! »

A mon avis, cet exorde attendrissant et inutile·
ment obséquieux n'était pas nécessaire. M. Briand
aurait donné une note plus originale et plus modern·
style, s'il avait dit :

« — J'ai débuté dans la vie politique comme
vous y avez presque tous débuté et comme il est de
règle d'y prendre son essor.

» C'est-à-dire que, pour me faire connaître et
pour m'assurer une notoriété de bon aloi, je me suis
embarqué sur le plus rouge bateau, au milieu de
l'équipage le plus truculent.

» Si j'avais débité des choses ayant le sens com·
mun, personne ne saurait que j'existe et je crèverais
de faim. Tandis qu'en dégoisant çà et là des extra·
vagances outrancières, tout le monde, à commencer
par vous-mêmes, a eu les yeux sur moi.

» L'expérience m'ayant démontré que l'avenir
politique en France n'est jamais au bon sens, mais
à la déraison qui sait se ranger, jamais aux pom·
piers, mais aux incendiaires qui savent mettre un
casque, j'ai fait ce que l'expérience elle-même
commandait à ma précoce intelligence des drôleries
de mon pays, où la politique ne ressemble à aucune
autre.

» La règle, vous le savez, n'est pas de débuter
par la Droite, qui ne mène à rien, vu qu'elle n'est
pas une gare de départ, mais une gare terminus. Le
jeune homme qui prendrait son vol à Droite ferait
l'effet d'un jeune écervelé qui solliciterait de s'en·
gager volontaire aux Invalides.

» La règle est de débuter en braillard de réunions
à la gauche la plus extrême, et de s'avancer ensuite,
graduellement, jusqu'aux travées funéraires où l'on

peut s'asseoir sans regret à côté de M. le baron de Mackau.

» Dans cette courbe fatidique de tout politicien français se rencontre mathématiquement le lieu géométrique des situations ministérielles. La seule chose peut-être qui pourrait ici vous offenser serait que j'aie mis à peine sept ans pour m'asseoir aujourd'hui, comme Président du Conseil, à côté du général Brun et de l'amiral de Lapeyrère, que je prétendais tout d'abord faire fusiller par les déserteurs de mon ami Hervé.....

» Mais ce sont là plaisanteries de jeune homme, une manière à nous de couper la queue de nos chiens. Maintenant, j'ai réfléchi et mon parti est pris de m'adapter à ma fonction : Je gouverne ! »

J'estime que si M. Briand nous avait dit cela, ou quelque chose d'approchant, au lieu de peloter partie avec des confessions à la Jean-Jacques, d'abord il aurait dit la vérité, ensuite il eût éclipsé du coup son prédécesseur Clemenceau, qui avait de ces fusées primesautières, pour nous distraire des balivernes politiques auxquelles il nous faut assister.

Je n'ai pas été moins frappé du passage du discours où M. Briand a essayé de dépeindre son état d'âme, au moment où M. Fallières, au lieu de faire appeler M. Delcassé, l'a fait appeler, lui, Briand, renversé la veille par la Chambre :

« — C'était prématuré, dit-il, en étais-je bien digne ? »

Mais, une fois qu'après réflexion, il s'en est senti digne, Don Carlos devenant Charles-Quint par la

Diète germanique n'a pas fait au tombeau de Charlemagne une station plus méditative et plus fructueuse que le compagnon Briand dans son propre et personnel sanctuaire.

Charlemagne, on le sait par Victor Hugo qui était bien informé, avait dit à Don Carlos de commencer par la clémence.

Ce n'est pas le conseil que les égéries de M. Briand lui ont donné, et les postiers peuvent attendre.

Les égéries lui ont dit : « Voyons, Briand, pour avoir floué le pays sur la Séparation, tu passes pour un homme de réalisation, tu n'as qu'une chose à faire : gouverner. »

De sorte que, depuis hier, aux environs de quatre heures de relevée, nous avons enfin un gouvernant, et si c'était vrai, cela ne serait pas dommage.

Mais cela aussi, je le crains, est du bavardage, comme le reste. C'est du joli bavardage, si vous voulez, car M. Briand est un de ces deux cent mille Français qui, depuis César, ont reçu le don de la parole et se font un enviable sort de joueur de flûte, par la séduction que leur instrument exerce sur les assemblées.

Mais de caractère, de cette chose si rare et si précieuse au Gouvernement qu'on appelle le caractère, je n'en ai pas trouvé trace chez M. Briand, pas plus que chez sa mère naturelle, M. Méline, qui naguère nous a jetés dans les plus lamentables complications, non pas faute de talent, certes, ni de crédit politique, mais faute de caractère.

Et l'on peut dire, d'ailleurs, que les plus grands maux dont la France a souffert, depuis nombre d'années, lui sont venus précisément d'hommes dont l'incontestable talent faisait illusion et qui n'avaient pas l'ombre de caractère.

Ni activité, ni caractère, c'est le défaut commun de presque tous les ministres républicains ou soi-disant tels. Ils arrivent facilement, par quelque discours bien placé ; mais ils arrivent avec une volonté en quelque sorte luxée, par le milieu abétissant où ils évoluent, ce milieu maçonnique et huguenot pour la politique, juif pour les affaires, où il n'est pas permis à un ministre d'être autre chose qu'un subalterne aux gages, pour ne pas dire un domestique.

M. Briand a donné d'avance toute sa mesure, quand il a ébauché son opinion sur la réforme électorale qui est le nœud légal de la situation générale.

Alors que le pays, encore entaché de légalité, avant de la jeter aux orties, réclame une charte électorale qui lui permette de faire peau neuve, c'est-à-dire de se défaire par les voies légales d'un personnel politique qu'elle a trop vu et dont elle est excédée, M. Briand lui répond :

« Je suis partisan de la réforme électorale, à condition qu'elle ne touche pas à la majorité. »

Alors à quoi bon ? C'est un cercle vicieux !

Il n'est pas possible d'avouer avec plus de cynisme que le Suffrage universel est organisé en jeu de bonneteau, pour faire tourner toujours la même carte pour nos larrons en foire et que si l'on y porte une réforme, il est entendu qu'elle ne devra servir rien qu'à duper ceux à qui on la promet.

M. Briand n'a donc pas eu la minute de caractère qu'il aurait fallu pour faire son premier acte de gouvernant, pour mettre la Chambre en demeure de lui accorder ou de lui refuser sa confiance sur ce point capital.

Tout en ayant l'air de mettre, sur sa personne, le marché à la main à la majorité, il a fait le bateleur, et de ce qu'il l'a fait avec adresse et ingéniosité, il ne s'ensuit pas qu'il ait évité cette première déchéance.

Décidément, il n'est pas vrai que Charlemagne consulté ait dit au compagnon Briand : « Gouverne ! »

Il lui a dit ce qu'il avait déjà dit à ses père et mère, Rouvier et Méline : « Obéis ! » — ce qui est le contraire de gouverner.

XLIII

Le Frère Marix

———

4 Août 1909.

Sur les bancs de la police correctionnelle où la sotte infamie des Waldeck et des Briand inspirés par les Juifs et par les Huguenots a déjà fait s'asseoir tant de vierges au visage angélique, pour le crime social d'avoir soigné *pro Deo* des malades incurables ou enseigné le Décalogue aux enfants du peuple, comparaît aujourd'hui la congrégation juive et maçonnique des Enfants de Marix.

Si j'ose me permettre cet irrévérent jeu de mots, cette congrégation que je sache n'a soigné aucun malade, ni rien enseigné à ce peuple, que sa déchéance et l'abjection dans laquelle il est tombé.

Elle remplit, depuis avant-hier, le prétoire assez exigu de la neuvième Chambre, tristement illustré par les fortunes de tout repos que les dreyfusards y ont pu faire, en demandant à M. le Président Puget de leur allouer des dommages à valoir sur la caisse des journaux nationalistes.

La scène a bien changé, et voici le Conseil de guerre, réformé selon Dreyfus, poursuivi pour avoir vendu sa justice. Etranges revirements !

Mais aussi quelle obscurité officielle règne sur ces débats !

J'ai le regret de constater que tout s'y déroule en ergotages, au milieu desquels nos plus sagaces confrères du Palais ont peine à saisir le fil des incidents.

Les cinq ou six avocats préposés à la défense de ce gibier de ghetto semblent avoir établi leur système, non sur la clarté des débats, mais sur leur inextricable confusion. La Tour de Babel, d'hébraïque mémoire, n'eut pas d'ouvriers plus actifs ni plus déterminés que ces infortunés défenseurs d'une cause certainement méprisable et vile entre toutes.

Par surcroît, les débats sont présidés par un excellent magistrat du nom de Gibou, qui rappelle, en dépit qu'on en ait, l'invraisemblable cuisine de concierge imaginée par Henri Monnier.

De sorte que ce sera miracle si le public arrive à se faire, de lui-même, une juste conception de cette affaire juive et à en tirer l'utile notation sociologique qu'elle comporte.

Pour mesurer le chemin parcouru, je devrais dire descendu, depuis vingt ans, il faut revivre par le souvenir les heures enfiévrées de l'affaire Wilson.

Il faut se rappeler la noble et touchante émotion de Paris, lorsqu'on lui révéla qu'il existait quelque part une agence qui vendait des croix d'honneur, qui trafiquait, elle aussi, de grâces et de faveurs, non pas même toujours pour de l'argent, mais aussi pour des souscriptions à un journal régional, qui devait s'appeler la *Petite France*.

Cela déjà était-il possible ? On voulait en douter encore. Les journaux avaient beau sortir, avec preuves à l'appui, les noms de la Limouzin et autres courtiers ; compromettre, dans ces louches marchés d'influences, un général, un sénateur, désigner par son nom le propre gendre du président de la République, la vieille honnêteté française, non encore entamée, comme elle l'est aujourd'hui, refusait de croire à tant de bassesse. Et sa révolte fut sincère, lorsqu'il lui fallut apprendre que cette agence, dont on ne dénonçait que les succursales, avait son principal siège à l'Elysée.

Les jeunes gens, à qui l'on n'enseigne plus rien de leur propre histoire, ne savent certainement pas qu'à cette époque il y avait un Parlement français, et même un Parlement républicain. Concevant autrement qu'aujourd'hui la dignité de la République, ce Parlement déclara siéger en permanence, jusqu'à ce que le Président de la République, atteint dans sa propre autorité par les fautes de l'un des siens, eût remis sa démission.

L'ébullition de Paris fut si grande, que l'Hôtel de Ville lui-même, quoique déjà considéré comme une kasbah maçonnique, menaçait de se proclamer en insurrection, si justice n'était pas faite.

Voilà ce qu'était encore la République, en Décembre 1887. Elle avait encore une âme, et une âme française. De grands souffles populaires étaient encore capables d'enfler ses voiles et de secouer ses pavillons. La moralité publique n'y était point oblitérée. Le patriotisme commandait encore aux sentiments du pays. Patriote équivalait encore à républicain. Les ouvriers des faubourgs eussent malmené dans les rues quiconque eût osé proférer contre le drapeau et contre ceux qui le portaient, ayant charge de le défendre, non pas même une injure, mais une moquerie ou un persiflage.

Et l'on vit un Deux Décembre nouvelle manière, réplique inopinée de celui qui s'était inversement gravé dans les rancunes républicaines, un vieillard jusque-là respecté, qui venait d'être réélu à la magistrature suprême, quitter honteusement l'Elysée, sans escorte, dans une voiture de louage, pour aller ensevelir dans la retraite le crime commis à son insu par quelqu'un de sa maison.

Jeunes gens, voilà ce qu'était encore la probité des mœurs républicaines, il y a vingt-deux ans !

Mesurez à présent ce qu'elle est devenue !

Ah ! le ravage causé à ce pays comme à la République elle-même par vingt années de juiverie contagieuse et d'épidémie maçonnique est sensible et redoutable.

Le changement n'est pas niable. Il est patent et étalé. Ceux-là seuls le peuvent contredire, qui ont des yeux pour ne point voir ou que retient le puéril dépit de s'être trompés.

Sur cette honte primitive du Wilsonisme, première en date, qui fait l'effet d'une erreur de jeunesse du parti républicain, le grand collecteur du Tout à l'égout a déversé depuis, par apports successifs et périodiques, des mascarets d'immondices, qui ont lentement, irrémédiablement sali et déshonoré le parti républicain, inhumé dans sa propre fange — et le parti républicain tout entier, puisque personne n'y proteste plus, que pour couvrir ses coupables.

Les parlementaires ne s'avisent plus de siéger en permanence, jusqu'à ce que la République soit vengée d'un affront. C'est au contraire à qui d'entre eux accablera les ministres de recommandations et d'apostilles, pour qu'un immonde Juif, qui déjà vendait la justice à Amiens et attelait son cheval d'officier français aux fiacres d'Abbeville pour en tirer location, puisse venir faire à Paris un commerce plus immoral et plus lucratif.

C'est un Juif, cela suffit pour que les ministres n'aient plus d'objections à opposer aux exigences pressantes et multipliées des députés et des sénateurs.

Non seulement il est Juif, mais il est Franc-Maçon, dignitaire de l'ordre, pour le moins « sublime gardien du royal secret » ou « prince souverain grand inspecteur ». Alors, à genoux ! valetaille de ministres, vautrée dans les fauteuils de Louis XIV et sur les tables du garde-meuble où travailla Colbert !

A genoux, devant le maître que l'étranger vous a donné et qui vous tient sous le fouet, pour le compte de l'Angleterre et de l'Allemagne.

C'est, en quelques mots, le véritable fond des choses françaises d'à présent et le plus dégradant des secrets du règne.

Et il faut voir ce que c'est que ce Juif, dignitaire de la Maçonnerie.

Son physique pue la bassesse et la félonie. Du premier coup d'œil, sur sa figure d'Assuérus de bas étage, on découvre l'être amoral qui vend des condamnations ou des acquittements, comme il vendrait des images obscènes sur les quais de Smyrne, ou des adresses galantes dans les ruelles de Naples.

On ne s'explique même pas qu'un type aussi caractérisé d'entremetteur interlope ait pu frayer au milieu d'officiers d'artillerie, au milieu d'officiers français, sans exciter le dégoût irraisonné et instinctif, l'éloignement, le demi-tour silencieux de camarades spontanément circonspects.

Le Ministre qui l'a choisi et nommé au poste de rapporteur du premier Conseil de Guerre fera bien de ne pas se donner dans le monde pour un physionomiste. On lui rirait au nez. Car il n'est pas possible d'avoir plus que ce Juif-là le physique de l'emploi aux plus viles besognes. Il est même rare de rencontrer une figure qui trompe si peu sur sa destination.

Hégésippe Moreau, qui n'était jamais allé à la Cour d'assises, eut la curiosité d'y entrer, un jour qu'on jugeait une bande de dévaliseurs. Ignorant le dispositif de la Cour d'assises, le douloureux poète feignit de confondre le banc des jurés avec celui des accusés et, en rentrant chez lui, il composa, avec son amertume coutumière, la pièce de vers où il raconte sa visite, en terminant chaque strophe par cette affirmation péremptoire :

> Lavater, sur leur plat visage, lirait déjà qu'ils ont volé.

Point n'est besoin d'être ici Lavater, pour apercevoir dans le Juif Marix le courtier mercenaire, prédestiné aux commerces qu'ils avait entrepris.

Au train nouveau de la moralité républicaine, on

ne saurait affirmer que ce bas trafiquant sera condamné, pour les méfaits qu'il a commis, encore
moins affirmer que, condamné ou non, il ne sera pas
député, son ami Mascuraud étant déjà sénateur.

Ce serait presque à souhaiter, pour le juste châtiment de ce Parlement. Puisque le Parlement a tant
recommandé cet intéressant candidat, la moindre
des choses est qu'il lui fasse bon accueil, car, de
celui-là il peut dire :

Dignus, dignus est intrare
In nostro docto corpore.

XLIV

LA F∴-M∴ EN ESPAGNE

6 Août 1909.

A force de contradictions et d'impostures, la Maçonnerie, qui se dit universelle, finira par faire tourner en bourrique l'Univers en personne.

Il n'est plus douteux qu'elle a suscité les émeutes de Catalogne, qui ont causé la ruine d'une cinquantaine d'immeubles et la mort d'un millier d'ouvriers, toujours prêts à mourir, comme dit Renan, pour des choses qu'ils ne comprennent pas très bien.

Au premier moment, on avait donné pour cause à ces séditions, aussi violentes que soudaines, l'opposition du peuple espagnol à l'expédition du Maroc.

C'était un mensonge, comme toujours, et déjà ce mensonge dégageait une odeur de Maçonnerie.

Il se pouvait que le peuple espagnol ne vît pas d'un œil favorable les complications de tous genres dont le Maroc est et sera la source. Le peuple français, lui non plus, n'avait pas caché que le Maroc ne lui disait rien de bon.

Du moment que l'expédition n'avait pas pour objet d'accroître le patrimoine méditerranéen de la France, mais de faire au Maroc de sales affaires juives, moyennant des commissions non moins sales, allouées à quelques parlementaires, le peuple français, cela se comprend, manquait d'enthousiasme.

Cependant, a-t-il marchandé son assentiment aux renforts envoyés, pour soutenir au Maroc celles de nos troupes qui s'y trouvaient engagées ? Assurément non, et c'est méconnaître de même la fierté et le bon sens de la nation espagnole que de la supposer capable d'abandonner sans secours, sur les champs de bataille de Melilla, ceux de ses enfants qui y ont combattu par ordre avec une périlleuse infériorité.

Il était donc plus que suspect de croire que le départ des renforts envoyés à Melilla fût la cause des désordres de Barcelone. Passe pour le prétexte, non pour la cause.

D'autant plus que ces étranges désordres, si promptement tournés à l'insurrection, ont pris pour premier objectif de leur fureur, non pas les troupes qui partaient, mais les moines qui ne partaient pas ; non pas les arsenaux, où l'on prépare la guerre, mais les couvents où l'on prie chaque jour, au *Gloria in excelsis*, pour la paix entre les hommes.

C'est donc une bien singulière déviation du sens commun que de démolir et d'incendier des monastères catholiques en Catalogne, pour s'opposer à une affaire juive en Afrique.

Et cette contradiction, qui défie le sens commun, comme tout ce qui est combiné dans les Loges, exhalait à son tour une puanteur de Maçonnerie.

La logique exigeait que les insurgés catalans se précipitassent, d'un premier et irrésistible élan, sur les officines juives de Barcelone, pour les punir des désastres essuyés par les troupes espagnoles. Le sang espagnol injustement versé, aux seules fins d'affranchir les Juifs du Maroc, des lois indigènes et d'offrir au Juifs d'Espagne des occasions de gagner de l'argent, criait vengeance contre les Juifs solidaires.

Tout le monde aurait, je ne dis pas approuvé, mais compris ce châtiment, cette impulsion conséquente d'une légitime colère.

Même on se serait dit : le peuple espagnol n'est pas si bête que le peuple français ; il va droit au but. Pour s'opposer à une expédition juive, il s'en prend aux Juifs ; pour se venger d'une expédition juive qui tourne mal, il saccage les boutiques juives d'usuriers et de changeurs juifs, les banques juives, les bourses juives. Si cela n'est pas courtois ni civilisé, ce dont on demeure d'accord, du moins cela vous a un accent de justice primitive et de robuste bon sens, non déformé par les fictions modernes.

Mais incendier des établissements catholiques, molester des prêtres, outrager de saintes filles, livrer les uns et les autres aux fureurs et aux lubricités de la populace, pour châtier les Juifs de leur cupidité et des entreprises qu'ils organisent pour la satisfaire, en vérité, cela n'est ni juste ni raisonnable en aucun temps. Et à cause de cela on pouvait parier à coup sûr que la Maçonnerie était derrière, avec l'illogisme invétéré auquel la condamne l'imposture fondamentale sur laquelle elle repose.

Aussi bien, dès que des informations plus sérieuses ont pu franchir les défenses et les censures espagnoles, elles ont signalé la part très active prise par la Maçonnerie à ces dévastations de couvents et aux émeutes par lesquelles on a tenté de mettre en échec la monarchie espagnole elle-même.

Je ne sais si le Grand Maître de la Maçonnerie espagnole est toujours le F∴ Morayta y Sagrario, député aux Cortès. Mais je crois savoir que ce pontife prit déjà une part considérable aux directions anarchistes et séparatistes imprimées à la Catalogne. Il serait bien extraordinaire qu'il fût étranger aux soulèvements actuels, qui ressemblent à s'y méprendre à ceux de 1899.

Alors, comme aujourd'hui, des émeutes éclatèrent sur divers points du territoire espagnol. Les établissements catholiques furent, comme aujourd'hui, l'objet de leurs déprédations. Une fois l'ordre rétabli, quand on voulut pousser l'enquête, on découvrit aisément que les fauteurs de troubles, non pas ceux qui s'y font sottement tuer, mais ceux qui sont derrière, pendant que les naïfs se font casser la figure, étaient presque tous francs-maçons.

Mêmes constatations ont suivi l'enquête sur l'attentat commis en 1906 contre le couple royal d'Espagne, le jour même des noces. S'y est trouvé impliqué, comme ayant mystérieusement donné asile à Moralès, le lanceur de bombes, le F∴ Ferrer, qui dirige, à Barcelone, sous la dénomination « d'École Moderne », une officine maçonnique, succursale laïque de la Loge *Constancia*, principale Loge de Catalogne.

Le F∴ Ferrer, qui avait à la Banque de Barcelone un compte créditeur d'un demi-million, n'a jamais pu expliquer d'où il tenait cette fortune, assez insolite, en effet, pour un modeste professeur de langues vivantes, à qui la Maçonnerie française a procuré quelques cachets, en lui confiant des leçons à Paris et, notamment, au Cours commercial du Grand-Orient.

La vérité est que, sous prétexte de donner des leçons à Paris, le F.·. Ferrer y était en délégation, pour comploter on ne sait quelles alliances secrètes des Loges de Catalogne avec le Grand-Orient parisien.

Nous apprendrions demain que le Gouvernement espagnol aurait dénoncé l'ingérence des Francs-Maçons français dans les désordres de Barcelone, qu'il n'y aurait pas sujet de s'en étonner. Déjà quelques journaux espagnols ont fait allusion à un grief de ce genre, et l'on parle par ailleurs d'une sorte de pacte qui aurait été conclu, en Février 1900, par lequel le Grand-Orient de France se serait réservé la direction dogmatique des Loges de Catalogne.

S'il en est ainsi, il est à craindre que nous ne conservions pas longtemps les sympathies du peuple espagnol. Il nous a prouvé, au début du dix-neuvième siècle, et Napoléon l'a appris à ses dépens, qu'il n'aimait point qu'on intervînt dans ses affaires. Il y a donc lieu de se demander si le complot maçonnique, tout en exerçant ses ravages sur les établissements catholiques, n'a pas un autre but. Celui de réaliser le projet, déjà caressé par M. de Bismarck, d'une alliance hispano-allemande, achevant de prendre la France à revers, c'est-à-dire de la faire fusiller dans le dos par les Espagnols et les Italiens, pendant qu'elle se débattrait sur les Vosges.

Ce n'est pas pour rien que le roi Alphonse XII, père du jeune roi actuel, avait été nommé colonel du régiment de uhlans, en garnison à Strasbourg, ce qui occasionna l'échauffourée de la rue Lafayette, lorsque ce colonel allemand voulut traverser Paris.

Alphonse XIII a trop de raisons d'aimer notre pays pour entrer dans de pareilles vues. A cause de cela, il doit se tenir pour très menacé par la Maçonnerie. Car je ne suis pas de ceux qui cherchent midi à quatorze heures, pour découvrir ce que c'est que la Maçonnerie. Les choses simples me suffisent. Je ne perds pas mon temps à rechercher le cadavre d'Hiram, sous les ruines du temple de Salomon, et l'acacia symbolique ne me cache point les choses pratiques auxquelles la Maçonnerie est chargée de pourvoir, à coup de mensonges et de révolutions intérieures.

La Maçonnerie, c'est le protestantisme (1), avec

---

(1) En produisant cette affirmation, l'auteur n'entend point prendre ici parti pour ou contre les historiens de la Maçonnerie qui lui attribuent une origine et une direction juives. Il a entendu formuler une affirmation sur laquelle tout le monde est d'accord : à savoir que depuis son apparition jusqu'à nos jours, la Maçonnerie, qu'elle soit juive ou non, a manifestement profité aux puissances protestantes. Dire de la Maçonnerie qu'elle est le protestantisme ce n'est donc nullement contester que les Juifs ont pu en concevoir l'idée ni l'usage qu'ils en pensent faire ni les fins dernières qu'ils peuvent lui assigner : c'est percevoir et enregistrer comme vrai un fait actuellement acquis.

En admettant que la Maçonnerie ne soit le protestantisme que par mesure de transition ; qu'elle soit destinée à évoluer plus tard contre le protestantisme lui-même, quand le catholicisme aura été détruit, il n'en demeure pas moins que le caractère protestant de la Maçonnerie est une vérité de l'heure présente. C'est l'interprétation qu'il faut attacher aux assertions de l'auteur.

G. T.

le Juif pour inspirateur et vraisemblablement pour bailleur de fonds.

La Maçonnerie, c'est l'Angleterre et la Prusse. C'est l'agence anglaise et l'agence prussienne, installées de compte à demi avec la puissance juive dans les pays latins, pour, en les frappant dans l'esprit religieux et l'esprit militaire, les dissoudre ou les désagréger, au profit des puissances protestantes.

Toute entreprise de la Maçonnerie, on peut en être certain, est faite pour le compte de l'Angleterre ou de la Prusse. Quand ce n'est pas pour l'une et l'autre, c'est pour l'une ou l'autre, et la seule incertitude qui trouble les poblèmes maçonniques d'à présent provient de l'état d'antagonisme survenu entre l'Angleterre et l'Allemagne.

A cause de cet antagonisme, on peut prendre le change sur les opérations maçonniques. On peut hésiter sur la question de savoir si c'est Londres qui travaille, ou si c'est Berlin.

C'est ainsi qu'en Espagne on peut se demander si les troubles actuels sont à l'instigation anglaise contre la politique de Guillaume II au Maroc, ou à l'instigation allemande contre la monarchie réfractaire à la Triplice.

A y regarder de très près, on trouve cette double hypothèse. Il faudrait être dans l'affaire pour pouvoir prendre parti.

Et si vous voulez mon opinion tout entière, je crois que les Maçons français, ou soi-disant tels, sont eux-mêmes très divisés sur la question de savoir s'ils sont anglais ou allemands.

Cependant, le Convent maçonnique qui s'est tenu

à Paris, en Octobre 1908, a voté par 284 voix contre 43 l'abandon de l'Alsace-Lorraine et il s'en est suivi, le mois dernier, coïncidant avec le jubilé de Calvin à Genève, un rapatriement des Loges allemandes et des Loges dites françaises.

Voilà qui nous mène, pendant que M. Briand croit qu'il va gouverner.

Pauvre garçon !

XLV

AU CONVENT DE 1908

11 Août 1909.

Si les vacances sont pour les ministres une période de cocagne, durant laquelle ils gouvernent sans explications, il n'en est pas de même des journalistes.

Pour ceux-ci, au contraire, c'est la période des explications sans gouvernement.

C'est le moment de loisir que choisissent les abonnés, pour interpeller le journaliste : « Éclairez-nous donc, lui écrivent-ils, sur tel point que vous n'avez fait naguère qu'effleurer, et sur lequel il nous agréerait à présent d'avoir de plus amples renseignements. »

Et le journaliste moderne, seul survivant de l'antique esclavage, au lieu de se rincer les poumons d'air salin, ou de les revivifier par l'oxygène des altitudes, se remet à son travail.

C'est ainsi qu'il me faut répondre aujourd'hui à nombre de lettres, ayant réclamé de moi, à la suite de mon dernier article, un plus explicite exposé de l'attitude de la Maçonnerie, dite française, dans la question de l'Alsace-Lorraine.

Je répondrai donc aux questions posées que le

vote maçonnique auquel je me suis référé dans mon dernier article est du 21 Septembre 1908 et qu'il s'est produit dans les circonstances que je vais relater.

Le Convent avait épuisé son ordre du jour, qui comprenait, pour ce jour-là, la vérification des pouvoirs, le tirage des commissions, l'élection du président, l'examen de la conduite du F∴ Augagneur à Madagascar, tenu à l'œil, depuis sa philippique contre les agents protestants, parue dans le journal *Le Matin*, des félicitations à la Loge de Salonique, pour la part prise à la révolution dite des « Jeunes-Turcs », lorsque le délégué des Loges d'Alsace-Lorraine, le F∴ Christman, souleva un incident.

Après l'annexion de l'Alsace-Lorraine, en 1871, les sept Loges qui existaient dans ces départements français, plutôt que de passer sous l'obédience de Berlin, avaient préféré se dissoudre.

Elles figuraient néanmoins à l'annuaire maçonnique, comme étant *en sommeil*, et leur mention y était encadrée de noir, comme les avis mortuaires.

Or, l'annuaire de 1908, sans autre souci de cette pieuse tradition, s'était affranchi de ce symbolisme typographique, semblant indiquer par là que cette faribole avait assez duré.

Protestation du F∴ Christman, qui se plaint au Convent de cette oblitération arbitraire, accomplie d'autorité, par le Conseil de l'Ordre, sans avoir même daigné en avertir, encore moins consulter les Loges alsaciennes.

Le F∴ Christman demande des explications. Il

désire qu'on lui expose le mobile auquel a obéi le Grand-Orient français (ou soi-disant tel). Il ne cache pas que ces espèces d'avances, faites depuis trop longtemps aux Francs-Maçons allemands, sont blessantes et honteuses pour ceux des Maçons d'Alsace-Lorraine qui ont conservé des sentiments français. Il termine en déclarant qu'il a reçu mandat impératif de ses commettants de se retirer du Convent, si satisfaction ne lui est pas donnée.

On peut présumer l'agitation provoquée sur-le-champ par un tel incident, si gênant, si caractéristique, si dénonciateur des véritables sentiments qui mènent le Grand-Orient et qui constituent sa raison d'être — autrement, à quoi bon se cacher et à quoi bon agir en Société secrète ?

On crie, on vocifère ; les interjections violentes s'entrecroisent dans l'assemblée. Selon la coutume maçonnique transposée au Palais-Bourbon, pour embarrasser les orateurs, quelques-uns exigent le nom de l'auteur de la suppression visant les Loges alsaciennes et réclament à tue-tête : « Le nom ! Le nom ! »

M. le député Lafferre, qui supplée le pasteur protestant Desmons à la présidence du Convent, lâche le nom du F∴ Bernardin, une vieille connaissance, l'un des *fichards*, celui qui dénonça à M. André et à M. Percin, autre protestant, nos officiers des garnisons de l'Est.

Ayant ainsi découvert son frère et laissé « pleuvoir » sur lui, selon l'expression du rituel, le député de l'Hérault entreprend d'expliquer que les Loges allemandes ont manifesté des tendances à un rapprochement et qu'on a cru bien faire en supprimant, pour ce qui concerne l'Alsace-Lorraine, tout ce qui serait susceptible de provoquer des récriminations ; qu'au surplus, la Maçonnerie plane bien au-dessus des vulgaires questions de frontières..... et patati et patata..... vous connaissez l'antienne.

Quelques délégués protestent avec véhémence. Leur manifestation isolée se perd dans le vacarme. Le F∴ Christman déclare à plusieurs reprises qu'il est dans l'obligation de quitter l'assemblée. On vote cependant et, par 284 voix contre 43, la motion du F∴ Lafferre est adoptée !

Vous cherchez ce que c'est que la Maçonnerie soi-disant française ? Eh bien, la voilà ! Elle se montre ici sans chemise aux patriotes français, comme aux patriotes de Lorraine et d'Alsace.

Ajoutez à ce scrutin significatif qu'elle fait manifestement tout ce qu'elle peut, pour détruire en France l'esprit catholique et l'esprit militaire, c'est-à-dire les deux incomparables forces par lesquelles la France maintient son unité nationale et son indépendance, et vous serez fixé sur le rôle actuel de la Maçonnerie.

C'est une agence prussienne, quand elle n'est pas agence panbritannique.

C'est une agence anglaise, quand elle n'est pas agence du pangermanisme.

Mais, dans les deux cas, c'est toujours pour les puissances protestantes qu'elle travaille.

D'ailleurs, c'est sur ce point d'ambiguïté et

d'équivoque que se fonde précisément l'une des objections opposées par les Loges allemandes au rapprochement désiré par les Loges dites françaises.

Les Allemands disent à ces étranges Français :

— « Mais vous n'êtes pas à nous, totalement à
» nous, puisque vous marchez d'autre part avec les
» Anglais. Nous ne pouvons pas nous entendre
» dans ces conditions, si vous persistez à manger à
» deux rateliers. »

Cette objection n'est pas imaginaire. Elle a été formulée par les deux Grandes Loges de Berlin, et la revue maçonnique l'*Acacia*, rédigée par le F∴ Limousin, la reproduit en propres termes. Il y ajoute que la Maçonnerie allemande attend de la Maçonnerie française (ou soi-disant telle) qu'elle s'applique à exiger du Gouvernement français des gages anti-anglais en faveur de l'Empire allemand.

Serait-ce donc en exécution de ce pacte que l'anglophile Clemenceau, qui avait obtenu contre l'Allemagne la victoire diplomatique des déserteurs de Casablanca, a été soudainement renversé ? Je pose la question sans y répondre, car c'est encore la bouteille à l'encre, comme tout ce qui se passe dans ce Parlement de malheur, où tout est fiction, mensonge ou trompe-l'œil.

Une autre objection a été soulevée par certaines Loges allemandes, comme celle des *Trois Globes* ou celle des *F∴-M∴ d'Allemagne*, qui sont des Loges où les Juifs ne sont pas encore reçus — et cette objection marque bien le mépris que les profiteurs allemands ont pour leurs auxiliaires cependant si dévoués de ce côté-ci des Vosges.

La Maçonnerie, dite française, se distingue en plusieurs branches dont les deux principales sont celles du Grand-Orient et du Rite écossais.

Or, la Maçonnerie allemande, qui entend garder sa respectabilité, a fait comprendre qu'il lui répugnait d'entrer en rapports avec le Grand-Orient. Et pourquoi ? A cause de l'indignité dont il s'était couvert, devant la Maçonnerie universelle, par l'affaire *les fiches* qui a été partout fort mal jugée, ou plutôt jugée comme elle méritait de l'être.

Les Allemands préféraient, le cas échéant, entrer en rapports avec le Rite écossais, qui était demeuré étranger à cette affaire et s'était désolidarisé, par une déclaration *ad hoc*, de la besogne de mouchards accomplie par le Grand-Orient.

Les choses en étaient là, lorsque la Loge juive de Hambourg, qui traitait la question à Paris depuis quatre ou cinq ans et déjà du temps de Mesureur et de Lucipia, s'est, paraît-il, entremise pour essayer d'aplanir ces susceptibilités.

Mais la Maçonnerie allemande, qu'elle nous permette de le lui dire, fait bien la renchérie et bien la dégoûtée.

De l'aveu de l'un de ses fondateurs, Weishaupt, qui fut au dix-huitième siècle, de concert avec les Loges protestantes anglaises, l'un des promoteurs étrangers de la Révolution française, l'espionnage est l'une des conditions essentielles du Gouvernement maçonnique.

Si cet article n'était déjà bien long, il ne me serait pas difficile de mettre sous les yeux des Maçons allemands les instructions de Weishaupt, qui furent saisies et publiées par ordre de l'Électeur de Bavière, et qui ont édifié les historiens sur les mentalités requises et les moyens employés par la Maçonnerie.

Au surplus, quand on voit une nullité comme M. Lafferre se trouver à la tête du Grand-Orient de France, il ne faut pas être grand clerc pour deviner que derrière ce zéro en chiffres, mis là pour les badauds, il y a certainement à Londres, à Berlin ou ailleurs, des personnages autrement importants, qui mènent le troupeau maçonnique, pour des intérêts que le troupeau ignore.

Tout cela finira bien par débucher et sortir du fourré où la bête se cache ; les chiens sont dessus et les chasseurs sont vigilants.

La Maçonnerie aura beau essayer de nous détruire, par la calomnie, par le silence et par l'assassinat auquel elle a quelquefois recours, il faudra qu'on voie clair.

C'est le cas de dire, comme Hamlet :

« S'il y a quelque chose de pourri en Danemark, la vérité est en chemin ! »

XLVI

LA VALEUR FRANÇAISE

28 Juillet 1909.

Gloire à Blériot ! Pour n'avoir coûté de sang ni de larmes à personne, la bataille qu'il vient de livrer aux éléments jusqu'alors invaincus et de gagner si brillamment n'en est que plus glorieuse — et c'est une victoire française.

Je ne sais pas qui est Hubert Latham, dont la hardie tentavive a échoué là ou Blériot vient de réussir. Je ne sais pas si Latham est Français, malgré son nom de physionomie anglo-saxonne. Qu'il se garde de m'en vouloir, si je me découvre, d'instinct, des préférences spontanées pour ce vrai nom du terroir que porte Blériot et si la victoire de celui-ci me semble plus significative en ce qui nous concerne.

On m'a conté que le matin qui fut témoin de cette envolée historique d'un homme sur l'Océan, Latham dormait et qu'il fut réveillé par un photographe du nom de Meurice, familier de tous les aviateurs, dont il a pu clicher presque tous les records, sans compter les essais.

Appelé en sursaut par cette voix amie, Latham se serait écrié :

— Eh bien, quoi ! Qu'est-ce qu'il y a !

— Levez-vous, il y a du nouveau, lui dit le visiteur; et celui-ci, sans autre explication, allant ouvrir toute grande la fenêtre qui donnait sur la mer, ajouta ce seul mot : Regardez!

Dans l'aube laiteuse du ciel, déjà loin, l'aéroplane de Blériot, parti depuis quinze minutes, profilait en perspective sa silhouette amincie de goéland à demi disparu vers la côte anglaise.

Latham le regarda sans mot dire, sans une exclamation de surprise ni de désappointement, et quand l'oiseau vainqueur qui lui ravissait sa prouesse eut disparu à l'horizon, deux grosses larmes lui montèrent aux yeux qui glissèrent lentement, lourdement, de sa figure d'éphèbe sur sa chemise entr'ouverte.

Tous les journaux ont relaté les circonstances et détails de cette triomphale traversée de la Manche; je n'ai donc pas à les répéter. Il me plait infiniment, malgré cela, de retenir, parmi ces détails, l'état psychologique dans lequel Blériot a dit lui-même qu'il s'était trouvé, avant d'entreprendre son audacieux départ.

C'est, à vrai dire, un état comparable à celui du condamné à mort, qu'on vient réveiller pour le moment fatal, et Blériot l'a précisé avec autant de simplicité que de franchise :

« Le réveil, a-t-il dit, fut pour moi quelque
» chose d'insupportable. Mon ami Leblanc m'avait
» réveillé à deux heures et demie du matin et je
» n'étais, je l'avoue, nullement disposé à partir.
» Je voyais les choses en noir et j'aurais été sou-
» lagé d'entendre dire que le vent soufflait si fort

» qu'aucune tentative n'était possible. Enfin, cela
» n'allait pas du tout.

« Leblanc me remonta un peu. Il m'emporta
» dans son auto. L'air vif qui me fouetta le visage
» me réveilla tout à fait. J'eus honte de mon
» mouvement de faiblesse. J'étais sauvé. J'avais
» cette fois du courage pour deux. »

Voilà qui est parlé, sans *bluff* et sans fanfaron-
nade, le langage du vrai courage, du courage qui
naît de la volonté, qui procède de l'abnégation et
du sacrifice.

Que Blériot n'ait aucune honte de son instant de
faiblesse, de cet instant bien connu de tous les
héros, où l'on préférerait être ailleurs et renoncer
à toute renommée pour vivre tranquille.

Le maréchal de Turenne, qui ne pouvait se
défendre d'un peu de trouble aux premiers coups
du canon des batailles, disait à son corps hésitant :
« Tu trembles, carcasse ? Si tu savais où je vais te
mener ! »

Jeanne d'Arc connut ces minutes de défaillance,
devant les juges iniques qui méditaient son supplice. Christophe Colomb ne les ignora point.

Mais que dis-je ? Est-ce que l'Évangile lui-même
n'a pas enseigné à l'humanité chrétienne quels
furent, au jardin des Oliviers, les amères pensées
du Rédempteur ?

Il n'est donc pas l'acte vraiment héroïque en ce
monde, surtout depuis qu'il est livré à l'égoïsme
et à l'ingratitude, qui n'ait eu sa préface d'hésitation
physique, et c'est précisément l'honneur de l'âme

humaine, de la volonté humaine, d'en avoir triomphé.

Qu'il nous soit donc permis de nous réjouir, comme en famille, de la nouvelle cause d'illustre souvenir que Blériot vient d'ajouter au glorieux répertoire de notre patrie et de l'éclat qu'il y ranime.

Depuis moins de vingt ans, la France pouvait s'enorgueillir d'avoir découvert la locomotion automobile, la télégraphie sans fil, les sous-marins, la direction des ballons, sans parler des admirables enseignements de la méthode Pasteur, qui ont fait reculer la mort, dans toutes les embuscades infectieuses où elle guettait ses victimes. Et voilà donc encore un Français qui vient de réaliser le rêve abandonné de l'espèce humaine, l'utopie mythologique d'Icare foudroyé par Apollon, la conquête de l'Empyrée par le vol de l'aigle. Gloire à Blériot et gloire à la France par qui Blériot fut enfanté !

Combien, dans les afflictions d'ordre politique, dont notre cœur de Français demeure contristé, et dont ce livre ne fut qu'un éphémère écho nous avons sujet de constater que, malgré tout, notre race ne dépérit point en ses sources de valeur, d'initiative et d'énergie.

Remarquez-le : plus ce que nous voyons du monde politique qui nous est superposé est stupide, mesquin, odieux et révoltant, plus ce qui nous vient du pays lui-même est empreint des mêmes qualités et des mêmes vertus par lesquelles notre chère patrie s'est constitué la plus illustre histoire qui soit au monde.

N'importe où, dans n'importe quelle circonstance, dès qu'un peu de noble émulation vient
secouer le vieux fond français, il en sort à foison,
au hasard, des preuves d'intelligence, des révélations d'héroïsme et, comme on dit aujourd'hui,
des records de valeur.

Rappelez-vous, depuis un quart de siècle, tous
les épisodes qui marquèrent ainsi la survivance
inaltérée de ces merveilleuses qualités, depuis le
sergent Bobillot, jusqu'à Neny, ce mineur qui, en-
seveli vivant avec ses treize compagnons dans l'effroyable enfer de famine et de feu des abîmes de
Courrières, par son énergie communicative, son
courage et presque sa gaieté, ramena vivants à la
face du soleil tous les hommes de son équipe.

Faut-il donc qu'un régime politique détestable et
un gouvernement haï, parce qu'il est haïssable,
soient comme l'expiation nécessaire d'un coefficient
national si exceptionnel et des trésors de tous genres
dont ce peuple demeure favorisé ?

Faut-il donc en venir à penser que l'Étranger
n'a pas trouvé de frein plus efficace à l'expansion
de la valeur française, que celui du régime et du
gouvernement dont il entretient la durée ?

A une nation qui se démontre encore si supérieure,
qui dévoile à l'improviste tant de raisons de suprématie, l'Étranger certainement s'est complu à
mettre la muselière d'un système politique débi-
litant.

Qu'on y réfléchisse ! C'est le nœud secret de la
politique contemporaine. Aperçu et dénoncé par
quelques penseurs, avides de pénétrer au fond des

choses françaises, il faudrait que la nation elle-même fût convaincue qu'on la tient en servage, par le moyen de son anarchie politique, et que par là, par là seulement, on a réduit la part des victoires françaises aux victoires qu'on ne peut ravir aux initiatives et aux énergies individuelles.

C'est par ces victoires d'individus que la France rappelle au monde ce qu'elle vaut, et c'est à cause de cette haute signification qu'il est juste de célébrer l'acte historique de celui qui n'était hier, avec son nom plébéien de Blériot, qu'un pauvre petit Français de France.

TABLE DES MATIÈRES

PARIS. — IMP. P. DUBREUIL, 18, RUE CLAUZEL.